개혁교회

신조학

* 이 책은 송파제일교회 임성실 장로님이 지원한 연구비로 저술되었습니다.

합신
신학총서
02

개혁교회
신조학

Confessions of Reformed Church

이남규 지음

합신대학원출판부

합신신학총서 02
개혁교회 신조학

초판 1쇄   2020년 4월 10일
초판 2쇄   2023년 3월 15일

발 행 인   김학유
지 은 이   이남규
펴 낸 곳   합동신학대학원출판부
주   소   16517 수원시 영통구 광교중앙로 50 (원천동)
전   화   (031)217-0629
팩   스   (031)212-6204
홈페이지   www.hapdong.ac.kr
출판등록번호   제22-1-2호
인 쇄 처   예원프린팅 (031)902-6550
총   판   (주)기독교출판유통 (031)906-9191

ISBN   978-89-97244-79-9 (94230)
ISBN   978-89-97244-63-8 (세트)
값은 뒷표지에 있습니다.

이 도서의 국립중앙도서관 출판예정도서목록(CIP)은 서지정보유통지원시스
템 홈페이지(http://seoji.nl.go.kr)와 국가자료종합목록 구축시스템(http://ko-
lis-net.nl.go.kr)에서 이용하실 수 있습니다. (CIP제어번호 : CIP2020009881)

머 리 말

"너희는 나를 누구라 하느냐?"란 질문에 베드로는 "주는 그리스도이시요 살아 계신 하나님의 아들이시니이다"라고 고백했다(마 16:15-16). 오고 오는 모든 신자와 교회는 같은 질문 앞에 선다. 이 질문에 교회가 공적으로 답한 신앙고백서를 신조(Symbol)라 부른다. 교회는 여러 신조를 남겼다. 특별히 개혁교회는 16세기와 17세기를 지나면서 다른 어느 교회보다도 많은 신조를 남겼다.

이 책은 이러한 개혁교회의 신조를 총론적으로 소개하기 위한 목적으로 저술되었다. 개혁교회가 작성한 대표적인 신앙고백서를 소개하고 각 신조의 작성 배경과 중요한 특징과 내용을 개론으로 소개했다. 이 책은 초대교회 신조와 개혁교회 신조와 그 밖의 신조로 구성했다. 개혁교회는 종교개혁 시기부터 초대교회의 신조도 인정하고 사용하고 있다는 의미에서 개혁교회가 받아들인 초대교회의 신조를 앞에 두었다. 나아가 개혁교회 신조의 독특성은 개혁교회 밖의 신조들을 살핌으로써 알려지므로 개혁교회 밖의 다른 교회의 신조들도 소개하고 평가했다.

신조를 지칭하는 용어는 다양하다. 신조, 신경, 조항, 신앙고백서, 신앙교육서, 요리문답서, 교리문답서 등 많은 용어가 있다. 이 책은 다음과 같은 방식으로 사용했다.

1) 보편적 명칭인 *symbolum*의 번역으로서 '신조'(信條)란 용어를 사용했다.
2) 개별 신조에 '신조'(信條)란 이름을 붙인 경우가 있다. 한국장로교회의 '12신조'는 심볼룸(symbolum)의 의미보다는 조항(article)의 수를 의식하여 신조를 붙인 경우인데, 우리 책도 조항의 수로 지칭된 교회 고백서에 '신조'를

붙였다. 예를 들어, 잉글랜드 교회의 '39개 신조'가 있다. 그러나 루터의 '95개 조항'이나 츠빙글리의 '67개 조항'은 조항의 수가 드러나나, 공식적으로는 교회의 공적 결과물이기보다 사적 문서에 가깝기 때문에 조항이란 용어를 사용했다.

3) 초대교회 각 신조는 '신경'(信經)으로 번역했다. *Symbolum*이 신조로 번역되기에, *Symbolum Apostolicum*을 직역한다면 사도신조가 될 것이지만, '사도신경'이란 이름에서 보듯이 한국교회는 초대교회 신조를 신경이란 이름으로 불러왔다. 한국교회가 사도신경이란 이름을 사용할 때, '신경'이란 초대교회의 범교회적 신조라는 의미를 갖는다. 이 책은 초대교회 신조들을 일관성 있게 한국교회에게 익숙한 방식을 따라 신경이란 단어를 사용했다(사도신경, 니케아-콘스탄티노폴리스 신경, 칼케돈 신경, 아타나시우스 신경).

4) 도르트 회의(1618/19)의 결과물은 '도르트신경'으로 번역했다. '도르트신조', '도르트 신앙고백서' 등의 명칭이 있으나, 예정론과 구원론에 관한 기준을 만들려는 목적에서 도르트 총회 스스로 결과물에 *canones*란 이름을 붙인 점을 존중해서 '도르트신경'이라 번역했다.

5) *Catechismus*의 경우 신앙교육서 또는 요리문답서로 번역했다. *Catechesis* 또는 *Catechismus*를 '신앙교육서', '교리교육서', '요리문답', '요리문답서', '교리문답서' 등의 번역을 사용하고 있다. 사실 엄밀히 구분하면, *Catechesis*는 교회에서 묻고 답하는 방식을 통해서 신앙을 교육하는 행위 자체를 말하는 것(신앙교육, 교리교육)이며, *Catechismus*는 그 일을 위해 사용되는 책이나 문서(신앙교육서, 교리교육서, 교리문답서, 요리문답서)를 말한다. '신앙교육서'라 할 때 신앙교육이란 목적과 내용을 드러내며, '요리문답서'라 할 때 '중요한 교리'에 대한 '묻고 답하는 교육방식'이 드러난다. 이 책은 신앙교육서와 요리

문답서를 둘 다 사용했다. 제네바의 첫 번째 *Catechismus*에 신앙교육서를, 두 번째에는 요리문답서란 제목을 붙였다.

몇 가지 중요한 자료를 소개한다. 초대교회 신조의 원문 인용에 있어서 많은 연구가가 오랫동안 한(Hahn)의 *Bibliotek der Symbol und Glaubensregeln der Alten Kirche*를 참고해 왔다. 그런데 2017년에 한의 책을 대체할 목적으로 킨치히 (Kinzig)에 의해 *Faith in Formulae: A Collection of Early Christian Creeds and Creed-related Texts*가 출간되었다. 우리 책의 초대교회 신조 원문은 킨치히를 따랐다. 개혁교회 신조의 기초자료 연구와 원문은 2002년부터 2016년까지 노이키르헨 (Neukirchner Verlage와 Neukirchner Theologie)을 통해 총 8권으로 출간된 *Reformierte Bekenntnisschriften*를 따랐다. 이 자료는 이전에 소개되지 않은 개혁주의 신조들을 총망라하며 원자료를 제공한다는 점에서 중요하다. 우리말 연구서로는 김영재 교수의 『기독교신앙고백』이 가장 중요한 신조학 관련 연구서라고 할 수 있으며, 기독교회의 광범위한 신앙고백서들의 우리말 번역을 포함한다는 면에서 중요하다.

이 책이 나오기까지 도움을 주신 여러분이 있다. 끝날 것 같지 않던 작업을 사이사이 점검해주시고 마침내 끝낼 수 있도록 격려해주신 정창균 총장님께 감사드린다. 이 책의 저술을 제안해주시고 여러 번에 걸쳐 원고를 읽고 조언해주신 조병수 교수님께 감사드린다. 원고를 꼼꼼히 읽어주신 합신연구저작물심의위원회 소속 교수님들(현창학, 이승진, 김진수, 안상혁, 박덕준)께도 감사드린다. 마지막으로 이 책의 저술을 위해 재정적 후원을 해주신 송파제일교회 임성실 장로님께 진심으로 감사드린다.

머리말 _ 005

1부_ 서론

1. 신조의 정의 _ 013
2. 신조 작성 동기 _ 016
3. 신조의 권위 _ 018

2부_ 초대교회 신조

1. 사도신경(Symbolum Apostolicum) _ 027
2. 니케아—콘스탄티노폴리스 신경
(Symbolum Nicaenum Constantinopolitanum, 381) _ 038
3. 칼케돈 신경(Symbolum Chalcedonense, 451) _ 048
4. 아타나시우스 신경(Symbolum Athanasianum, Symbolum Quicumque) _ 057

3부_ 개혁교회 신조

1. 츠빙글리 67개 조항(Zwinglis Thesen, 1523) _ 067
2. 베른신조(Berner Thesen, 1528) _ 076

3. 제1 스위스 신앙고백서(Confessio Helvetica Prior, 1536) _ 084

4. 제네바 신앙교육서(1537, 1541) _ 090

5. 취리히 일치(Consensus Tigurinus, 1549) _ 102

6. 프랑스 신앙고백서(Confessio Gallicana, 1559/1571) _ 114

7. 스코틀랜드 신앙고백서(Confessio Scotica, 1560) _ 125

8. 벨직 신앙고백서(Confessio Belgica, 1561) _ 138

9. 하이델베르크 요리문답서(Heidelberger Katechismus, 1563) _ 153

10. 제2 스위스 신앙고백서(Confessio Helvetica Posterior, 1566) _ 177

11. 도르트신경(Canones synodi Dordrechtanae, 1619) _ 189

12. 웨스트민스터 신앙고백서(The Westminster Confession of Faith, 1647) _ 212

13. 스위스 일치신조(Formula Consensus Ecclesiarum Helveticarum, 1675) _ 238

4부_ 그 밖의 신조

1. 동방정교회의 신조 _ 255

2. 로마가톨릭교회의 신조 _ 259

3. 루터교회의 신조 _ 276

4. 잉글랜드 교회의 신조 _ 287

각주약어 _ 292

참고문헌 _ 293

1부

—

서론

1. 신조의 정의
2. 신조 작성 동기
3. 신조의 권위

Dis nachbestimptē artikel

ond meinungē bekēn ich Huldrich Zuingly mich In
der loblichē statt Zürich gprediget habē/vß grūd der
geschrifft die Theopneustos (das ist vonn gott
ingesprochen) heißt/vñ embüt mich mitt
dero genāte artickel zebeschirmē vñ ero-
brē. Vñ wo ich jetz beruerte gschrifft
nit recht verstünde/mich bes
sers.verstāds doch vß ege
dachter gschrifft be
richten lassen.

1. 신조의 정의

교회가 공적으로 신앙의 내용을 표현하여 진술하는 문서를 신조(信條, 라틴어 심볼룸[*symbolum*]은 헬라어 쉼볼론[*σύμβολον*]에서 기원한다)라고 부른다. 교회의 신앙을 표현하되 사적이지 않고 공적인 문서를 말한다. 신앙을 고백한다는 면에서 영어로 'creed'(라틴어 *credo*[내가 믿는다]에 어원을 둔다), 신앙을 고백하는 양식이나 문서라는 면에서 독일어 'Bekenntnisschrift'(*Bekenntnis*[고백]+*Schrift*[글])로 불린다. 서방교회는 오랫동안 'symbolum'이란 단어를 사용했기 때문에, 신조들을 모아놓거나 다루는 신조학을 라틴어 'symbolicus'에서 기원한 'symbolics'(영어), 'Symbolik'(독일어)으로 부르기도 한다.

용어의 역사

교회의 신앙을 고백하는 문서를 지칭하는 용어가 동방에서는 확정되지 않은 상태에서 다양하게 사용되었다. 그러나 서방에서는 'symbolum'이란 단어로 정해졌다.[1] 서방교회에서 처음 어떤 이유로 교회의 신조를 'symbolum'이란 용어로 부

---

1)   Kinzig에 의하면 동방에서는 ἔκθεσις τῆς πίστεως(믿음의 해설), σύμβολον τῆς πίστεως(믿음의 신조), 단순히 πίστις(믿음), μάθημα(교훈)으로 일컬어졌다. 서방에서는 처음에는 단순히 믿음(*fides, credulitas*)으

르기 시작했는지 그 배경과 기원은 확실하지 않다. 가장 개연성 있는 추측에 의하면, 동방에서 가문의 표나 비밀스러운 모임의 표(이 표는 단순히 사물만이 아니라 진술할 수 있는 말의 형식일 수도 있었다)로 사용되었던 σύμβολον이 교회에 들어와서 세례받은 신자와 세례받지 않은 신자를 구분하기 위해서 사용되었을 것이다. 실제로 '말씀 예배'(the service of the word) 후에, 세례받지 않은 자들에게는 닫힌, 즉 세례받은 자들만 모인 후 신조를 암송하며 시작한 '성만찬 예배'(the service of the Eucharist)에 관한 기록이 발견된다.[2]

'symbolum'이란 용어 자체에 관한 설명, 곧 어떤 의미에서 교회가 이 단어를 사용했는지 또 그 기원이 무엇인지에 관한 설명은 4세기 말부터 문헌적으로 발견할 수 있다. 여기서 σύμβολον은 모음(collatio), 표시(indicium), 또는 협약(pactum)의 의미를 갖는다고 설명한다. 아우구스티누스가 설명했던 협약(pactum)의 의미는 가끔 발견되어서 그리스도인 사이의 협약이나 그리스도인의 하나님과의 협약으로 설명되기도 했다. 모음(collatio)은 σύμβολον의 직접적이거나 일차적 의미이기보다는 파생적 의미였지만 교회의 σύμβολον 설명에서 중요한 자리를 차지했다. σύμβολον을 설명할 때 10세기까지 꾸준히 자주 발견되는 중요한 의미는 모음(collatio), 표시(indicium)다. 이것은 4세기 말의 루피누스(Rufinus)의 설명과 만난다. 루피누스는 사도들이 흩어져 복음을 전하기 전에 함께 모여 각자의 고백을 모아 사도신경을 만들었다고 그 기원을 설명하면서 모음(collatio)으로서 symbolum을 말했다. 그뿐만 아니라 군인들이 의심스러운 사람을 식별하기 위한 암호로서 'symbolum'을 소개하면서 "[이 표시로] 사도들의 규범을 따라 그리스도를 옳게 선포하는 자가 인식된다"(... per quod agnoscetur is, qui Christum vere secundum

---

로 일컬어졌으나 헬라어에서 기원한 symbolum이 사용되기 시작하면서 fides보다 더 자주 사용되고, 결국 symbolum이 교회의 신앙고백문서를 지칭하는 용어로 자리잡았다(Kinzig vol. I, 3-4).

2) Kinzig vol. I, 6-7; Wolfram Kinzig, "The Creed in the Liturgy: Prayer or Hymn?," in Jewish and Christian Liturgy and Worship, eds. Albert Gerhards & Clemens Leonhard (Leiden/Boston: Brill 2007), 235.

apostolicas regulas praedicaret)라고 표시(*indicium*)의 의미도 설명했다.[3] '모음'으로서 신조는 '신앙의 요약'이란 의미를 포함하며, '표시'로서 신조는 구원 얻을 신앙이나 진리 지식의 표, 정통신앙의 표, 참된 설교자의 표란 의미가 있다.[4]

---

3) *Kinzig*, vol. I, 79[§18] [Rufinus, Expositio symboli 2].

4) *Kinzig*, vol. I, 5-6.

2. 신조 작성 동기

하나님으로부터 받은 교회의 가장 큰 소명은 진리의 기둥과 터로서 하나님의 말씀을 섬기는 것이다(딤전 3:15). 하나님의 말씀에 대한 소명 때문에 교회는 신조를 만들어 왔다.[1]

첫째, 하나님의 말씀에 대한 소명은 구체적으로 이단과 오류 때문에 신조를 만들게 했다. 이단들이 등장했을 때 그리고 잘못된 가르침이 교회를 괴롭힐 때 침묵은 하나님의 말씀을 위한 소명의 포기다. 교회는 이단과 오류에 대하여 하나님의 말씀이 우리에게 알리는 진리가 무엇인지 한목소리로 말할 책임이 있다.

둘째, 하나님의 말씀에 대한 소명은 교육을 위하여 신조를 만들도록 했다. 새로운 신자가 들어오거나 자녀가 태어나면 교회는 그들을 교육해야 했다. 이때 신조가 사용되었다. 종교개혁 후 등장하는 여러 요리문답서의 목적은 교육에 있었다. 가장 오래된 신조인 사도신경도 교육을 위해 사용되었다. 세례 전에 교육을 받은 후 세례 받을 때 사도신경의 세 부분에 대해 각각 믿느냐고 질문을 받았다. 각 질문에 대해 "네, 내가 믿습니다"라고 답했다. 교육이란 목적을 위한 신조는 주로 요리문답서(*Catechismus*)의 형태로 나타났다.

셋째, 하나님의 말씀에 대한 소명은 하나님의 말씀이 가르치는 것 곧 교리의 표준으로서 신조를 만들도록 했다. 믿음이 있는 자는 하나님을 바로 알고 믿고자 하며 나아가 자신이 무엇을 믿는지를 드러낼 수밖에 없으므로 신앙고백 없는 신자는 없다. 따라서 신앙고백서 없는 교회는 원칙적으로 불가능하다. 교회는 하나님의 말씀을 따라 하나님에 대해 아는 바와 믿는 바를 한목소리로 선언해야 한다. 교리의 표준으로서 신조를 만드는 일은 특히 하나님의 말씀을 따라 오류를 개혁

---

1) Herman Bavinck, *Magnalia Dei* (Kampen: Kok, 1931), 104.

한 후, 통일된 바른 교리 안에서 교회의 지속을 지향했던 종교개혁 교회에서 매우
활발할 수밖에 없었다.

3. 신조의 권위

신조는 발생 형식에 있어서 교회의 결정을 통하나 그 권위의 근거는 하나님의 말씀이어서 한 개인 생애의 모든 활동의 근원인 양심에 맞닿아 있다. 그렇다면 단순히 신조가 어떻게 교회에서 발생하게 된 과정의 진술 너머 더 실질적인 문제인 신조의 권위 문제를 다루어야 한다. 신조가 권위를 갖는지, 만일 그렇다면 그 권위의 성격이 무엇인지를 생각해야만 한다. 신조에 대해 다음과 같은 시각들이 있다.

첫째, 신조는 교회에 무익하며 나아가 해롭다는 시각이다. 이 견해는 교의(dogma)의 오류 가능성에서 시작해서 교의와 신조에 대한 부정으로 나아간다. 초대교회가 원래 가졌던 복음이 인간 철학에 의해 오염되어 신조가 발생했다는 시각이다. 예를 들어, 하르낙에게 그리스도 자신이 복음의 실현이기 때문에 그리스도에 대한 교리가 필요하지 않고 오히려 부당하다. 왜냐하면, 그리스도에 대한 교리를 중심으로 형성된 신조는 역사 가운데서 하나님 나라의 복음을 잊히게 했고 왜곡했기 때문이다. 이미 바울부터 그리스도에 관한 교리가 중심을 차지하면서 하나님 나라에 대한 복음의 위대함이 상처를 입었다.[1] 이렇게 교리의 발전 속에서 복음이 잊혀지며 왜곡된다는 하르낙의 관점에서 신조사는 복음의 왜곡사다. 그러나 하르낙이 실제로 한 일은 전통 교회의 신앙고백을 자신의 신앙고백으로 대체한 것이다. 교의 없는 종교란 존재할 수 없다. "교의 없는 기독교(ondogmatisch Christendom)는 환상이고 무의미하다."[2]

둘째, 감정, 실천, 주관적 경험에 대한 강조 때문에 신조의 필요성을 약화하거나 최소화하려는 시각이 있다. 루이스 벌코프는 현대 미국의 흐름을 보면서 이렇

---

1)   Adolf Harnack, *das Wesen des Christentums* (Leipzig: J.C. Hinrichs, 1902). [특히, 79 pp, 92pp, 110pp].

2)   Herman Bavinck, *Gereformeerde Dogmatiek* Vol 1., (Kampen: Kok, 1928), 8, 박태현 역, 『개혁교의학』 (서울: 부흥과 개혁사, 2011), 70.

게 평가한다. "기독교는 교리가 아니라 삶이며, 우리가 그리스도의 생명에 동참하기만 한다면 무엇을 믿든 그것은 별로 중요하지 않다는 주장이 들려온다. ... 많은 보수적인 그리스도인들이 오직 경험적이기만 한 설교를 요구하는 반면, 더 자유주의적인 사람들은 윤리적이거나 사회적인 설교를 더 선호하고 있다."[3] 지성주의를 혐오하며 감정주의를 칭송하는 경건주의와 주의 일에 대한 열심을 강조하는 실천주의에서는 신조의 중요성보다는 감정과 실천이라는 주관적 경험이 중요하다. 그러나 종교개혁의 관점에서 볼 때, 이런 주관주의는 부패한 인간 경험이 하나님의 말씀을 벗어나 자기 종교를 세울 수 없다는 비판을 벗어나지 못한다. 하나님의 말씀 가운데 계시된 객관적 종교가 인간의 주관적 지식과 행위를 규정할 때에만, 인간이 참되게 하나님을 알며 예배하는 것이다. 신조는 주관의 경험이 객관을 규정하려는 오류를 막는다.

셋째, 성경의 유일한 권위를 지킨다는 명분으로 신조에는 어떤 권위도 주지 않으려는 견해다. 이런 견해를 주장하는 자들은 신조가 오히려 성경의 권위를 훼손한다고 말한다. 그러나 신조를 치워버렸을 때 성경과 성경을 해석하는 자신만이 남아 이 땅에서 성경을 해석하는 유일한 권위자가 자기 자신이 되는 위험성에 놓이게 된다. 자칫 자기 소견에 옳은 대로 성경을 해석하게 되어 주관주의의 길을 가게 된다. 여기서 성경의 해석권을 성경 자체에 돌리지 않고 자기에게 돌리는 오류에 빠지게 된다. 신조와 함께 성경을 해설할 때에 같은 신조 위에 있었던 다른 많은 이들, 나아가 과거에 있었던 모든 교회의 역사와 사역자들과 함께 하는 것이다.

넷째, 신조의 권위를 높여 성경과 동일한 권위로 올리려는 입장이다. 로마 가톨릭에서 교회의 권위가 실제적으로는 성경의 권위를 앞선다. 그들이 볼 때, 성경의 권위는 교회의 권위에 기댄 것이며, 성경은 교회에서 나와서 교회 때문에 보존되고 해석된다. 교회의 결정은 하나님의 말씀과 같은 권위를 갖는다. 그러나 종교

---

3)   Louis Berkhof, *Systematic Theology*, new combined edition (Grand Rapids: Eerdmans, 1996 [1932; 1938]), 26, 권수경 이상원 역, 『벌코프 조직신학』(일산: 크리스챤 다이제스트, 2001), 32.

개혁은 로마 가톨릭과 다른 입장에 선다. 형식적으로 교회가 성경의 권위를 인정한 것처럼 보일지라도, 실제적으로는 성경이 누구도 의존하지 않고 그 스스로 자기 권위를 교회 안에서 드러냈고 교회는 이 사실을 인정한 것뿐이다. 오래된 비유처럼 태양은 스스로 우리에게 비추는 것이지, 우리의 증거에 의존하여 비추는 일을 시작하지 않는다. 개혁교회의 여러 신앙고백서는 오직 성경만이 교회와 교회의 문서를 판단하는 최종적 권위를 갖는다고 고백한다. 성경이 신조에 기대지 않고, 신조가 성경에 기대어 자기 존재의 자리를 찾고 정당성을 획득하는 것이다.

다섯째, 종교개혁이 견지하는 견해로서, 신조가 교회의 규범으로서 권위를 가지되 오직 성경에 근거할 때에만 권위를 갖는다는 견해다. 신조가 하나님의 말씀에 대한 소명에서 나왔다는 것은 성경의 권위를 훼손하려는 목적이 아니라 그 반대라는 것을 알려준다. 따라서 성경과 신조의 권위에 대한 문제에 대해서, 성경은 '규정하는 규정'(*norma normans*)으로, 신조는 '규정된 규정'(*norma normata*)으로 이해하는 것이 좋다.[4] 성경이 규정하는 규정이란 말은, 우리에게 있는 유일한 특별계시로서 하나님의 말씀인 성경이 권위의 근원이며 신조보다 높은 절대적이며 궁극적인 권위를 갖고 권위부여의 역할을 한다는 뜻이다. 신조란 성경의 절대적인 권위로부터 나온 것이다. 신조가 규정된 규정이란 말은, 신조가 성경 아래서 성경에 의해서 규정되었으므로 성경에서 기원한 규정으로서 권위를 갖는다는 뜻이다. 신조는 아무런 권위가 없는 것이 아니라, 성경에 기댄 권위를 가져야 한다. 성경에 근거하지 않는 신조는 그 권위의 근거를 상실한다.

마지막으로 신조를 단순히 종교 사회학적으로 바라보는 시각을 평가해 보자. 여기서 신조는 신적 권위와 관련한 판단이나 가치평가 없이 단순히 종교적 현상에 관한 설명을 위해 다루어진다. 신조가 교의학의 재료라고 할 때도, 진리추구를 위한 교의학이 아니라 교회신앙 진술의 분석과 설명이라는 의미에서 교의학이다. 슐라이어마허의 주관주의 견해 아래서 종교는 경건한 감정이며, 신조는 경건한

---

4)   *Schaff*, vol. I, 7.

감정의 표현이며, 신조를 통해 당대의 공동체가 가진 신앙이 무엇인지 말할 수 있다. 신조가 교의학의 재료가 된다는 말은 신조의 위치를 높이는 듯하나 그 실제는 교의학을 사회과학적 의미에서 학문이 되게 하는 것이다. 여기서 기독교는 세상의 여러 종교 중 하나로서 해석의 대상이 될 뿐이다.

우리는 이런 방식으로 신조를 보지 않는다. 신앙고백서가 사람이 무엇을 믿는지 그 현상을 보여주는 것이 사실일지라도, 나아가 신앙고백서는 여전히 마땅히 믿을 내용을 보여주며 요구한다. "주는 그리스도시요 살아계신 하나님의 아들이시니이다"(마 16:16)란 신앙고백은 "사람들이 인자를 누구라 하느냐?"가 아니라 "너희는 나를 누구라 하느냐?"란 질문에 대한 답이다. 교회는 사람들이 무엇을 믿는지 현상을 살피는데 결코 머물 수 없고, "주 예수를 믿으라"(행 16:31)고 요구한다. 하나님이 말씀하시는 진리가 무엇인지를 교회는 마땅히 드러내며 그것을 지키고 전해야 한다. 신조는 현상의 문제가 아니라 가치판단과 당위의 문제다. 신조학은 가치판단에서 자유로운 종교현상 해설에 머물지 않고 가치판단을 동반할 수밖에 없다. 많은 이들이 신앙고백을 포기하지 않기 위해 목숨을 내놓으며, 교회는 직분을 맡은 자에게 선서를 통해 신앙고백서에 매이기를 요구한다. 신조는 성경을 근거하여 하나님의 권위에 연결되기 때문이다. 우리는 신조와 함께 하나님의 말씀, 곧 신조를 포함한 교회의 결정과 인간의 모든 일과 생각의 판단자가 되는 성경으로 돌아가서 더 풍성히 주께서 가르치신 내용을 드러내야 한다.

신조의 권위는 신조의 사용으로 연결된다. 헤르만 바빙크는 신조에 대한 항론파의 다음과 같은 반대를 언급한다.[5] 첫째, 신조는 성경의 배타적 권위를 방해한다. 신조가 권위를 얻게 되면 성경의 권위가 훼손되므로 성경의 권위를 보호하기 위해 신조를 멀리해야 한다는 말이다. 둘째, 신조는 양심의 자유를 뺏는다. 신조에 양심을 묶게 하므로 양심의 자유를 뺏는다는 말이다. 셋째, 신조는 지식의 성장을 방해한다. 신조에 지성이 묶인 결과 지식이 성장하지 못한다는 말이다.

---

5)   H. Bavinck, *Magnalia Dei* (Kampen: Kok, 1931), 105. 김영규 역, 『하나님의 큰일』 (서울: 기독교문서선교회, 1999). 109.

우리는 바빙크와 함께 여기에 반대하여 다음과 같은 이유로 신조는 사용되어야 한다고 주장한다. 첫째, 신조는 성경의 권위를 훼손하기 위해서가 아니라 오히려 성경의 권위를 보호하고 분별없는 잘못된 성경사용을 막는다. 둘째, 신조는 양심의 자유를 뺏는 것이 아니라 양심의 자유를 지지하며, 믿음의 지식이 약한 영혼들을 이단으로부터 보호한다. 셋째, 신조는 지식의 발달을 막기보다는 올바로 성장하도록 돕는다.

2부

—

초대교회
신조

1. 사도신경
   Symbolum Apostolicum

2. 니케아—콘스탄티노폴리스 신경
   Symbolum Nicaenum Constantinopolitanum, 381

3. 칼케돈 신경
   Symbolum Chalcedonense, 451

4. 아타나시우스 신경
   Symbolum Athanasianum, Symbolum Quicumque

Dis nachbestimptē artikel

ond meinungē bekeñ ich Huldrich Zuingly mich In
der loblichē statt Zürich gprediget habē/vß grūd der
geschrifft die Theopneustos (Das ist vonn gott
ingesprochen) heißt/vñ embüt mich mitt
dero genāte artickel zebeschirmē vñ ero-
brē. Vñ wo ich jetz berüerté gschrifft
nit recht verstünde/mich bes
sers. verstāds doch vß ege
dachter gschrifft be
richten laffen.

1. 사도신경*(Symbolum Apostolicum)*[1]

개요

사도신경은 개신교교회와 로마교회에서 가장 널리 사용하는 신앙고백서로서 기독교 신앙의 핵심을 가장 간결하게 담고 있다. 종교개혁가들은 자신들의 신앙이 새로운 것이라는 비판에 맞서, 자신들이 옛 교회의 교리와 연결되어 있음을 보여주기 위해 요리문답서에 사도신경 해설을 즐겨 포함했다. 대표적으로 루터의『소요리 문답서』, 칼빈의『제네바 요리문답서』,『하이델베르크 요리문답서』가 있다.

기원

1) 사도신경이란 이름의 유래

'사도신경*(Symbolum Apostolicum)*'이란 이름의 유래는 390년경으로 알려져 있

---

1) *김영재*, 36-48; *김산덕*, 235-335; *Kinzig*, vol. II, 221-420; *Schaff*, vol. I, 14-23; *Leith*, 22-26; J.N.D. Kelly, *Early Christian Creeds, 3rd edition*, (London/New York: Continuum, 1972); Frederick Ercolo Vokers, "Apostolisches Glaubensbekenntnis," in *TRE 1*, 528-554.

다. 밀란의 감독이었던 암브로시우스(Ambrosius)가 로마의 시리키우스(Siricius)에게 보낸 편지에서 처음 발견된다. 여기서 암브로시우스는 "로마교회가 항상 순수하게 보호하고 보존한 사도신경"을 언급한다.[2]

이 시기 사도신경이 사도들에 의해 작성되었다는 사도 저작설이 구체적으로 언급되기도 한다. 예를 들어 가이사랴의 교회사가였던 티라니우스 루피누스(Tyrannius Rufinus, 340-410)는 사도들이 흩어지기 전에 앞으로 전할 설교 내용이 일치하도록 한 장소에 모여 성령에 충만하여 이 신경을 작성했으며, 이것을 신자들에게 전해주었다고 진술한다.[3] 흥미로운 점은 루피누스는 이 내용을 자신의 이야기로 말하지 않고 당시 회자하는 내용으로 말한다는 것이다. 이런 내용은, 복음을 전할 때 서로 다른 내용이 아니라 같은 내용을 전하기 위해 사도신경을 만들었다는 신조 작성의 목적을 잘 보여주지만 이 이야기에 관한 구체적인 역사적 근거는 없다. 이 사도 저작설은 중세 말에 이르자 의심받게 된다. 서방교회와 동방교회의 화해를 시도했던 피렌체 공의회(Firenze, 1439-1445)에서 서방교회 대표자에 의해 사도신경이 언급되자 동방교회 지도자는 자신들이 사도신경을 갖고 있지 않고 본 적도 없다고 말했다. 그러나 서방교회에서 사도 저작설에 대한 의심은 아직 정죄의 대상이었다. 예를 들어, 르네상스 학자였던 로렌초 발라(Lorenzo Valla)와 영국의 주교였던 레지날드 피콕(Reginald Pecock)이 사도들의 직접 기원을 부정했다가, 발라는 자기 의견을 취소해야만 했으며 피콕은 사임할 수밖에 없었다. 종교개혁 이후에 사도 저작설을 언급하는 학자들은 거의 없으며 단순한 전설로 받아들였다. 종교개혁가들은, 사도들의 가르침을 포함한다는 의미에서 사도신경의 이름과 내용을 받아들였다. 개혁교회에서 가장 널리 받아들여진 신조 중 하나인『하이델베르크 요리문답서』는 이 신경을 "우리의 의심할 수 없는 보편적인 기독 신앙 조항들"(*die Artikel unsers allgemeinen, ungezweifelten christlichen Glaubens*, 22문)이라

---

2)   "... symbolo apostolorum, quod ecclesia Romana intemeratum semper custodit et servat." *Kinzig*, vol. II, 360[PL 56, col. 567C].

3)   잘 알려진 이 내용의 라틴어 원문과 영어 번역을 Kinzig가 소개한다. *Kinzig*, vol. I, 78-81.

칭한다.

　사도들이 직접 작성한 것은 아닐지라도 사도신경이란 이름이 부당한 것은 아니다. 왜냐하면, 그 유래는 사도들이 전한 복음이기 때문이다. 베드로는 "주는 그리스도시요 살아계신 하나님의 아들이시니이다"(마 16:16)라고 고백했으며 도마도 "나의 주님이시요 나의 하나님이시나이다"(요 20:28)라고 고백했다. 이것이 사도들과 초대교회 고백의 핵심이다. 바울은 "모든 입으로 예수 그리스도를 주라 시인하여 하나님 아버지께 영광을 돌리게 하셨느니라"(빌 2:11)고 고백한다. 사도는 마음의 믿음과 함께 입술로 "예수를 주"라 고백하는 행위에 관해 말한다(롬 10:9). 그 당시에 교회에서 복음이 전달되던 양식이 이미 있었으니, "내가 받은 것을 먼저 너희에게 전하였으니 이는 성경대로 그리스도께서 우리 죄를 위하여 죽으시고 장사 지낸 바 되셨다가 성경대로 사흘 만에 다시 살아나사"(고전 15:3-4)라고 전한다.

2) 사도신경의 유래

　현재 사용되는 형식의 사도신경이 후대에 발견된다고 해서 초대교회에 신앙문서나 신조가 전혀 없었다고는 할 수 없다. 초대교회에서 사용된 여러 형태의 문서들, 특히 '신앙의 규범'(Regula Fidei)이나 '세례문답'은 사도신경의 구조와 내용이 이미 다양한 형식으로 교회 안에서 사용되었음을 보여준다. 신앙고백이 시작되었을 때 교회가 시작되었고(마 16:16-18), 실제로 교회는 신조를 초기부터 사용해 왔던 것이다. 이단으로부터 거리를 두고 신앙을 요약하면서 신조가 형성되었는데, 역사연구 이후에도 사도신경은 "가장 오래되었고 가장 대중적이며, 가장 보편적인 신앙고백서"의 지위를 갖는다. [4]

---

4)　Adolf Martin Ritter, "Das Apostolicum, Einleitung," in *Die Bekenntnisschriften der Evangelisch-Lutherischen Kirche,* ed. Irene Dingel (Göttingen: Vandenhoeck & Ruprecht, 2014), 37. Adolf Martin Ritter는 Theodor Zahn의 평가(*Das apostolische Symbolum* [Erlangen-Leipzig: Deichert, 1893], 5)를 그대로 받는다.

사도신경 형성에 관해 불분명한 부분이 많이 있으나 다음과 같은 과정을 추정할 수 있다.

첫째, 교회에서 세례를 주기 전에 문답이 있었다. 이것은 신앙고백을 받아내는 질문이지, 아직 "나는 믿습니다"로 시작하는 진술적 고백의 형태는 아니었을 것이다.

다음은 6세기경 겔라시안의 성례집(*Sacramentarium Gelasianum vetus*)에 나타나는 세례를 주기 전에 묻고 답하는 세례문답 양식이다.[5] 이 양식의 기원은 2세기 후반까지 올라간다.

Credis in Deum Patrem omnipotentem? Respondet: Credo.	당신은 전능하신 하나님 아버지를 믿습니까? 그는 대답한다: 나는 믿습니다.
Credis et in Iesum Christum, Filium eius unicum, Dominum nostrum, natum et passum? Respondet: Credo.	당신은 태어나시고 고난당하신 그의 외아들 우리 주 예수 그리스도를 믿습니까? 그는 대답한다: 나는 믿습니다.
Credis et in Spiritum Sanctum, sanctam Ecclesiam, remissionem peccatorum, carnis resurrectionem? Respondet: Credo.	당신은 또 성령을, 거룩한 교회를, 죄의 용서를, 육신의 부활을 믿습니까? 그는 대답한다: 나는 믿습니다.

둘째, 세례식 전에 문답하는 방식을 신앙고백하는 방식이 대체하기 시작한다. 세례 문답서와 세례 신앙고백서는 기록이 아니라 구두로 전수되었다. 세례문답서에 기초한 세례고백서의 형성 시기를 빠르게는 3세기 초까지 보기도 한다.[6]

---

5) 라틴어 원문: *Kinzig*, vol. IV., 87.

6) *Kinzig*, vol. I, 12.

셋째, 그러나 진술방식의 신앙고백서 기록 증거는 4세기 전에는 발견되지 않는다. 바로 위에서 말한대로 기록이 아닌 구두로 전수되었기 때문이다. 교회는 기록의 필요성을 느끼지 못한 채로 신앙고백서를 전수하다가 교리적 논쟁으로 기록의 필요성을 느끼게 된다. 4세기 중반 푸아티에(Poitiers)의 주교 힐라리우스(Hilarius)는 이미 입으로 고백해왔던 신앙고백을 기록하고 서명해야 할 필요성을 말한다.[7] 서방에서는 4세기 중반 이후 진술 방식의 신앙고백서가 발견된다.

그 예로, 340년경 이단 혐의가 있던 안키라의 주교 마르켈루스(Marcellus)는 교황 율리우스에게 보내는 서신에서 자신의 신앙을 변호하며 다음의 신앙고백을 첨부했다.[8]

Πιστεύω εἰς Θεὸν παντοκράτορα καὶ εἰς Χριστὸν Ἰησοῦν, τὸν υἱὸν αὐτοῦ τὸν μονογενῆ, τὸν κύριον ἡμῶν, τὸν γεννηθέντα ἐκ πνεύματος ἁγίου καὶ Μαρίας τῆς παρθένου, τὸν ἐπὶ Ποντίου Πιλάτου σταυρωθέντα καὶ ταφέντα, καὶ τῇ τρίτῃ ἡμέρα ἀναστάντα ἐκ τῶν νεκρῶν, ἀναβάντα εἰς τοὺς οὐρανούς, καὶ καθήμενον ἐν δεξιᾷ τοῦ πατρός, ὅθεν ἔρχεται κρῖναι κρίνειν ζῶντας καὶ νεκρούς καὶ εἰς τὸ ἅγιον πνεῦμα, ἁγίαν ἐκκλησίαν, ἄφεσιν ἁμαρτιῶν, σαρκὸς ἀνάστασιν, ζωὴν αἰώνιον.

나는 전능하신 하나님을 믿습니다.
그리고 예수 그리스도, 그의 외아들,
우리 주를 [믿사오니], 성령과 동정녀 마리아
에게서 나시고, 본디오 빌라도 아래서 십자가
에 못 박히시고,
장사되시고, 사흘만에 죽은 자들
가운데서 부활하시고, 하늘로 오르시고,
아버지 우편에 앉으시고, 거기서부터 산자와
죽은 자를 심판하러 오실
것입니다.
그리고 성령을 [믿습니다].
거룩한 교회, 죄의 용서, 육신의 부활, 영원
한 생명을 [믿습니다].

---

7) *Kinzig*, vol. I, 11.

8) 헬라어 원문: *Kinzig*, vol. II, 222-223.

넷째, 고대 로마에서 사용되던 신앙고백서(학계는 통상적으로 R로 표기해왔다)가 발전하여 현재 사용하는 사도신경(학계는 통상적으로 T로 표기해왔다)이 되었다. 위 마르켈루스의 신앙고백은 고대 로마신조의 모습을 보여준다.[9]

다섯째, 로마제국의 수도라는 지위 때문에 4세기 말에 이르면 R은 서방 전역에 확산된다. 그런데 완전히 일치된 R이 아니라 지역별로 상이했다.

예를 들어, 루피누스(Tyrannius Rufinus)는 404년경에 쓴 신경해설(*Commentarius in symbolum apostolorum*)에서 자기 고향 아퀼레이아(Aquileja)에서 사용하던 다음의 신앙고백서를 알려준다.[10]

---

9) 최근의 논의를 위해 다음을 참고하라: *Kinzig*, vol. I, 12; Adolf Martin Ritter, "Das Apostolicum, Einleitung," 39; Markus Vinzent, "Die Entstehung des Römischen Glaubensbekenntnisses," in *Tauffragen und Bekenntnis*, eds. Wolfram Kinzig, Christoph Markies, & Vinzent (Berlin, 1999), 185-410; Uta Heil, "Markell von Ancyra und das Romanum," in *Von Arius zum Athanasianum*, ed. Annette von Stockhausen & Hanns Chrisof Brennecke (Göttingen: Walter de Gruyter, 2010), 85-104. 마르켈루스의 신앙고백에 대한 논의가 계속되는 것은 R이 T의 기원이 되며, R을 보여주는 이른 시기의 증거가 마르켈루스가 첨부한 신앙고백이기 때문이다. 마르켈루스의 신앙고백과 R과의 관련성은 현재까지 네 주장으로 압축된다. 첫째, 마르켈루스가 당시 로마교회의 세례신앙고백서(R)를 첨부했다는 주장이다. 이 주장은 가장 오래된 주장이나 최근의 연구가들은 다른 의견을 제시한다. 둘째, 마르켈루스를 회복시킨 로마교회의 회의가 그 신앙고백을 R로 승인했고, 이후 서방에 퍼졌다는 주장이다. 이 의견은 Markus Vinzent의 주장으로 Wolfram Kinzig는 여기에 동의했으나 최근에는 이 제안에서 거리를 둔다(*Kinzig*, vol. I, 12). 셋째, 로마교회가 회의를 통해 이미 작성한 고백서(R)를 마르켈루스가 인용했다는 주장이다. 이 의견은 Uta Heil의 최근 주장이다. 넷째, R이 마르켈루스와는 별개로, 이미 교회 안에 있었던 세례문답의식에서 자연스럽게 생성되었을 것이라는 주장이다. 특히 영지주의 이원론과 단일신론에 대한 반대가 생성 동기가 된다. Kinzig는 조심스럽게 이 의견을 제시한다. R이 T의 기원인 것은 학계의 정설이지만, R의 정확한 본문과 생성과정은 여전히 분명하지 않다. 로마교회가 회의를 통해 마르켈루스 편지 전에 신앙고백서를 작성했거나(Uta Heil의 의견) 편지 후에 승인하는 방식으로 작성했거나(Markus Vinzent의 의견), 이미 교회가 구두로 전수되던 세례문답서나 세례신앙고백서를 사용해왔으므로(Kinzig의 의견), 마르켈루스의 일을 처리하며 신앙고백문서를 작성한 일이 교회 내의 신조 사용과 전혀 별개의 일로 생각될 수 없을 것이다.

10) 라틴어 원문: *Kinzig*, vol. II, 228.

Credo in deo patre omnipotente invisibili et impassibili, et in Iesu Christo, unico Filio eius, domino nostro, qui natus est de Spiritu Sancto ex Maria virgine, crucifixus sub Pontio Pilato et sepultus, descendit in inferna, tertia die resurrexit, ascendit in caelos, sedet ad dexteram patris, inde venturus iudicare vivos et mortuos; et in spiritu sancto, sanctam ecclesiam, remissionem peccatorum, huius carnis resurrectionem.	나는 볼 수 없으며 고난당할 수 없는 전능하신 하나님 아버지를 믿습니다. 또 그의 외아들, 우리 주, 예수 그리스도를 믿습니다. 그는 성령으로 동정녀 마리아에게서 나시고, 본디오 빌라도 아래서 십자가에 못박히시고, 장사되시고, 음부에 내려가시고, 삼일째에 부활하시고, 하늘에 오르시고 아버지 우편에 앉으셨고, 거기서부터 산자와 죽은 자를 심판하러 오실 것입니다. 성령을 믿습니다. 거룩한 교회, 죄의 용서, 이 몸의 부활을 믿습니다.

여섯째, 4세기의 기록물에 나타난 신조의 사용에서 중요한 것은 세례의식을 위해 신조가 특정 의식 가운데서 공식적으로 사용되었다는 것이다. 학습교인 (catechumen)은 세례받기 전에 신조를 교육받았다. 주교가 그들에게 신조 본문의 의미를 설명해주고 세 번 암송해주었는데, 이 일을 '신조 전달'(traditio symboli)이라 했다. 학습교인은 세례받기 전에 회중 앞에서 신조를 암송하는 의식을 행했다. 이것을 '신조 복송'(復誦, redditio symboli)이라 불렀다. '신조 전달'과 '신조 복송'은 356년이나 357년 전에 이미 교회 안에 도입되었다. 위 아퀼레이아의 고백서도 '신조 전달'과 '신조 복송'을 위해서 사용되었다.[11]

일곱째, 다른 지역에도 세례교육이나 의식을 위한 문답이나 고백(처음엔 구두로 전해지다가 후에 기록되었다)이 있었으나 R이 제국의 수도라는 지위를 통해 서방 전역에 확장했다. 그 과정에서 변화와 융합을 거치면서 T가 형성되었다. 완성단

---

11)   *Kinzig*, vol. I, 13-14.

계에 이른 T는 수도원 설립자였던 피르미니우스(Pirminius)가 8세기 초에 쓴 글에서 발견된다. 사도신경의 받아들여진 본문(*Textus Receptus*)은 아래와 같다.[12]

Credo in deum, patrem omnipotentem, creatorem caeli et terrae, et in Iesum Christum, filium eius unicum, dominum nostrum, qui conceptus est de spiritu sancto, natus ex Maria virgine, passus sub Pontio Pilato, crucifixus, mortuus et sepultus; descendit ad inferna; tertia die resurrexit a mortuis; ascendit ad caelos; sedet ad dexteram dei, patris omnipotentis; inde venturus est iudicare vivos et mortuos. Credo in spiritum sanctum, sanctam ecclesiam catholicam, sanctorum communionem, remissionem peccatorum, carnis resurrectionem et vitam aeternam. Amen.	나는 하늘과 땅의 창조자, 전능하신 아버지, 하나님을 믿습니다. 또 그의 외아들 우리 주 예수 그리스도를 믿습니다. 그는 성령으로 잉태되시고, 동정녀 마리아에게서 태어나시고, 본디오 빌라도 아래서 고난당하시고, 십자가에 못박히시고, 죽으시고 장사되시고, 음부에 내려가시고; 삼일째에 죽은 자들 가운데서 부활하시고; 하늘에 오르시고; 전능하신 아버지 하나님 우편에 앉으시고; 거기서부터 산 자와 죽은 자를 심판하러 오실 것입니다. 나는 성령을 믿습니다. 거룩한 보편 교회, 성도들의 교통, 죄 용서, 몸의 부활, 그리고 영생을 믿습니다. 아멘.

이른 시기에 동방에 신조가 없었다는 주장이 있으나, 여러 증거가 이 주장을 반박한다.[13] 동방에 신조가 있었을지라도 동방이 서방 신조의 기원이라거나, 반대로 동방 신조의 기원이 서방이라고 할 수 없다. 다만 동방과 서방이 둘 다 동일한 중심 즉 삼위일체와 그리스도의 복음을 신조의 중심에 놓는 방향으로 갔다.

우리나라 개신교의 사도신경에는 '음부에 내려가시고'가 빠져있다. 한국 초기 장로교 찬송가(1894년의 언더우드의 『찬양가』, 1904년 장로교 선교사 공의회의 『찬셩

---

12) 라틴어 원문: *Kinzig*, vol. II, 351.

13) Vokers, "Apostolisches Glaubensbekenntnis," 537; *Leith*, 16-19.

시』)에 있는 사도신경에는 이 부분이 포함되어 있었고, 감리교 찬송가(1897년의 『찬미가』, 1902년과 1905년의 『찬미가』)에는 빠져있었다. 한국 감리교 찬송가에 이 부분이 빠진 이유는 당시 미국 감리교의 사도신경에 이 부분이 빠졌기 때문이다. 선교사의 영향 아래에 있었던 한국교회에는 당연한 일이었다. 이후 한국장로교와 감리교는 함께 『찬송가』(1908년)를 내게 되었는데, 여기에 이 부분이 빠진 사도신경이 들어가게 되었다. 이후로 '음부에 내려가시고'가 없는 사도신경을 고백하게 된 것이다.

개혁교회의 사도신경 해석

개혁교회는 '새교리'의 창시자가 아니라 '옛교리'의 계승자임을 밝히기 위해 사도신경을 받아들일 뿐 아니라 바른 방식으로 해석했고 가르쳤다. 칼빈은 그의 유명한 책인 『기독교강요』의 초판(1536년) 사도신경 해설에서 개혁파 신앙의 핵심적인 내용을 해설했고, 『제네바 요리문답서』(1541)에서도 사도신경의 의미를 문답 방식으로 포함시켰다. 『하이델베르크 요리문답서』(1563)도 사도신경의 각 항목을 문답 방식으로 해설하고 가르친다.

『제네바 요리문답서』는 사도신경을 네 부분으로, 즉 성부에 대한, 그의 아들 예수 그리스도와 인간의 구속에 대한, 성령에 대한, 그리고 교회와 교회에 주신 하나님의 은혜에 대한 부분으로 구분한다. 『하이델베르크 요리문답서』는 세 부분으로, 즉 성부 하나님과 우리의 창조, 성자 하나님과 우리의 구속, 성령 하나님과 우리의 성화로 구분한다. 이런 구분이 어떤 근본적 차이를 보여주는 것은 아니다. 예를 들어, 올레비아누스 같은 종교개혁가는 책에 따라 세 구분을 취하기도 하고 네 구분을 취하기도 했다.[14]

---

14)   예를 들어, 올레비아누스(Caspar Olevianus)는 『은혜언약』(Gnadenbund)에서는 세 부분으로 구분하며, 『사도신경해설』(*Expositio Symboli Apostolici* [Frankfurt: Apud Andream Wechelum, 1576])에선 네

전능하신 창조주 하나님에 대한 고백에서 개혁교회의 고백서는 단순히 창조 자체만을 고백하지 않고 온 우주 만물에 대한 섭리를 해설한다. 하늘과 땅과의 모든 피조물의 창조만이 아니라 피조물에 대한 보존과 통치를 설명하되, 하나님의 뜻에 따른 통치와 하나님의 결정과 섭리의 통치를 고백함으로써 하나님의 주권을 강조한다. 풍년과 흉년, 건강과 질병 등이 우연이 아니다. 여러 위협과 역경에서도 하나님은 우리의 보호자시며(제네바 요리문답서 29문) 신실하신 아버지시다(하이델베르크 요리문답서 26문). 이렇게 해서 작정교리를 전제하며 신자의 위로의 근거로 제시한다.

'그 외아들 우리 주 예수 그리스도'에 대한 부분에서는 호칭을 해설함으로써 그리스도의 존재와 사역과 직무의 핵심적인 부분을 설명한다. 하이델베르크 요리문답서의 경우 예수라는 호칭에서 유일한 구원자임을 밝히고 로마 가톨릭의 '성인숭배'를 거절한다(30문). 특히 그리스도란 호칭에서 선지자, 제사장, 왕의 삼중직을 해설하면서 그리스도의 사역을 요약한다. 그리스도의 사역을 삼중직으로 설명하는 칼빈의 방식을 따라, 개혁교회의 신조는 기독론 부분에서 그리스도의 삼중직을 해설한다. 사도신경의 고백을 따라 그리스도의 비하와 승귀를 따라가며 그리스도의 속죄사역과 중보사역을 상세히 해설하는 것도 특징이다. 그래서 유일한 중보자 예수 그리스도의 사역을 자연스럽게 이해하게 된다. '음부에 내려가시고'는 십자가에서 당하신 말할 수 없는 고통의 크기로 설명한다. 개혁교회는 예수께서 실제로 지옥에 내려가셨다고 해석하지 않았다.

당시 루터파와의 논쟁 속에서 개혁주의의 특징이 가장 강하게 드러나는 부분은 그리스도의 승천 부분이다. 왜냐하면, 그리스도의 신성과 인성의 양성 이해 곧 소위 엑스트라 칼비니스티쿰(*Extra Calvinisticum*)은 그리스도의 승천 부분에 포함되기 때문이다. 『하이델베르크 요리문답서』는 46문에서 그리스도의 승천에 대하여 설명한 후 47문과 48문이 마치 부록처럼 첨부되어 개혁파의 그리스도의 양성

부분으로 구분했다.

문제 이해를 정갈하게 정리했다. 47문에서 그리스도의 신성은 우리와 항상 함께 있지만, 그리스도의 인성은 더는 세상에 계시지 않다고 명백하고 말한다. 따라서 그리스도의 인성이 온 우주에 편재한다는 그리스도의 양성에 대한 루터파의 이해를 거절한다. 48문에서 그리스도의 위격적 연합 아래서 신성이 인성 밖에 그리고 동시에 인성 안에 있다고 분명하게 '엑스트라 칼비니스티쿰'을 표현했다.

제네바 요리문답서와 하이델베르크 요리문답서는 둘 다 교회에 관한 고백을 예정과 연결시켰다. 교리 논쟁에서 예정을 강조했을지라도 요리문답서에서 독립적 문답으로 예정을 가르치지 않았으나, 교회를 "영생으로 정하신 택하신 무리"(제네바 요리문답서 93문)로 고백하고 "영생을 위하여 선택하신 교회"를 그리스도께서 전 인류로부터 그의 성령과 말씀을 통해 모으신다(하이델베르크 요리문답서 54문)고 고백한다. 로마 가톨릭에서 교회의 정의는 성례에 참여하며 지상의 가시적 머리인 교황의 치리 안에 있는 무리라는 가시성을 특징으로 한다면, 개혁교회의 요리문답서에서 교회는 예정을 따라 이제 성령과 말씀을 통해 부름받아 예수 그리스도를 머리로 둔 공동체로서 영적이다.

죄 사함에 대한 고백에서 인간의 공로에 의한 용서가 아니라 그리스도의 공로에 근거한 하나님의 철저한 은혜임을 강조했다. 사도신경에서 그리스도의 사역이 중심에 있는데, 개혁교회는 우리의 죄를 담당하시고 하나님의 의를 성취하신 그리스도의 공로를 의지한 영생을 강조했다. 나아가 믿음 자체도 공로가 될 수 없다고 언급하면서 오직 그리스도의 공로만이 유효함을 강조함으로써 이신칭의의 의미를 밝혔다. 사도신경 해설은 그 구절을 따라가며 그리스도께서 우리를 위해 행하신 일과 그리스도의 공로에 근거한 구원을 설명하기에 적절했다. 이렇게 사도신경 해설을 통해 신앙의 핵심적인 내용을 가르칠 수 있었으므로, 그리스도인들이 믿어야 할 바가 사도신경에 요약되어 있다고 말할 수 있었다(제네바 요리문답서 15문, 하이델베르크 요리문답서 22문).

2. 니케아-콘스탄티노폴리스 신경

(Symbolum Nicaenum Constantinopolitanum, 381)[1]

개요

성자가 성부와 동일한 하나님의 본질인 것을 주요 내용으로 하는 니케아 신경은 교회회의의 결과로 만들어지고 승인된 첫 번째 신조다. 초기 니케아 신경(325년)으로부터 콘스탄티노폴리스에서 확장되는 신경(381년)을 통해서 기독교의 핵심인 성 삼위일체와 성육신을 공식적으로 고백하게 된다. 이 신조(니케아-콘스탄티노폴리스 신경)는 동방교회, 로마교회, 개신교에서 승인되었다. 381년의 신조는 17세기까지 '니케아 신경'(*Symbolum Nicaenum*)으로 알려졌다가, 325년 니케아 공의회 신조가 알려지면서 '니케아–콘스탄티노폴리스 신경'(*Symbolum Nicaeno-Constantinopolitanum*)으로 불린다. 개혁교회도 이 신조를 받아들여 초대교회의 교리 즉 옛 교리와 같은 편에 서 있다는 것을 보여주었다. 589년 톨레도 회의 이후 서방교회는 성령의 발출 기원에 대해 아버지 '그리고 아들에게서'(*filioque*, 필리오케)라고 진술함으로써 '아버지에게서'만을 포함시키는 동방교회와 다르다.

배경

니케아 신경은 어떻게 보면 아리우스라는 한 사람 때문에 논쟁이 시작되고,

---

1) *김영재*, 48-59; *김산덕*, 51-165; *Kinzig*, vol. I, 269-552; *Schaff*, vol. I, 24-29; *Leith*, 28-33; J.N.D. Kelly, *Early Christian Creeds, 3ʳᵈ edition,* (London/New York: Continuum, 1972); Wolf-Dieter Hauschild, "Nicäno-Konstantinopolitanisches Glaubensbekenntnis," in *TRE 24*, 444-456.

이로 인해 교회가 성자의 신성과 성령의 신성을 결정한 것처럼 보인다. 하지만 교회가 공식적으로 성자의 신성과 성령의 신성을 인정하게 되는 것은 필연이었다. 삼위일체라는 용어는 교회가 아직 사용하지 않았을지라도 실제적으로는 삼위일체를 믿고 교회의 예배와 의식 안에 받아들인 상태였다.

시작은 알렉산드리아의 주교 알렉산더와 같은 곳에서 장로를 지낸 아리우스의 갈등이다. 아리우스는 안디옥의 루키아누스 아래서 신학 수업을 받았다. 루키아누스의 영향 아래서 아리우스는 오리게네스의 종속설을 강조하면서 하나님은 한 분이시고 아들은 아버지와 본질이 다르며 무로부터 창조되었다고 주장했다. 아리우스는 321년 알렉산드리아에서 열린 회의에서 그리스도의 참된 신성을 부인한다는 죄로 면직과 출교를 당했다. 아리우스는 그 후 팔레스타인과 니코데미아로 가서 자신의 주장을 퍼뜨렸고, 초대교회사가로 유명한 가이사랴의 유세비우스에게로 갔다. 아리우스는 계속해서 글들을 써내며 알렉산더를 비판했다. 니코데미아의 유세비우스가 아리우스 편에 있었다. 알렉산더는 모든 주교에게 편지를 보내면서 니코데미아의 유세비우스를 비판하고, 성자가 변하는 존재가 되어버렸다고 아리우스를 정죄했다.

로마 황제 콘스탄티누스는 이 문제를 심각하게 바라보았다. 화해시켜 보려고 직접 편지를 보냈으나 실패로 돌아갔다. 이제 갈등은 일반인들에게까지 내려가서 멜로디에 가사를 붙인 노래까지 등장했다. "하나님이 그를 낳으셨다네, 그를 낳으시기 전엔 그가 없었지."

콘스탄티누스는 기독교의 분열이 왕국에 위험이 된다고 생각했고 회의를 열어 이 문제를 해결하기를 원했다. 주교 318명이 모인 회의는 니케아에서 열렸다. 교회의 불화가 전쟁보다 무서우므로 모든 불화를 없애고 하나가 되어야 한다는 콘스탄티누스의 권면으로 회의가 시작되었다. 아리우스와 니코메디아의 유세비우스를 따르는 이들은 20명 정도 되었다. 그리스도의 신성을 주장하는 알렉산더와 아타나시우스의 편은 처음에는 소수였으나 영향력이 있었다. 그 외 대다수는, 아마도 가이사랴의 유세비우스가 대변인 역할을 했을 대다수는 중도적 입장이었다. 이 중도적 입장은 그리스도의 신성을 옹호했으나 신학적인 분별 능력이 약했거나 단순한 성경해석을 선호했거나 다투지 않고 화해되기를 추구했을 것이다.

흥미롭게 지켜보던 콘스탄티누스는 문서를 만들 것을 명했다. 가이사랴의 유세비우스가 자기 교구에서 사용하던 신조를 제안했고 참석자 대부분이 동의했으나 알렉산더와 아타나시우스는 거절했다. 왜냐하면, 그 신조는 문제를 전혀 해결하지 않았기 때문이다. "하나님으로부터의 하나님" 정도는 은유적 표현으로 해석한다면 아리우스도 동의할 것이기 때문이다. 알렉산더는 더 명확하게 표현되기를 원했다. 다양한 제안이 있었다. "모든 면에서 아버지와 비슷한(ὅμοιον κατὰ πάντα)"이란 제안이 있었다. 열린 해석 아래서 이 표현도 받아들일 수 있었기 때문에 아리우스는 동의했다. 알렉산더는 여기에 만족하지 않았다. 알렉산더의 생각에 아버지와 아들은 비슷한 본질이 아니라 같은 본질을 가져야 했다. 이때 콘스탄티누스가 일어나서 "동일본질"(ὁμοούσιον)이라는 표현을 제안했다. 잠시 소란이 있고 난 뒤 니케아의 감독들이 이 제안을 받아들여 "나시고 만들어지지 않았고 아버지와 동일본질로 있으신"이란 표현을 내놓았다. 나아가 아리우스 이단을 정죄하는 문장을 덧붙였다. 이 신경은 아래와 같다.[2]

우리는 한 하나님, 전능하신 아버지, 가시적이며 불가시적인 만물의 창조자를 믿습니다. 그리고 한 주 예수 그리스도, 하나님의 아들을 믿으니, 성부로부터 독생자로 나셨으며, 곧 하나님에게서 나신 하나님이시오, 빛에서 나신 빛이시오, 참 하나님에게서 나신 참 하나님이시니, 나셨고, 창조되지 않으셨고, 성부와 본질이 같으시며, 그를 통해 하늘과 땅의 만물이 있게 되었으며, 그는 우리 인간들 때문에 또 우리의 구원 때문에 내려오시고 육신이 되셨고, 사람이 되셨고, 고난 당하시고, 사흘 만에 부활하셨고, 하늘에

---

2) 헬라어 원문 및 다양한 판본 참조: *Kinzig*, vol. 1, 290.

오르셨고, 산 자와 죽은 자를 심판하러 오실 것입니다. 또 성령을 믿습니다. 그런데 "그가 계시지 않은 때가 있었다"라고 말하거나 "그분이 나시기 전에는 계시지 않았다"라고 말하거나, "존재하지 않은 것에서 생겨났다"라고 말하거나 다른 본질이나 본체로부터 생겨났다고 말하거나 하나님의 아들이 변화하거나 변할 수 있다고 말하는 이들은 보편 교회가 정죄합니다.

중도파였던 가이사랴의 유세비우스를 포함해서 거의 모든 주교가 이 문서에 서명했다. 다만 니코메디아의 유세비우스와 니카아의 테오그니스는 정죄하는 문구를 배제한 신조에 서명했다. 이 때문에 둘은 면직을 당하고 한동안 추방당했다. 콘스탄티누스는 교회가 합의했고 왕국에 평화가 왔다고 생각했다. 그러나 교회 안에서 논란은 계속되었다.

서명했던 주교 중 많은 이들이 다양한 해석 가운데 이 신조를 받아들였다. 따라서 논쟁은 계속되었다. 추방당했던 니코메디아의 유세비우스와 니케아의 테오그니스는 돌아와서 반대파를 계속 공격했다. 황제를 지속해서 설득한 끝에 아리우스도 돌아왔다. 328년 알렉산더의 죽음으로 아타나시우스가 알렉산드리아의 주교가 되면서 정통신앙의 대변자가 되었다. 336년 아리우스도 죽었다. 알렉산더를 이은 아타나시우스와 아리우스주의자들 사이의 논쟁은 계속되었는데, 반대파가 황제의 정치적 권력을 힘입어 세력을 갖자 아타나시우스는 적어도 다섯 번 출교 당했다. 337년 콘스탄티누스 1세(Flavius Valerius Aurelius Constantinus, 272-337)가 죽자 서로마는 콘스탄티누스 2세(Flavius Claudius Constantinus, 316- 340)와 콘스탄스(Flavius Iulius Constans, 320/323-350)가 동로마는 콘스탄티우스 2세(Flavius Iulius Constantius, 317-361)가 다스렸다. 서방은 아타나시우스를 지지했으나 동방의 콘스탄티우스는 니코메디아의 유세비우스를 콘스탄티노폴리스의 주교로 세우고 아타나시우스를 면직시켰다. 동방은 아타나시우스를 면직시키면서도 아리우스를 배격하는 신조를 작성하기도 하는 등 모순적인 모습을 보였다. 동방과 서방의 분열을 회복시키려고 두 황제는 343년 사르디카에서 회의를 소집했다. 여기서 니케아 신경이 다시 확인되고 아타나시우스가 인정받자, 아리우스파의 동방 주교들이 회의장을 떠나 필리포폴리스에서 반대하는 회의를 열어 분열은 더 커졌다.

서로마의 황제 콘스탄스가 아타나시우스를 보호하려고 애써서 한때 복권도 되었지만, 350년 콘스탄스가 죽자 콘스탄티우스의 정통파에 대한 압력은 노골적으로 되었다. 예배 중인 아타나시우스를 잡기 위해 오천 명의 무장병력을 보내기도 하였다. 콘스탄티우스의 압력과 추방으로 '호모우시아' 즉 동일본질의 기독교 정통이 사라지는 것처럼 보였다. 콘스탄티우스의 지원으로 아리우스주의자들은 서머나(Sirmium)에서 열린 일련의 회의(357, 358, 359)를 통해 325년의 니케아 신경의 동일본질을 거절하는 길로 갔다. 360년 콘스탄티노폴리스에서 이 신조를 제국의 신조로 확정 발표했을 때 아리우스파의 절정이었다. 이 상황을 '유사본질'이란 용어를 지지하던 자 중 많은 이가 우려했다. 이들 중 일부는 심정적으로 정통파에 기울어져 있음에도 불구하고 아타나시우스에 대한 오해 때문에, 또는 당시에는 우시아(οὐσία, 본질)와 휘포스타시스(ὑπόστασις, 위격)가 아직 제대로 구별되지 않았기 때문에 위격의 구분을 무시하는 것에 대한 우려로, 즉 사벨리우스의 양태론에 빠질 위험에서 호모이우시아를 지지하는 자들이었다. 이들은 아들이 아버지와 다른 본질이라는 것을 지속해서 반대했다. 급진적인 아리우스주의자들이 성자가 성부와 다른 본질을 가졌고 무에서 창조되었다는 것을 주장했으나 '유사본질'의 주류는 이들을 정죄하면서 381년 콘스탄티노폴리스 회의가 열리기 전 정통신앙 편으로 넘어갔다.

361년 아리우스파를 후원했던 콘스탄티우스가 죽자 362년 잠시 아타나시우스가 추방지에서 돌아왔다. 돌아오자마자 아타나시우스가 주도해서 열린 알렉산드리아 회의(362)가 중요하다. 여기서 세 휘포스타스에 대해서 다른 우시아를 갖는 독립적인 존재가 아니라고 했다. 하나의 본질을 말하면서 아들이 아버지와 동일한 우시아를 갖는 것을 말했다. 그러면서 세 휘포스타시스를 말하는 것도 정통일 수 있다고 인정했다. 당연히 성령을 피조물로 보는 마케도니우스파도 정죄했다. 아타나시우스는 휘포스타시스와 우시아가 다른 의미를 갖고 사용될 수 있다고 했다. 이것으로 호모우시아파와 호모이우시아파가 화해할 수 있게 되었다. 나아가 여기서, 성자가 하나님으로서 고난받았다는 것을 주장하기 위해, 성자가 인간 영혼을 소유했음을 부정하는 아리우스주의자의 주장에 반대해서, 성육신한 로고스가 느끼고 생각하는 기관인 영혼을 소유한다고 선언했다.

이교가 득세하면서 교회는 정통신앙으로 하나가 되어갔다. 라틴 교회에서 정통파가 승리하고 이집트와 동방에서도 정통파가 승리를 거둔다. 특히 갑바도기아의 세 교부, 바실리우스, 나지안주스의 그레고리, 니사의 그레고리가 큰 역할을 했다. 나지안주스의 그레고리(Γρηγόριος ὁ Ναζιανζηνός, 329-390)의 회중은 아리우스가 지배하는 동안 정통파에 남아 있었다. 이들에 의하여 동방에서 정통파는 힘을 얻고 나아가 우시아와 휘포스타시스의 구분이 정리되었다. 나지안주스의 그레고리는 세 위격의 상호 간의 관계를 비출생, 출생, 발출로 개념을 구분하고, 세 위격이 한 본질이라는 공식을 세웠다.

379년 동로마의 황제가 된 테오도시우스 1세는 380년 콘스탄티노폴리스의 주교 데모필루스(Demophilus)를 경질했다. 나지안주스의 그레고리가 새로운 콘스탄티노폴리스의 대주교가 되었다. 황제는 교회회의를 소집했고, 381년 동방교회 지도자 150명이 모여 니케아-콘스탄티노폴리스 신경을 제정했다.

신학적 의미

하늘과 땅의 창조자 전능하신 하나님 아버지에 대한 신앙을 고백하는 앞부분은 당시 보편적인 고백의 특징이다. 독특성은 성자에 대한 고백에 있다. 하나님의 독생자나 모든 세대 이전에 나셨다는 문장은 아리우스도 받을 수 있는 문장이다.

"하나님으로부터 하나님" "빛으로부터 빛"이신 아들은 친 아리우스 편의 고백서에서도 발견되는 표현이다. 그러나 "아버지와 동일본질이신" 아들이 두 진영을 갈라지게 하는 분명한 선이다. 동일하다는 표현과 본질이라는 표현을 함께 사용했다는 점에서 의미가 있다. 아리우스파 편에서 본질(우시아, οὐσία)이란 용어의 사용 자체를 멀리하거나 나아가 정죄하려는 분위기가 있었다. 그런데 신경은 니케아에서 사용했던 본질이란 단어를 인정하고 다시 사용했다. 나아가 아리우스는 '동일하다' 대신 '유사하다'는 표현을 선호했는데, 신경은 '동일하다'는 표현을 택했다. 결론적으로 성부와 성자의 동일본질을 정확하게 표현함으로써 325년의 니케아 신경을 회복했다.

또 아리우스파는 성령도 피조물로서 말해왔는데, 그 대표자는 온건한 아리우스파였던 마케도니우스다. 여기에 반대하기 위해서 단순히 성령에 대한 믿음을 고백했던 니케아 신경에서 나아가 니케아-콘스탄티노폴리스 신경은, 성령이 아버지와 아들과 함께 예배와 찬송을 받으시기에 합당하다고 분명히 밝혔다.

니케아-콘스탄티노폴리스 신경

가장 오래된 헬라어 원문은 칼케돈 공의회 3회기에서 발견된다. 6세기에 동방교회에서 세례 고백으로 사용된 기록들이 발견되며, 서방교회에서 사용되었음도 589년 톨레도 회의를 통해 알 수 있다. 이 회의 이후 서방교회는 성령의 발출에 대해 "아버지 '그리고 아들로부터'"(filioque, 필리오케)라고 진술함으로써 필리오케에 대한 논쟁이 있었다. 동방교회에서는 필리오케를 비판했으며, 서방교회는 필리오케를 받아들여 중세 말에 이르러 '필리오케'가 공식적인 표현에 담긴다. 아래 니케아-콘스탄티노폴리스 신경의 번역은 헬라어 원문을 따르되, 교회 예식에서 사용되던 라틴어판에서 뚜렷이 드러나는 차이점은 [ ] 안에 두었다.[3] "우리는 믿습니다"의 라틴어 번역도 존재하나, 교회에는 "나는 믿습니다"가 정착되었는데, 이는 세례 예식문의 역할로서의 영향, 나아가 서방교회의 경우 사도신경과 비슷하게 시작하려는 의도 때문이라고 추정할 수 있다.

우리는[나는] 한 하나님, 전능하신 아버지, 하늘과 땅과 가시적이며 불가시적인 만물의 창조자를 믿습니다. 그리고 한 주 예수 그리스도, 하나님의 독생자를 믿으니, 시간 전에 성부로부터 나셨으며, [하나님에게서 나신 하나님이시오,] 빛에서 나신 빛이시오. 참 하나님에게서 나신 참 하나님이시니, 나셨고, 창조되지 않으셨고, 아버지와 본질이 같으시며, 그를 통해 만물이 있게 되었으며, 그는 우리 인간들 때문에 또 우리의 구원 때문에 하늘에서 내려오시고 성령으로 동정녀 마리아에게서 육신이 되셨고, 사람이 되셨고, 본디오 빌라도 아래서 우리를 위하여 십자가에 못 박히시고, 고난당하시고, 장사 되셨고, 성경대로 사흘 만에 부활하셨고, 하늘에 오르셨고, 성부 우편에 앉으셨고, 산 자와 죽은 자를 심판하러 영광 중에 다시 오실 것이니, 그의 나라는 끝이 없으십니다. 그리고 주님이시요 살리시는 성령을 믿사오니, 그는 성부[와 성자]로부터 나오시며, 그는 성부와 성자와 함께 더불어 경배를 받으시고 영광을 받으시고, 그는 선지자를 통하여 말씀하셨습니다. 그리고 하나의 거룩한 보편적이며 사도적인 교회를 믿습니다. *우리는*[나는] 죄를 사하는 하나의 세례를 고백합니다. *우리는*[나는] 죽은 자들의 부활과 오는 세대의 생명을 기다립니다. 아멘.

---

3) 다양한 헬라어 원문과 초기 라틴어 번역 참고: *Kinzig*, vol. I, 511-552.

Πιστεύομεν εἰς ἕνα Θεόν, πατέρα, παντοκράτορα, ποιητὴν οὐρανοῦ καὶ γῆς, ὁρατῶν τε πάντων καὶ ἀοράτων καὶ εἰς ἕνα κύριον Ἰησοῦν Χριστόν, τὸν υἱὸν τοῦ Θεοῦ τὸν μονογενῆ, τὸν ἐκ τοῦ πατρὸς γεννηθέντα πρὸ πάντων τῶν αἰώνων, φῶς ἐκ φωτός, Θεὸν ἀληθινὸν ἐκ Θεοῦ ἀληθινοῦ, γεννηθέντα οὐ ποιηθέντα, ὁμοούσιον τῷ πατρί, δι' οὗ τὰ πάντα ἐγένετο· τὸν δι' ἡμᾶς τοὺς ἀνθρώπους καὶ διὰ τὴν ἡμετέραν σωτηρίαν κατελθόντα ἐκ τῶν οὐρανῶν καὶ σαρκωθέντα ἐκ πνεύματος ἁγίου καὶ Μαρίας τῆς παρθένου, καὶ ἐνανθρωπήσαντα, σταυρωθέντα τε ὑπὲρ ἡμῶν ἐπὶ Ποντίου Πιλάτου καὶ παθόντα καὶ ταφέντα καὶ ἀναστάντα τῇ τρίτῃ ἡμέρᾳ κατὰ τὰς γραφάς, καὶ ἀνελθόντα εἰς τοὺς οὐρανούς, καὶ καθεζόμενον ἐν δεξιᾷ τοῦ πατρός, καὶ πάλιν ἐρχόμενον μετὰ δόξης, κρῖναι ζῶντας καὶ νεκρούς· οὗ τῆς βασιλείας οὐκ ἔσται τέλος· καὶ εἰς τὸ πνεῦμα τὸ ἅγιον, τὸ κύριον καὶ ζωοποιόν, τὸ ἐκ τοῦ πατρὸς ἐκπορευόμενον, τὸ σὺν πατρὶ καὶ υἱῷ συμπροσκυνούμενον καὶ συνδοξαζόμενον, τὸ λαλῆσαν διὰ τῶν προφητῶν. Εἰς μίαν ἁγίαν καθολικὴν καὶ ἀποστολικὴν ἐκκλησίαν. Ὁμολογοῦμεν ἓν βάπτισμα εἰς ἄφεσιν ἁμαρτιῶν. Προσδοκῶμεν ἀνάστασιν νεκρῶν καὶ ζωὴν τοῦ μέλλοντος αἰῶνος. Ἀμήν.

Credo in unum Deum, Patrem omnipotentem, factorem caeli et terrae, visibilium omnium et invisibilium. Et in unum Dominum Iesum Christum, Filium Dei unigenitum, et ex Patre natum ante omnia saecula, Deum de Deo, lumen de lumine, Deum verum de Deo vero, genitum, non factum, consubstantialem Patri: per quem omnia facta sunt; qui propter nos homines et propter nostram salutem descendit de caelis, et incarnatus est de Spiritu Sancto ex Maria virgine, et homo factus est, crucifixus etiam pro nobis sub Pontio Pilato, passus et sepultus est, et resurrexit tertia die secundum Scripturas, et ascendit in caelum, sedet ad dexteram Patris, et iterum venturus est cum gloria, iudicare vivos et mortuos: cuius regni non erit finis. Et in Spiritum Sanctum, Dominum et vivificantem, qui ex Patre Filioque procedit, qui cum Patre et Filio simul adoratur et conglorificatur, qui locutus est per prophetas. Et unam sanctam catholicam et apostolicam Ecclesiam. Confiteor unum baptisma in remissionem peccatorum. Et exspecto resurrectionem mortuorum, et vitam venturi saeculi. Amen.

3. 칼케돈 신경(*Symbolum Chalcedonense, 451*)[1]

개요

니케아 신경은 예수 그리스도가 참된 하나님이신지에 대한 물음에 성부 하나님과 동일본질인 참된 하나님인 것을 고백했다. 이제 교회는 다른 질문 곧 "그리스도가 어떻게 하나님이시면서도 동시에 사람이신가?"에 대해 답해야 했다. 즉 그리스도의 신성과 인성의 연합에 대한 설명이 필요했고, 그 답이 칼케돈 신경이다. 칼케돈 신경은 그리스도가 한 위격 안에 두 본성을 가지신다고, 또는 두 본성이 한 위격 안에 연합되었다고 답함으로써 단성론을 배제한다.

그리스도의 신성과 인성에 대한 설명 시도들

칼케돈 신경이 451년에 만들어졌다고 해서 이 문제가 그즈음에 제기된 것은 아니다. 이미 아리우스 논쟁 중에 아폴리나리우스(Apollina-rius[Ἀπολλινάριος], ca. 315-382)는 그리스도의 인성을 독특한 방식으로 설명했다. 아폴리나리우스는 니케아 정통신앙을 위해서, 즉 그리스도의 신성을 보수하기 위해 싸웠지만, 삼분설을 들여와 그리스도의 인성에 상처를 입혔다. 그는 그리스도가 인간 육체, 인간 혼을 가졌으나, 인간 영의 자리는 로고스가 차지한다고 설명했다. 아폴리나리우스가 이 설명을 통해 확보하려고 했던 내용은 그리스도의 완전한 신성이 인성과

---

1) *김영재*, 59-64; *김산덕*, 167-234; *Kinzig*, Vol. II, 94-105; *Schaff*, vol. I, 29-34; *Leith*, 34-36; Lionel R. Wickham, "Chalkedon, ökumenische Synode," in *TRE 7*, 668-675; Philip Schaff, *History of the Christian Church*, vol. 3, 3rd edition. 1889, 이길상 역 『교회사전집』3권, (고양: 크리스챤다이제스트, 2004) 615-677.

유기적 연합을 이루고 있다는 것이었다. 그러나 이 설명을 따르면 그리스도는 인간의 영을 소유하지 않게 되어, 일반 인간과는 다른 인성을 가진 존재가 된다. 즉, 인성을 부분적으로만 취하게 된다. 이 이론의 논리적 귀결은 구원론까지 훼손하는데, 왜냐하면 인간 영을 제외함으로써 온전한 인성을 취하지 않으신 그리스도는 인간 영을 구속하실 수는 없기 때문이다. 따라서 교회회의들(로마의 공의회(377, 378), 2차 에큐메니컬 공의회(381))은 이 설명을 거절했다.

네스토리우스

아폴리나리우스의 설명을 거절했음에도, 그리스도의 신성과 인성의 관계 또는 연합 문제는 아직 건전한 설명이 요구되고 있었다. 안디옥 학파의 네스토리우스 (Nestorius[Νεστόριος], ca. 386-ca. 450)가 다른 방식으로 설명을 시도했다. 네스토리우스는 마리아를 지칭하는 표현으로서 그 당시 대중적이었던 표현 "하나님의 어머니"(테오토코스, ϑεοτόκος)란 말을 반대했다. 사실 오리게네스, 알렉산드리아의 알렉산더, 아타나시우스, 바실리우스와 같은 이들도 가끔 이 용어를 사용했었다. 이때 의미는 피조물이 창조주를 낳았다거나 영원한 신성이 마리아에게서 기원한다는 뜻은 아니었다. 다만 로고스의 성육신이 마리아의 태에서 실제적임을, 즉 신인이신 그리스도께서 마리아에게서 태어나셨음을 의미했다. 그리스도께서 신성과 인성의 두 본성을 구분하여 지속해서 지니신다는 것은 정당하다. 그러나 네스토리우스는 그리스도께서 두 개의 인격을 가졌다는 데까지 나아갔다. 즉 신성과 인성 두 본성이 하나의 인격(위격)을 이루는 것이 아니라 나사렛 예수의 인격 안에 로고스(성자의 위격)가 머물렀다는 것이다. 두 본성의 속성 교류는 없게 된다. 알렉산드리아의 키릴루스를 중심으로 네스토리우스에 대한 큰 반대가 일어났다. 431년 에베소에서 에큐메니칼 공의회가 열렸으나 양편의 싸움은 지저분했다. 6

월 22일 키릴루스는 교황사절단과 안디옥 주교 요한이 도착하지도 않은 상태에서 회의를 열어 네스토리우스를 정죄했다. 늦게 도착한 안디옥 주교 요한은 따로 회의를 열어 앞선 결정을 기각하고 키릴루스를 정죄했다. 7월 10일에 도착한 교황사절단은 키릴루스가 주도한 회의를 인정했으나 실제적으로는 합의에 이르지 못한 상태였다. 그로부터 2년 뒤인 433년 안디옥의 요한이 키릴루스에게 편지를 보내고 키릴루스가 여기에 답하면서, 두 본성의 공존과 하나님의 어머니(Ͻεοτόκοϛ)란 표현을 동시에 사용하는 문서가 합의되었고, 네스토리우스는 유배길을 떠난다.

유티케스

이 합의는 오래가지 않았다. 키릴루스는 두 본성의 구별을 추상적으로 이해해서 그리스도 안에서 두 본성이 하나가 된 뒤에는 하나의 본성만이 나타난다고 했다. 444년 키릴루스의 죽음 이후 콘스탄티노플의 대수도원장이었던 유티케스(Eutyches[Εὐτυχήϛ], ca. 380-456)를 통해 이 설명이 주목받으면서, 유티케스는 단성론의 창시자는 아닐지라도 단성론의 대명사로 불리게 된다. 유티케스는 성육신 이후 두 본성을 말할 수 없다고 했는데, 왜냐하면 무인격적 인간 본성이 로고스에 의해 동화되었기 때문이다. 이제 그리스도의 육체는 우리의 것과 동일본질이 아니라는 의미다. 유티케스에 대한 비판이 제기되면서 플라비아누스는 448년 콘스탄티노플 지역회의를 소집해서 그리스도의 육체가 우리의 육체와 동일본질임을 거절하는 유티케스를 정죄했다. 이제 교회는 그리스도께서 성육신 이후 한 위격 안에 있는 두 본성을 진술하기 시작했다. 로마의 레오 1세는 플라비아누스에게 보낸 편지에서 한 위격 안의 두 본성을 신학적으로 잘 설명했으며, 후에 칼케돈 공의회는 이 서신을 공적으로 승인했다. 그런데 유티케스에게는 황실과 교회에 여러 친구가 있었다. 황제는 공의회에서 이 문제를 다루도록 했고, 449년 에베소에서 모인 공의회는 유티케스를 인정했고, 플라비아누스는 여러 수사에게 폭행당하여 며칠 후 죽었다.

칼케돈 에큐메니칼 공의회(451)

동방교회의 여러 사람이 플라비누스의 죽음에 분노하고 있었고, 서방교회의 레오 1세는 자신을 정죄한 에베소 회의의 결과를 받아들일 수 없었다. 마침 450년 황제 테오도시우스 2세가 사고로 죽었고 뒤를 이을 아들이 없었다. 이때 마르키아누스가 테오도시우스의 누이와 결혼하면서 새로운 황제가 되었다. 제국의 평화를 위해 새 황제는 니케아로 공의회를 소집했다. 451년 9월 니케아에서 열린 회의는 장소를 다시 콘스탄티노플 바로 옆에 있던 칼케돈으로 바꿀 수밖에 없었는데, 왜냐하면 흥분한 이들에 의해 폭력사태가 다시 발생한다면 칼케돈이 빨리 안정시키기 더 쉬웠기 때문이다. 회의는 처음에 격앙된 채로 시작했으나 회기가 진행되면서 안정을 찾아갔으며 449년 에베소에서 열렸던 소위 강도 공의회(latrocinium)를 무효로 선언하고 유티케스와 그의 추종자들을 정죄했다. 451년 10월 22일 다섯 번째 회기에서 니케아–콘스탄티노플 신경을 포함하는 신앙고백서가 채택되었다. 이것은 레오 1세의 서신서에 있던 문구를 거의 그대로 사용한 것이다.

칼케돈 공의회는 니케아 신경과 니케아 콘스탄티노폴리스 신경을 각각 심볼론(σύμβολον, 신조)으로 부르며 승인하고 두 신경으로 충분하다고 평가하면서도, 그리스도의 신성과 인성에 대한 교리적 결정을 추가한다. 이 부분은 후에 신앙에 대한 결정(Definitio fidei)으로 구분되며, 교회는 이 부분을 따로 떼어 칼케돈 신경이라 불러왔다.

신학적 의미

니케아 신경으로 그리스도께서 성부와 동일한 영원하고 참된 하나님 되신다는 내용을 교의로 고백한다면, 이제 칼케돈 신경으로 그리스도의 두 본성 곧 신성과 인성이 한 위격 안에 연합되어 있다는 내용을 고백한다.

마지막 부분의 "두 본성의 고유성이 유지되고 위격과 휘포스타시스 안으로 연합된다. 두 위격으로 분할되거나 나뉘지 않고 한 분이시고 같은 분인 하나님의 독생자 로고스, 주 예수 그리스도시니 …"는 칼케돈 신경의 결론이며 신성과 인성의 두 본성을 가지신 그리스도께 한 위격(una persona)만 있으며, 어떤 방식으로 그러한지를 설명했다.

첫째, 두 본성의 고유성을 인정했다. 칼케돈 신경은 먼저 완전한 신성을 말함으로써 니케아 신경을 받고 있다. 완전한 인성을 말함으로써 아폴리나리우스의 부분 인성을 반대했다. 신성에 있어서 성부와 동일하시고 인성에 있어서 우리와 동일하시다. 그리스도는 완전한 하나님이시며 완전한 사람이시다.

둘째, 하나의 위격만을 인정했다. 하나의 위격은 두 본성을 가지신 이가 한 분임을 말하는 근거가 된다. 칼케돈 신경은 반복해서 "한 분이시고 같은 분"(ἕνα καὶ τὸν αὐτὸν)을 말한다. 신성과 인성을 지니셔서 하나님이시고 인간이시나, 이분은 한 분이시고 같은 분으로서 성부의 독생자 예수 그리스도이시다.

셋째, 두 본성이 한 위격 안에 연합됨을 말한다. 두 본성이 두 위격으로 나뉘지 않고 한 위격 안에 연합됨으로써, (한 위격이기 때문에) 예수 그리스도는 한 분 동일하신 분이며, (두 본성을 가지셨기 때문에) 완전한 하나님이시며 완전한 사람이시다.

넷째, 두 본성의 연합 때문에(διὰ τὴν ἕνωσιν) 각 본성의 독특성과 속성이 사라지지 않고 계속 유지된다. 두 본성의 연합으로 두 본성이 고유성을 잃거나 혼합되지 않는다는 사실은 중요하다. 왜냐하면, 성육신 이후에도 우리 주 예수 그리스도는 여전히 완전한 하나님이시면서 사람이시고, 승천 이후에도 계속 완전한 사람이시면서 하나님이시기 때문이다.

칼케돈 신경

그러므로 거룩한 교부들을 따라서 우리는 모두 일치하여, 한 분이요 같은 아들이 우리 주 예수 그리스도임을 고백하도록 가르치니, 같은 분이 신성에서 완전하시고 같은 분이 인성에서 완전하시고, 같은 분이 참된 하나님이시고 같은 분이 이성 있는 영혼과 육체로 참된 사람이시고, 같은 분이 신성을 따라 성부와 본질이 같으시고 같은 분이 인성을 따라 우리와 본질이 같으시되 모든 면에서 우리와 똑같으시되 죄는 없으시고, 같은 분이 신성을 따라 시간 전에 성부로부터 나셨고, 인성을 따라 마지막 날에 우리 때문에 우리의 구원을 위하여 하나님의 어머니 동정녀 마리아에게서 태어나셨다. 한 분이요 같은 분, 그리스도, 독생자, 주님은 두 본성 안에서 혼합되지 않으며, 변화가 없으며, 분리가 없으며, 분할이 없이 알려지신다. 연합 때문에 본성들의 차이가 절대 없어지지 않고 반대로 두 본성의 고유성이 유지되고 위격과 휘포스타시스 안으로 연합된다. 두 위격으로 분할되거나 나뉘지 않고 한 분이시고 같은 분인 하나님의 독생자 로고스, 주 예수 그리스도시니, 전에 선지자들이 그에 관해서, 또 예수 그리스도께서 친히 우리에게 가르치신 바와 같고 교부들의 신조가 우리에게 전해준 것과 같다.[2]

---

2) 헬라어 원문과 라틴어 번역 참고: *Kinzig*, vol. II., 94-105.

Ἑπόμενοι τοίνυν τοῖς ἁγίοιςπατράσιν, ἕνα καὶ τὸν αὐτὸν ὁμολογεῖν υἱὸν τὸν κύριον ἡμῶν Ἰησοῦν Χριστὸν συμφώνως ἅπαντες ἐκδιδάσκομεν, τέλειον τὸν αὐτὸν ἐν θεότητι, καὶ τέλειον τὸν αὐτὸν ἐν ἀνθρωπότητι, Θεὸν ἀληθῶς, καὶ ἄνθρωπον ἀληθῶς τὸν αὐτὸν ἐκ ψυχῆς λογικῆς καὶ σώματος, ὁμοούσιον τῷ πατρὶ κατὰ τὴν θεότητα, καὶ ὁμοούσιον ἡμῖν τὸν αὐτὸν κατὰ τὴν ἀνθρωπότητα, κατὰ πάντα ὅμοιον ἡμῖν χωρὶς ἁμαρτίας· πρὸ αἰώνων μὲν ἐκ τοῦ πατρὸς γεννηθέντα κατὰ τὴν θεότητα, ἐπ᾽ ἐσχάτων δὲ τῶν ἡμερῶν τὸν αὐτὸν δι᾽ ἡμᾶς καὶ διὰ τὴν ἡμετέραν σωτηρίαν ἐκ Μαρίας τῆς παρθένου τῆς θεοτόκου κατὰ τὴν ἀνθρωπότητα· ἕνα καὶ τὸν αὐτὸν Χριστὸν υἱὸν κύριον μονογενῆ ἐν δύο φύσεσιν ἀσυγχύτως, ἀτρέπτως, ἀδιαιρέτως, ἀχωρίστως γνωριζόμενον, οὐδαμοῦ τῆς τῶν φύσεων διαφορᾶς ἀνηρημένης διὰ τὴν ἕνωσιν, σωζομένης δὲ μᾶλλον τῆς ἰδιότητος ἑκατέρας φύσεως, καὶ εἰς ἓν πρόσωπον καὶ μίαν ὑπόστασιν συντρε χούσης, οὐκ εἰς δύο πρόσωπα μεριζόμενον ἢδιαιρούμενον, ἀλλ᾽ ἕνα καὶ τὸν αὐτὸν υἱὸν μονογενῆ Θεὸν λόγον, κύριον Ἰησοῦν Χριστόν, καθάπερ ἄνωθεν οἱ προφῆται περὶ αὐτοῦ καὶ αὐτὸς ἡμᾶς Ἰησοῦς Χριστὸς ἐξεπαίδευσεν, καὶ τὸ τῶν πατέρων ἡμῖν παραδέδωκε σύμβολον.

Sequentes igitur sanctos patres, unum eundemque confiteri Filium et Dominum nostrum Jesum Christum consonanter omnes docemus, eundem perfectum in deitate et eundem perfectum in humanitate; Deum verum et hominem verum eundem ex anima rationali et corpore; consubstantialem Patri secundum deitatem, consubstantialem nobis eundem secundum humanitatem; 'per omnia nobis similem, absque peccato' (Heb. iv.): ante secula quidem de Patre genitum secundum deitatem; in novissimis autem diebus eundem propter nos et propter nostram salutem ex Maria virgine, Dei genitrice secundum humanitatem; unum eundemque Christum, filium, Dominum, unigenitum, in duabus naturis inconfuse, immutabiliter, indivise, inseperabiliter agnoscendum: nusquam sublata differentia naturarum propter unitionem, magisque salva proprietate utriusque naturæ, et in unam personam atque subsistentiam concurrente: non in duos personas partitum aut divisum, sed unum eundemque Filium et unigenitum, Deum verbum, Dominum Jesum Christum; sicut ante prophetæ de eo et ipse nos Jesus Christus erudivit et patrum nobis symbolum tradidit.

4. 아타나시우스 신경

(*Symbolum Athanasianum, Symbolum Quicumque*)[1]

이름

아타나시우스 신경은 신조의 첫 문구(*Quicumque vult savusesse*, 구원 받기 원하는 누구나)의 첫 단어 퀴쿰케(*Quicumque*)때문에, 퀴쿰케 신경(*Symbolum Quicumque*)이라고도 불린다.[2] 이 신경은 초대교회의 결정인 삼위일체와 그리스도의 두 본성과 한 위격에 대한 정통교리를 시적 운율 안에 잘 정리했다. 로마 가톨릭에서 사용되었고, 종교개혁 이후 루터교회와 개혁교회 안에서도 인정을 받았다.

신경의 기원

아타나시우스 신경이란 이름 때문에, 이 신경의 저자는 종교개혁 시기까지 알렉산드리아의 아타나시우스로 여겨졌으나, 16세기에 의문이 제기되었고 17세기 이후에는 아타나시우스가 저자라는 주장은 사라져갔다. 헬라어 판은 원문이 아니라 라틴어에서 번역된 것이라는 점에서 이 신경은 서방교회에서 나온 것이다. 아타나시우스 신경의 시작 부분의 구절이 5세기경의 다른 신조에서 발견되며,[3] 아우구스티누스의 이름으로 전해오는 설교문을 가지고 편집했을 고백문에서도 아

---

1) *김영재*, 64-66; *김산덕*, 337-389; *Kinzig*, vol. III, 1-9; *Schaff*, vol. I, 35-42; Roger John Howard Collins, "Athanasianisches Symbol," in *TRE 4*, 328-333.

2) 라틴어 철자에 따라 퀴쿤케(*Quicunque*)라고 불리기도 한다.

3) *Kinzig*, vol. II, 365-367.

타나시우스 신경의 내용에서 영향받은 부분이 발견된다.[4] 이 신경은 완전히 새로운 창조적 작성이라기보다는 기존에 있던 자료들을 사용한 훌륭한 편집에 가깝다. 그 내용에서 알 수 있듯이 신조 작성의 목적은 삼위일체 교리와 그리스도의 일위성 교리에 대한 정통신앙의 보호이다.

사도신경의 경우처럼 특정 작성자가 감추어 있지만, 작성 시기를 고려하면 신조 작성의 동기와 목적, 나아가 교회에 정착된 이유를 이해할 수 있다. 그래서 '아타나시우스'란 이름이 이 신경에 붙은 이유와 의미를 이 신경이 나온 상황과 분리할 수 없다. 신경의 작성 시기로 말해지는 500년 전후 신경의 발생지역으로 추정되는 갈리아의 상황은 아리안주의를 경계해야만 하는 시기였다. 제국의 하나 됨을 해치지 않기 위해서 아리안주의와 칼케돈 신경 지지파를 조화시키려는 시도는 정통신앙을 지키려는 자들에게 위험으로 다가왔다. 서방교회에서 아우구스티누스의 아리안주의에 반대하는 글들은 중요했으며 '아타나시우스'는 단순히 한 개인의 이름이 아니라 정통을 대변하는 개념이 되어갔다.[5] 로마 멸망 이후 민족 대이동의 시기에 아리우스적인 통치자가 많았고, 여러 민족이 아리우스적인 의미에서 기독교화가 되었다. 이런 혼란 가운데서 작성된 아타나시우스 신경은 정통신앙 보호를 위해서 교회에 자연스럽게 받아들여져 정착되었다. 동방교회는 11세기까지 아타나시우스 신경에 대해 몰랐었다. 후에 동방교회는 성령의 발출에 대한 서방교회 방식의 진술인 '아버지와 아들로부터' 때문에 이 신경을 거절하기도 했으나, 동방교회 일부는 수정하여 받아들이기도 했다. 현재 전해오는 완전한 형식의 신경은 8세기 말에서 9세기 초에 나타났다.[6]

---

4) 'Pseudo-Augustine, Sermo 244 = (Pseudo-) Caesarius of Arles, Sermo 10' [이것을 Kinzig는 6세기경으로 돌린다] *Kinzig*, vol. II, 257-259.

5) Adolf Martin Ritter, "Das Athanasianum Einleitung," *Die Bekenntnisschriften der Evangelisch-Lutherischen Kirche*, ed. Irene Dingel (Göttingen: Vandenhoeck & Ruprecht, 2014) 51-52.

6) 라틴어 원문과 헬라어 번역 참고: *Kinzig*, vol. III, 1-9.

(1) Quicumque vult salvus esse, ante omnia opus est, ut teneat catholicam fidem:

(2) quam nisi quis integram inviolatamque servaverit, absque dubio in aeternum peribit.

(3) Fides autem catholica haec est, ut unum Deum in Trinitate, et Trinitatem in unitate veneremur,

(4) neque confundentes personas, neque substantiam separantes:

(5) alia est enim persona Patris, alia Filii, alia Spiritus Sancti;

(6) sed Patris et Filii et Spiritus Sancti una est divinitas, aequalis gloria, coaeterna maiestas.

(7) Qualis Pater, talis Filius, talis Spiritus Sanctus:

(8) increatus Pater, increatus Filius, increatus Spiritus Sanctus;

(9) immensus Pater, immensus Filius, immensus Spiritus Sanctus;

(10) aeternus Pater, aeternus Filius, aeternus Spiritus Sanctus;

(11) et tamen non tres aeterni, sed unus aeternus;

(12) sicut non tres increati nec tres immensi, sed unus increatus et unus immensus.

(1) 구원받기 원하는 자 누구든지, 무엇보다 먼저 보편적 신앙을 붙들어야만 한다.

(2) 이 신앙을 완전하고 순결하게 지키지 않는 자, 틀림없이 영원히 멸망할 것이다.

(3) 보편적 신앙은 이것이니, 우리가 삼위 안의 한 하나님을, 또 하나 안의 삼위를 경배하니,

(4) 혼합되지 않는 위격들이요, 분리되지 않는 본질이다.

(5) 성부 위격이 다르고 성자의 위격이 다르며 성령의 위격이 다르기 때문이다.

(6) 그러나 성부와 성자와 성령께 신성이 하나이시며, 영광이 동등하시며, 위엄이 동일 영원하시다.

(7) 성부가 그러하시면 성자가 그러하시며 성령도 그러하시다.

(8) 성부가 창조되지 않으셨고, 성자도 창조되지 않으셨고, 성령도 창조되지 않으셨다.

(9) 성부가 무량하시고, 성자도 무량하시고, 성령도 무량하시다.

(10) 성부가 영원하시고, 성자도 영원하시고, 성령도 영원하시다.

(11) 그런데 영원하신 세분이 아니라 영원하신 한 분이시다.

(12) 그렇게 창조되지 않으신 세 분이 아니며, 무량하신 세 분이 아니며, 창조되지 않으신 한 분이며, 무량하신 한 분이시다.

(13) Similiter omnipotens Pater, omnipotens Filius, omnipotens Spiritus Sanctus;

(14) et tamen non tres omnipotentes, sed unus omnipotens.

(15) Ita Deus Pater, Deus Filius, Deus Spiritus Sanctus;

(16) et tamen non tres Dii, sed unus Deus.

(17) Ita Dominus Pater, Dominus Filius, Dominus Spiritus Sanctus;

(18) et tamen non tres Domini, sed unus est Dominus:

(19) quia, sicut singillatim unamquamque personam et Deum et Dominum confiteri christiana veritate compellimur,

(20) ita tres Deos aut Dominos dicere catholica religione prohibemur.

(21) Pater a nullo est factus nec creatus nec genitus;

(22) Filius a Patre solo est, non factus nec creatus, sed genitus;

(23) Spiritus Sanctus a Patre et Filio, non factus nec creatus nec genitus, sed procedens.

(24) Unus ergo Pater, non tres Patres; unus Filius, non tres Filii; unus Spiritus Sanctus, non tres Spiritus Sancti.

---

(13) 그처럼 성부가 전능하시고, 성자도 전능하시고, 성령도 전능하시다.

(14) 그런데 전능하신 세 분이 아니라 전능하신 한 분이시다.

(15) 그렇게 성부가 하나님이시고, 성자도 하나님이시고, 성령도 하나님이시다.

(16) 그런데 세분의 하나님이 아니라 한 분 하나님이시다.

(17) 그렇게 성부가 주님이시고, 성자도 주님이시고, 성령도 주님이시다.

(18) 그런데 세분의 주님이 아니라 한 분 주님이시다.

(19) 기독교 진리로 인해 우리가, 각 위격이 하나님이시고 주님이심을 고백해야만 하듯이,

(20) 보편 종교로 인해 우리가, 세분이신 하나님이나 주님을 말하는 것은 금지되기 때문이다.

(21) 성부는 누구에 의해서도 만들어지지 않으셨고, 창조되지도 않으셨고, 나지도 않으셨다.

(22) 성자는 오직 성부에 의하여만, 만들어지거나 창조되지 않으셨으나 나셨다.

(23) 성령은 성부와 성자에 의하여, 만들어지거나 창조되지 않으셨으나 나오신다.

(24) 따라서 한 분의 성부이시지 세 분의 성부가 아니며, 한 분의 성자이시지 세 분의 성자가 아니며, 한 분의 성령이지 세 분의 성령이 아니다.

(25) Et in hac Trinitate nihil prius aut posterius, nihil maius aut minus,

(26) sed totae tres personae coaeternae sibi sunt et coaequales.

(27) Ita ut per omnia, sicut iam supra dictum est, et Trinitas in unitate et unitas in Trinitate veneranda sit.

(28) Qui vult ergo salvus esse, ita de Trinitate sentiat.

(29) Sed necessarium est ad aeternam salutem, ut incarnationem quoque Domini nostri Iesu Christi fideliter credat.

(30) Est ergo fides recta, ut credamus et confiteamur, quia Dominus noster Iesus Christus Dei Filius et Deus pariter et homo est:

(31) Deus est ex substantia Patris ante saecula genitus, et homo est ex substantia matris in saeculo natus;

(32) perfectus Deus, perfectus homo ex anima rationabili et humana carne subsistens;

(33) aequalis Patri secundum divinitatem, minor Patre secundum humanitatem;

(34) qui, licet Deus sit et homo, non duo tamen, sed unus est Christus;

(35) unus autem non conversione divinitatis in carne, sed assumptione humanitatis in Deo;

(36) unus omnino, non confusione substantiae, sed unitate personae.

(25) 그리고 이 삼위 안에서 아무도 더 먼저 있거나 더 나중되지 않으며, 아무도 더 크거나 더 작지 않다.

(26) 다만 세 위격 모두가 서로 동일 영원하시며 동등하시다.

(27) 위에서 말한 대로 모든 면에서, 하나 안에서 삼위가 또 삼위 안에서 하나가 예배받으셔야 한다.

(28) 따라서 구원받기 원하는 자는 삼위에 대하여 이렇게 생각해야 한다.

(29) 그런데 영원한 구원을 위하여, 우리 주 예수 그리스도의 성육신도 신실하게 믿는 것이 필요하다.

(30) 따라서 우리 주 예수 그리스도 하나님의 아들이 하나님이시고 사람이심을 믿고 고백하는 것이 바른 믿음이다.

(31) 그는 시간 전에 성부의 본질에서 나셨으니 하나님이시며, 시간 안에서는 어머니의 본질에서 태어나셨기에 사람이시다.

(32) 완전한 하나님이시고, 이성 있는 영혼과 인간의 육체로 구성된 완전한 사람이시다.

(33) 신성을 따라서는 성부와 동등하시고, 인성을 따라서는 성부보다 낮으시다.

(34) 하나님이시고 사람이지만, 두 분이 아니라 한 분이신 그리스도시다.

(35) 신성이 육신으로 변화하셔서가 아니라, 인성이 하나님께 취하여져서 한 분이시다.

(36) 본질의 혼합이 아니라 위격의 통일성으로 한분이시다.

(37) Nam sicut anima rationabilis et caro unus est homo, ita Deus et homo unus est Christus.

(38) Qui passus est pro salute nostra, descendit ad inferos, surrexit a mortuis,

(39) ascendit ad caelos, sedit ad dexteram Patris, inde venturus iudicare vivos et mortuos.

(40) Ad cuius adventum omnes homines resurgere habent cum corporibus suis, et reddituri sunt de factis propriis rationem;

(41) et qui bona egerunt, ibunt in vitam aeternam, qui mala, in ignem aeternum.

(42) Haec est fides catholica: quam nisi quis fideliter firmiterque crediderit, salvus esse non poterit.

(37) 왜냐하면 이성있는 영혼과 육신이 한 사람인 것처럼, 하나님과 인간이신 한 그리스도이시다.

(38) 그는 우리의 구원을 위해 고난당하시고, 음부에 내려가시고, 죽은 자 가운데서 부활하셨다.

(39) 하늘에 오르사 전능하신 하나님 아버지 우편에 앉아 계시며, 거기서부터 산 자들과 죽은 자들을 심판 하러 오실 것이다.

(40) 그가 오실 때, 모든 사람들이 자기 육체를 갖고 부활하여 자기 행위에 대해 고하여야 할 것이다.

(41) 그리고 선을 행한 자는 영원한 생명으로 들어갈 것이며, 악을 행한 자는 영원한 불로 들어갈 것이다.

(42) 이것이 보편 신앙이니. 신실하게 확실히 믿지 않는 자 누구든지 구원을 얻지 못할 것이다.

내용

아타나시우스 신경은 초대교회의 삼위일체와 그리스도에 대한 교리적 결정을 분명하고 정확하게 담고 있다. 삼위일체와 성육신에 대해 아우구스티누스의 신학적 사색을 보여주기 때문에, 아우구스티누스의 영향을 받았다고 평가된다. 문장들이 시적으로 배열되었고 운율을 갖는다.

아타나시우스 신경은 두 부분으로 구분된다. 첫째 부분(위 구분에서 3-28)은 삼위일체 교리를, 둘째 부분(위 구분에서 29-41)은 기독론 특히 그리스도의 일위성을 다룬다.

첫째, 삼위일체에 대해선 한 본질 안의 삼위를 분명하게 구분할 뿐 아니라, 성부와 성자와 성령 각 위가 하나님이면서, 서로에게 어떤 종속 없이 각각 서로 동등함을 밝힌다. 그러면서도 본질이 하나이므로 한 주님, 한 하나님이시다. 이 신조는 특히 속성들을 하나하나 열거하면서 성부 성자 성령께 동일하게 속하였음을 직접적으로 진술한다. 나아가 삼위의 내적사역의 고유성을 열거하며, 동시에 동등성과 일체성을 언급함으로써 정통 삼위일체의 표준적 진술을 잘 보여준다.

둘째, 기독론에 대한 부분은 칼케돈 신경의 확장이다. 그리스도의 신성과 인성이 한 위격의 통일성 아래 있음을 보여준다. 그래서 기독론에 관한 초대교회의 이단들을 거절한다. 인성이 이성있는 영혼과 육신으로 구성되어 있다고 함으로써, 아폴리나리우스의 주장 곧 인성이 영과 혼과 육으로 구성되었으며 영이 로고스로 채워졌다는 주장을 거절한다. 신인이신 그리스도가 둘이 아니라 한 분이신 것을 말하고 위격의 통일성을 말함으로써 네스토리우스를 거절한다. 본성의 혼합을 통해서 하나가 아님을 명시해서 유티케스를 거절한다.

아타나시우스 신경은 서방교회에서 큰 권위를 가지게 되었고 중세에서 일상적으로 사용되었다. 종교개혁가들은 이 신조를 존중하고 받아들였다. 루터교회는 이 신조를 『일치신조』(Konkordienformel)에서 언급했고 『일치서』(Konkordienbuch)에 포함시켰다. 개혁교회에서는, 프랑스 신앙고백서가 6항 삼위일체를 논하면서, 벨직 신앙고백서도 삼위일체를 고백하는 9항에서 아타나시우스 신경을 받고 있다. 제2 스위스 신앙고백서에서는 예수 그리스도에 대하여 고백하는 11장 18항에서 다른 초대교회 신조들과 함께 승인되었다.

3부

—

개혁교회
신조

1. 츠빙글리 67개 조항 / Zwinglis Thesen, 1523

2. 베른신조 / Berner Thesen, 1528

3. 제1 스위스 신앙고백서 / Confessio Helvetica Prior, 1536

4. 제네바 신앙교육서 / 1537, 1541

5. 취리히 일치 / Consensus Tigurinus, 1549

6. 프랑스 신앙고백서 / Confessio Gallicana, 1559/1571

7. 스코틀랜드 신앙고백서 / Confessio Scotica, 1560

8. 벨직 신앙고백서 / Confessio Belgica, 1561

9. 하이델베르크 요리문답서
   Heidelberger Katechismus, 1563

10. 제2 스위스 신앙고백서
    Confessio Helvetica Posterior, 1566

11. 도르트신경
    Canones synodi Dordrechtanae, 1619

12. 웨스트민스터 신앙고백서
    The Westminster Confession of Faith, 1647

13. 스위스 일치신조
    Formula Consensus Ecclesiarum Helveticarum, 1675

Handlung oder Acta ge/
haltner Disputation zů Bernn
in üchtland.

Ἀπαντήσομαι αὐτοῖς ὡς ἄρκτος ἀπορουμένη καὶ διαῤῥήξω σύγκλεισμ͂
καρδίας αὐτῶν   Oseæ 13

Gott allein sye herrschung/ lob vnd
eer in ewigkeyt.

1. 츠빙글리 67개 조항(*Zwinglis Thesen*, 1523)[1]

개요

개혁교회는 취리히 종교개혁가 츠빙글리로부터 시작한다. 츠빙글리의 67개 조항은 비록 공적인 신조의 권위를 획득했다고는 할 수 없을지라도, 츠빙글리가 취리히시에 제출한 공식문서로서 이후 진행 과정에서 단순한 개인 문서 이상의 의미가 있다. 취리히시 당국은 67개 조항을 정죄하지 않음으로써 츠빙글리의 설교와 활동을 승인했으며, 이를 계기로 스위스에서 종교개혁은 더 힘있게 세력을 확장했다. 내용으로 말하면 67개 조항은 당대의 비성경적 문제들을 지적하면서 종교개혁의 당위성을 분명하게 보여준다.

---

1)   Eberhard Busch, "Zwinglis Thesen von 1523," in *RBS1.1* 68-101; 김영재, 127-129, [67개 조항의 한역은 같은 책] 376-382; *Schaff*, vol. I, 360-369; John T. McNeill, *The History and Character of Calvinism* (New York: Oxford University Press, 1954), 정성구/양낙흥 역,『칼빈주의 역사와 성격』(서울: 크리스챤 다이제스트, 1990), 27-64.

Hans Asper가 그린 츠빙글리 초상화

작성배경

칼빈이 활동하던 시기의 제네바는 개혁교회에 가장 큰 영향을 끼친 도시로 알려져 있다. 그럼에도 개혁교회의 태동은 취리히이며, 개혁신학은 츠빙글리로부터 시작하는 것을 부인할 수는 없다. 칼빈은 츠빙글리 이후 세대다. 츠빙글리는 루터가 태어난 지(1483년 11월 10일) 두 달이 안 된 1484년 1월 1일 태어났다. 루터와 츠빙글리는 동시대 사람이다. 츠빙글리는 사람들이 자신을 루터주의자라고 칭하자, 스위스에 루터가 아직 알려지지 않았던 1516년부터 자신은 이미 복음을 설교하기 시작했다고 말했다.[2] 그래도 그가 초기에 루터에게 큰 영향을 받은 것은 부인할 수 없다. 다른 이들처럼 처음 얼마 동안 루터의 활동과 글에 환호한 것은 사

---

2)   John T. McNeill, 『칼빈주의 역사와 성격』, 37-38.

실이나, 자기와 견해가 다른 부분에서는 거리를 두었으며, 자신을 루터주의자로 부르는 것을 반대했다.[3] 루터와 츠빙글리가 성경, 구원, 교회의 본질 등에서 공통점을 가질지라도, 츠빙글리는 회의 정치체제, 성례, 언약에서 루터와 다른 점이 있다.[4]

츠빙글리는 비엔나와 바젤에서 공부한 후 1506년에 글라루스(Glarus)에서 사제로서 목회 활동을 시작했다. 신약성경을 헬라어로 읽기 위해 애썼으며, 1516년 에라스무스의 신약성경이 나온 이후에는 성경 연구에 열정을 가졌다. 같은 해 취리히 호수 남쪽에 있는, 검은 마리아상으로 유명한 아인지델른(Einsideln)으로 사역지를 옮겼으며, 이때부터 즉 루터의 95개 조항이 알려지기 전부터 이미 마리아 숭배를 비판하는 설교와 그리스도만이 구원자라는 설교로 이름을 알리기 시작했다. 1518년 8월에 삼손(Bernardino Samson)이 면죄부를 판매하기 위해 아인지델른에 들렀을 시기에 츠빙글리는 면죄부 판매를 강하게 비난했다. 그리고 1518년 12월 취리히 대교회당(그로스뮌스터, Grossmünster) 주임 목사로 청빙받아 취리히로 임지를 옮긴 후, 1519년 1월 1일 첫 설교를 시작했다. 츠빙글리는 마태복음부터 설교를 진행해 나갔는데, 첫 설교부터 청중에게 충격을 주면서 취리히에 큰 영향을 끼치기 시작했다.

츠빙글리가 면죄부를 팔러 온 삼손을 취리히에서 쫓아냈다. 이 일은 로마와 츠빙글리의 본격적인 갈등의 시작은 아니었다. 당시 이름을 떨치던 취리히 용병의 파병 반대가 갈등의 시작이었다. 글라루스에서 종군 사제로서 용병들과 함께 전쟁에 두 번이나 참여한 적이 있었던 츠빙글리는 용병파병을 극렬히 반대했다. 츠빙글리는 인간의 육신을 팔아 죽음에 내어주는 일을 허용하면서도 고기 먹는

---

3) Neuser는 루터에 대한 츠빙글리의 태도를 4단계로 바라본다. 첫째, 많은 영향을 받는 단계(1518년 가을부터 1520년 여름까지). 둘째, 교회정치적 이유 때문에 거리를 두는 단계(1520년 여름부터 1522년 초까지). 셋째, 신학적 독립성을 강조하면서 루터와의 조심스런 동반자 관계(1522년부터 1524년까지). 넷째, 성만찬논쟁 때문에 맞서는 단계(1524-1529). 참고: *Neuser*, 173-174.

4) Emidio Campi, 『스위스 종교개혁』, 김병훈/박상봉/안상혁/이남규/이승구 공역, (수원: 합신대학원출판부, 2016), 13-83.

Dis nachbestimptē artikel

ond meinungē bekeñ ich Huldrich Zuingly mich In
der loblichē statt Zürich gpzediget habē/vß grūd der
geschzifft die Theopneustos (das ist vonn gott
jngespzochen)heißt/vñ embüt mich mitt
dero genāte artickel zebeschirmē vñ ero-
brē. Uñ wo ich jetz berüertē gschzifft
nit recht verstünde/mich bes
sers.verstāds doch vß ege
dachter gschzifft be
richten laffen.

67개 조항 초판

Dis nachbestimpten Artikel

und Meinungen bekenn ich Huldrich Zuingly mich jn
der loblichen Statt Zürich gprediget haben. uss Grund der
Geschrifft, die Theopneustos (das ist vonn Gott
jngesprochen) heisst, und embüt mich mitt
dero genante Artickel zebeschirmen und erobren.
Und wo ich jetz berüerte Gschrifft
nit recht verstünde, mich bessers
Verstands doch uss egedachter
Gschrifft berichten lassen.

아래의 이 조항들

그리고 생각들은, 고백하건대 나 훌드리히 츠빙글리가 칭찬받을
도시 취리히에서 소위 테오프뉴토스인 (즉 하나님에 의해 영감된)
성경에 기초해서 설교했던 것이며,
청컨대 성경을 가지고 언급된 조항들을
보호하고 취할 것이다. 내가 지금 성경을
옳게 이해하지 못한 곳에서는
더 나은 이해를 배울 것이되
성경으로부터 배울 것이다.

일을 죄로 생각하는 자들을 조롱했다. 1522년 사순절 기간에 몇몇 사람들이 소시지 고기를 먹는 일이 발생했다. 이 일은 의도적이었다. 이 사소한 일이 취리히 종교개혁의 계기가 될 것이라고 아무도 생각하지 못했을 것이다. 육류 금식 규칙을 깬 배경에는 사순절 기간에 육식을 금하는 일이 아무런 성경적 근거가 없다는 츠빙글리의 설교가 있었다. 콘스탄츠 주교와 취리히 행정관들은 육류 금식을 어기는 자들을 처벌하겠다고 위협했다. 츠빙글리는『음식의 선택과 자유에 대하여』 (*Vom Erkiesen und Fryheit der Spysen*)란 소책자를 출판했다.

이후 콘스탄츠 주교는 취리히에 사람들을 보내 강력하게 항의했으며, 소의회를 설득했다. 주교가 취리히시를 계속해서 질책하자, 츠빙글리는『해명, 처음이자 마지막』(*Apologeticus archeteles*)을 발표했다. 이 글은 로마 교회의 예식을 비판하고 성경의 권위를 강조했다. 이전에 츠빙글리에게 영향을 끼쳤던 에라스무스는 이 글 때문에 츠빙글리를 비판했다. 반면 스위스에서는 츠빙글리의 지지자들이 점점 늘어나고 영향력도 커져, 마리아가 아니라 하나님께 기도하는 자가 많아졌다. 아인지델른에서 후임을 추천해달라고 요청하자 츠빙글리는 레오 유드(Leo Jud)를 추천했다. 취리히 시장 마르쿠스 루스트(Marcus Roust)는 츠빙글리 편에 섰다. 그해 가을 취리히 지방의 성직자들은 중요한 결정을 했는데, 곧 성경이 교리와 예배의 표준이 되어야 한다는 원리를 채택한 것이다.

이제 츠빙글리의 설교는 취리히 대내외적으로 혼란의 중심에 있었다. 레오 유드가 취리히에 들렀다가 거리에서 논쟁 중 폭행을 당하는 일도 있을 지경이었다. 유럽 내에서 스위스는 독립적인 위치에 있었다. 게다가 로마의 용병파병 요청을 취리히가 거절하는 상황 속에서 콘스탄츠 주교에게는 혼란을 해결할 힘이 없었다. 취리히는 어떻게 이 일을 처리할 것인가? 츠빙글리는 로마와 콘스탄츠 주교의 해결을 기다리지 않고, 시에 공개토론을 요청했다. 취리히 시의회(Rat)는 취리히시와 취리히 지방 교역자들의 회합 지시(*Mandat*)를 내렸다. 이 회합에서 다루어질 토론 주제는 츠빙글리 설교의 정당성이었다. 토론의 근거는 성경이며, 토론 중에 사용될 언어는 독일어였다. 콘스탄츠 주교에게도 초청장을 전달해서 친히 참석하든지 대리인을 보내 달라고 요청했다. 1523년 1월 29일 시장의 사회로 600여 명이 참석한 회합이 열렸다. 여기에는 지역의 성직자들과 취리히시 대소의회 의원들이 있었다. 콘스탄츠 주교가 대리로 보낸 대리인들도 왔다.

『67개 조항』은 바로 이 회합을 위해서 츠빙글리가 사전에 출판한 것이다. 하지만 『67개 조항』의 내용 자체가 이 회합에서 중요하게 다루어진 것은 아니다. 회합에서 중요하게 다루어진 내용은 이 회합의 정당성이었다. 왜냐하면, 콘스탄츠 주교의 대리인들은 회합의 정당성에 대해 의문을 제기하면서, 토론에 적극적으로 참여하지 않았기 때문이다. 주교의 대리인 파브리(Fabri)는 토론에 올라온 주제들이 파리와 루뱅의 학자들이 다룰 내용이라고 주장했다. 이 주장에 대해 츠빙글리는 원어 성경이 회합 장소에 있고, 이것을 해석할 학자들이 회합에 참여했으므로 성경에 근거해서 자신을 논박하면 된다고 했다. 나아가 츠빙글리는 다른 사안들에 대해서도 성경의 근거를 요구했다. 주교의 대리인들은 토론 자체에 참여하지 않기 위해서 침묵했다. 취리히 시민 중에서도 츠빙글리를 반대하기 위해 발언한 사람은 없었다. 시장은 선언하기를, 아무도 츠빙글리의 논제에 반대하지 못했으므로 츠빙글리는 계속 복음을 설교하고 지시가 있을 때까지 거룩한 성경을 계속 선포해야 하며 지방의 성직자들도 성경을 따라 설교해야 한다고 했다. 이렇게 해서 취리히시는 츠빙글리 설교의 정당성을 인정했고 성경에 따른 설교의 당위성을 결정했다.

1523년 7월 츠빙글리는 『67개 조항』에 대한 긴 변증서를 작성했다. 취리히는 츠빙글리의 『67개 조항』으로 인해서 급격한 변화를 겪게 된다. 성직자들은 결혼하기 시작했다. 설교 내용의 변화, 예식, 성상 정화 등에서 변화가 있었다. 급격한 변화는 두 번의 토론(1523년 10월 26일, 1524년 1월 20일)이란 공적인 절차를 밟으면서 실행되었다. 1523년 10월 이후에 시의회는 츠빙글리에게 '간략한 기독교 입문'을 작성하도록 했다. 이 책은 복음적 지식을 평범한 대중에게까지 전달하고 설득했다. 취리히의 세 번째 토론(1524년 1월 20일) 이후에는 시 행정당국의 결정에 저항하지 말라는 명령이 미사수호파에게 전달되었다. 1524년 상반기에 콘스탄츠 주교의 항의와 스위스 의회의 항의에도 불구하고 취리히는 독자적인 개혁을 계속 실행했다. 1524년 6월 취리히는 교회당의 성상을 제거하고, 성화와 유골을 불태 웠다. 예배시간에는 모국어로 시편과 찬송을 불렀다.

내용

『츠빙글리 67개 조항』은 츠빙글리의 짧은 서언 후에 67개 조항으로 로마 가톨 릭의 오류를 지적한다. 서언에서 츠빙글리는 자신이 '하나님이 영감하신 성경에 근거하여'(*uß grund der geschrifft, die theopneustos*) 설교해왔다고 밝히며, 성경을 바 로 이해하지 못한 점이 있다면, 성경으로부터 바른 이해를 받을 것을 다짐한다.[5] 이 서언은 츠빙글리의 출발점이 성경이며, 이후 취리히 종교개혁, 나아가 스위스 종교개혁의 근거가 성경임을 보여준다.

1항에서 16항은 복음이 무엇인지를 규정한다. 1항은 로마 가톨릭의 핵심 즉 "교회의 승인이 없으면 복음이 아무것도 아니다"라는 주장을 거절한다(1항). 오히 려 복음의 핵심은 우리를 구속하시는 예수 그리스도의 사역이다(2항). "다른 교리 들을 복음과 같거나 복음보다 높다고 판단하는 것"은 오류다(5항). 예수 자신만이 "구원이시고 모든 신자의 머리다"(7항). 이후 츠빙글리는 머리이신 그리스도와 신 자들의 관계를 기초로 로마의 오류를 지적한다. 자해하는 규례(10항), 성직자의 규례(11항)는 머리이신 예수 그리스도와 모순된다. 신자는 머리의 말씀을 듣는다 (12항). 소결론으로서 복음에서 배워야 하는 점은 "인간이 만든 교리와 규례들은 구원에 소용없다"는 사실이다(16항).

---

5)   Busch, "Zwinglis Thesen von 1523," 86.

17항부터 로마 가톨릭의 구체적인 오류들을 지적한다. 교황(17항), 미사(18항), 성인들의 중보(19-21항), 선행(22항), 성직자들의 부(23항), 금식(24항), 축제와 순례(25항), 후드와 옷과 인장(26항), 계급과 당파(27항), 성직자의 결혼(28-29항), 독신맹세(30항), 출교(31-32항), 정당하지 않은 물품(33항), 권세(34-43항), 기도(44-46항), 추문(47-49항), 죄의 용서(50-56항), 연옥(57-60항), 사제직(61-63항), 악습의 제거(64-67항).

이 오류들이 개혁되어야 한다는 주장의 근거는 그리스도다. "그리스도께서 유일한 영원한 대제사장"이시므로 다른 인간 제사장은 거절된다(17항). "그리스도께서 유일한 중보자"이시므로 성인들의 중보는 거절된다(19-20항). "그리스도께서 우리의 의로우심"이시기에 우리의 행위는 그리스도의 것으로서 선하며 우리의 것으로서 의롭지 않다(22항). 그리스도의 가르침이 판단 기준이 되어서 권세를 판단한다(34-35항). 죄의 용서에 대해서 진술할 때도, "그리스도께서 우리의 고난과 수고를 짊어지셨으므로", 다른 고행을 지우는 것은 오류라고 한다(54항). 성직자들의 부패에 대해서는 돈 상자가 아니라 그리스도의 십자가를 들라고 권한다(66항).

2. 베른신조(*Berner Thesen*, 1528)[1]

개요

『츠빙글리 67개 조항』으로 시작된 취리히 종교개혁이 스위스 베른 지역에 영향을 미쳤다. 베른은 반대를 극복하며 종교개혁을 향해 나아갔다. 베른은 이 1528년 신조를 통해 종교개혁의 당위성을 선언했다.

작성배경

『취리히의 67개 조항』으로 시작된 스위스 종교개혁은 취리히와 같은 독일어 사용 지역에 더 활발하게 영향을 끼쳤다. 특히 베른이 큰 영향을 받았다. 베른의 개혁을 주도한 인물은 베르톨트 할러(Berthold[또는 Berchtold] Haller, Bertoldus Haller(라), 1492-1536)였다. 독일 남부 바덴-뷔르템베르크(Baden-Württemberg)의 알딩엔(Aldingen)에서 태어나 포르츠하임(Pforzheim)에서 학교를 다녔으며, 여기서 멜란히톤을 알게 되었다. 1510년 쾰른에서 신학을 공부했고, 그후에 로트바일(Rottweil)에서 학교교사로 가르쳤다. 1513년경 베른에 왔으며, 1520년부터 평신도사제(plebanus)로 일했으며, 1521년 츠빙글리를 방문한 후 그와 친구로서 친밀하고 지속적인 관계를 가졌다.

---

1)   Wihelm H. Neuser, "Berner Thesen von 1528," in *RBS1.1* 197-205; Georg Plasger and Matthias Freudenberg, ed., *Reformierte Bekenntnisschriften: eine Auswahl von den Anfängen bis zur Gegenwart* (Göttingen: Vandenhoeck & Ruprecht, 2005), 21-25; 김영재, 129-130; John T. McNeill, *The History and Character of Calvinism* (New York: Oxford University Press, 1954), 정성구/양낙흥 역, 『칼빈주의 역사와 성격』(서울: 크리스챤 다이제스트, 1990), 75-79.

할러는 세바스티안 마이어(Sebastian Meyer)와 함께 베른의 교회를 개혁했다. 1523년부터 츠빙글리를 따라서 성경을 순서대로 따라가는 설교를 했으며 1525년에는 미사를 그만두었다. 반대자들의 정죄와 공격에 못이겨 베른을 떠나려고 할 때도 있었으나 츠빙글리의 격려로 계속 남아 있으면서 개혁 운동을 지속했다. 1523년 소의회는 할러와 마이어를 추방하려 했으나, 할러는 대의회의 지지를 받으면서 개혁을 이끌었다. 1527년 부활주간에 있었던 선거에서 소의회도 종교개혁을 지지하는 자들이 차지하면서 베른 양의회는 종교개혁에 힘을 실었다.

1527년 많은 성직자가 미사와 여러 의식과 독신 제도가 하나님의 말씀인 성경과 어긋난다고 반대하자, 의회는 이 일을 해결하기 위해서 다음 해 1월에 공개토론회를 개최하기로 했다. 이 공개토론회를 위한 논제가 앞서 필요했고, 이 논제를 베르톨트 할러와 프란츠 콜브(Franz Kolb, 1465-1535)가 작성했다. 이 두 사람은 츠빙글리에게 이 문서를 보내 수정을 부탁했다. 이것은 츠빙글리, 그리고 나아가 취리히의 지지를 바란 것이었다. 츠빙글리는 이 문서를 승인했을 뿐 아니라, 공개토론을 위해서 취리히에서 여러 목사 및 다른 시민들, 그리고 취리히에 있던 외부 인사들과 함께 베른으로 왔다. 종교개혁에 반대하는 위험한 지역도 통과해야 했으므로 취리히 시장이 직접 지휘하는 300명의 무장호위대가 함께 했다. 스위스의 독일어 사용지역과 남부독일에서 중요한 종교개혁가들이 왔다. 베른의 공개토론은 스위스 종교개혁의 큰 행사가 되었다.

로마 가톨릭 편에서 초청을 받은 에크와 중요한 로마 가톨릭 신학자들은 참석을 거절했으며 소수가 참여했다. 스위스에서 지속적으로 종교개혁을 반대해왔던 콘라트 트래거(Konrad Träger, 1480/83[?]-1542/43[?])가 로마 가톨릭의 입장을 대변했으나 역부족이었고, 토론을 주도한 것은 츠빙글리, 외콜람파디우스, 부써 등의 종교개혁가들이었다. 1월 6일부터 26일까지 진행된 공개토론이 끝나자 참석자 대부분의 찬성으로 논제가 승인되었다. 이에 따라 베른 시의회는 2월 7일 미사를 중단하고, 취리히 방식의 성찬 실행, 제단과 성상과 성화의 사용의 금지와

베른 회의록 표지

일련의 개혁조치들을 결정했다. 베른은 파렐 사역의 근거지가 되었으며 그의 영향력으로 제네바가 종교개혁으로 돌아섰고, 그의 강권이 칼빈을 제네바에 머무르게 하면서 칼빈이 종교개혁 전면에 등장하게 된다.

내용

할러와 콜브는 새로운 내용을 조항에 담기보다는 이미 시작된 종교개혁의 정신을 다시 인용, 정리 및 확장한 것이다. 1526년 스위스 일란츠(Ilanz)에서 종교개혁을 위해서 요한 코만더(Jahann Comander)가 작성한 일란츠 조항(die Ilanzer Thesen)을[2] 가장 많이 참고했다. 일란츠 조항의 1항, 2항, 7항, 12항, 14항, 16항이 베른의 1항, 2항, 4항, 5항, 6항, 8항에 들어왔다.

처음 5일간 첫 번째 조항이 다루어졌다. 1526년의 일란츠 조항에 '교회의 머리는 그리스도'라는 츠빙글리의 강조점이 추가되었다. 그리스도가 교회의 유일한 머리가 된다는 부분은 교황권에 대한 반대를 의미하기 때문에 많은 논쟁이 되었다. 유일한 근거인 하나님의 말씀(2항), 유일한 그리스도의 공로(3항)도 종교개혁의 중요한 내용이다. 네 번째 성만찬에 관한 조항도 5일에 걸려 다루어졌다. 미사(5항), 성인들에게 기도하는 문제(6항), 연옥(7항), 성상숭배(8항), 결혼(9항), 사제들의 간음(10항)이 다루어진다. 이것들을 통해서 종교개혁 초기에 다루어진 중요한 문제가 무엇인지 알 수 있다. 여기에 모든 조항을 번역 소개한다.[3]

1. 거룩한 그리스도의 교회의 유일한 머리는 그리스도인데, 이 교회는 하나님

---

2)   *RBS1.1*, 173-9.

3)   독일어 원문: *RBS1.1*, 203-4.

의 말씀에서 태어나서 바로 거기에 거하며 외부인의 음성은 듣지 않는다(요 10:5).

2. 그리스도의 교회는 하나님의 말씀없이는 어떤 율법이나 계명을 만들지 않는다. 그래서 교회의 계명이라고 하는 모든 인간의 규례들은 하나님의 말씀 안에 근거하고 있지 않고 명령되지 않으면 더는 우리를 구속하지 못한다.

3. 그리스도는 우리의 유일하신 지혜, 의, 구속, 그리고 온 세상 죄를 위한 대속이시다. 그러므로 구원과 죄에 대한 속상을 위해 다른 공로를 인정한다는 것은 그리스도를 부인한다는 의미다.

4. 축사한 빵에 그리스도의 몸과 피가 실체적으로 그리고 육체적으로 주어졌다는 것은 성경과 함께는 주장될 수 없다.

5. 지금 시행되듯이 미사 안에서 그리스도가 산자와 죽은 자의 죄를 위해 성부께 드려진다는 것은 성경과 모순되며, 가장 거룩한 제사인 그리스도의 고난과 죽음에 반대하는 모독이고, 그 오용 때문에 하나님 앞에서 가증스러운 것이다.

6. 오직 그리스도만이 우리를 위해서 죽으셨듯이, 그렇게 하나님과 사람 사이의 유일한 중보자이며 대언자이신 그에게만 기도해야 한다. 그러므로 성경의 근거없이 우리와 떨어진 저세상의 다른 중보자와 대언자에게 기도하는 것은 거절되어야 한다.

7. 성경에 현재의 생애 이후 연옥은 발견되지 않는다. 그러므로 죽은 자를 위

Vber dise nachuolgend Schlußredē / wellend wir Franciscus Kolb / vnnd Berchtoldus Haller / beyd Predicanten zů Bernn / sampt andren / die das Euangelium verjehend / einem yeden / mit Gott / antwurt vnd bericht geben / vß heyliger Byblischer gschrifft / Nüws vñ alts Testaments / vff angesetztem tag zů Bern / Sonnentag nach Circumcisionis / im jar. M. D. XXVIII.

I Die heylig Christenlich Kilch / deren eynig houpt Christus / ist vß dem wort Gottes geborn / im selben belybt sy / vnd hört nit die stim eines frömbden.

II Die Kilch Christi / machet nitt gesatz vnd bott / on Gottes wort. Deßhalb all menschen satzungen / so man nempt der Kilchen bott / vns nit wyter bindend / dann sy in Göttlichem wort gegründt vnd botten sind.

III Christus ist vnnser eynige wyßheyt / gerechtigkeyt / erlösung / vnd bezalung für aller wellt sünd. Deßhalb ein andern verdienst / der sälígkeit / vnnd gnůg thůn / für die sünd bekennen / ist Christum verlöugnen.

IIII Das der lyb vñ das blůt Christi / wäsenlich vñ liplich in dem brot der dancksagung empfange werd / mag mit Biblischer geschrifft nit bybracht werden.

V Die Mäß / yetz im bruch / darin man Christum / Gott dem vatter / für die sünd der läbendigen vñ todten / vffopffere / ist der geschrifft widrig: dē aller heyligosten opffet / lyden vnd sterben Christi / ein lesterung / vnnd vmb der mißbrüchen willen / ein grüwel vor Gott.

베른 회의록에 첨부된 베른신조

VI   Wie Christus ist alleyn für vns gestorben/ also sol er ein eyniger mittler vnd fürspräch/ zwüschent Gott dem vatter/ vñ vns glöubigen/ angerüfft werden. Seßhalb all ander mittler vnd fürsprächen vsserthalb disem zyt anzerüffen/ von vns on grund der gschrifft/ vffgeworffen.

VII   Das nach disem zyt kein fägfhür in der gschrifft erfunden wirt. Seßhalb all todten dienst/ als Vigill/ seelmäß/ Seelgrät/ Sibend/ Tryßgost/ Jarzyt/ amplen/ kertzen/ vnd derglychen/ vergeblich sind.

VIII   Bilder machen zü vereerüg/ ist wider Gottes wort/ Nüws vnd Alts Testaments. Seßhalb wo sy in gefar der veretung fürgestellt/ abzethünd syend.

IX   Die heylig Ee/ ist keinem stand verbotten in der gschrifft/ sunder hüry vnd vnkünschheyt zü vermyden allen ständen botten.

X   Siewyl ein offenlicher bürer nach der gschrifft/ im waren Bann/ so volget/ das vnküscheit vnd hüry der ergernuß halb/ keinem stand schädlicher/ dañ Priesterlichem.

Alles Gott vnd sinem
heyligen wort zü eren.

베른 회의록에 첨부된 베른신조

한 철야, 기부, 장례미사, 7일째와 30일째의 진혼미사, 연중행사, 등과 촛불과 같은 모든 예식은 헛되다.

8. 예배를 위해 그림을 만드는 일은 신약과 구약의 하나님의 말씀과 모순된다. 그러므로 그것들이 예배를 위해 세워질 위험이 있다면 그것들은 떼어내야 한다.

9. 거룩한 결혼을 성경 어디에서도 금지하지 않으며, 오히려 간음과 부정을 피하기 위하여 모든 곳에서 명한다.

10. 공개적인 간음은 성경에 따르면 참으로 출교에 합당하므로, 부정과 간음은 그 끔찍함 때문에 다른 이들보다 사제들에게 더 파괴적이다.

3. 제1 스위스 신앙고백서(*Confessio Helvetica Prior*, 1536)[1]

개요

스위스 개혁교회가 함께 뜻을 모아 만든 첫 번째 신앙고백서다. '스위스'(Helvetica)라는 이름이 붙었지만, 당시 비텐베르크와의 관계, 이 관계와 맞물린 스위스 내의 정치적 상황 속에서 결국 독일어를 사용하는 스위스 지역에서만 공식적으로 인정되었다. 나중에 만들어질『제2 스위스 신앙고백서』의 모체가 된다.

역사적 배경

1536년의『제1 스위스 신앙고백서』(*Confessio Helvetica Prior*)는 작성된 장소 때문에『제2 바젤 신앙고백서』(*Confessio Basiliensis posterior*)라고 불리기도 한다. 바젤은 이미 1534년에 12조항으로 된 간단한 신앙고백서를 공포했었다. 스위스 도시가 종교개혁 신앙을 표현한 적은 있지만, 아직 다 함께 동의한 신앙고백서는 없었다. 스위스가 함께 일치한 신앙고백서가 필요한 때가 왔으니 교황 파울 3세가 이탈리아의 만투아에서 1537년 5월 23일 공의회를 개최할 것이라고 공포한 것이다. 이 공의회에 대응해서 스위스 개신교는 일치된 신앙고백서가 필요했다.

하나 된 신앙고백서를 만드는 일이 필요한 시기였으나 이때 스위스의 도시 사이에 긴장이 있었다. 이 긴장의 첫째 원인은 비텐베르크를 향한 태도의 차이였다. 마틴 부써(Martin Bucer, 1491-1551)와 볼프강 카피토(Wolfgang Capito, 1478-1541)는

---

[1] Ernst Saxer, "Confessio Helvetica Prior von 1536," in *RBS1.2*, 33-68; 김영재, 133-141, [신앙고백서 전체 번역은 같은 책] 414-426; *Schaff*, vol. I, 388-389; *Neuser*, 207-208.

개신교 전체가 하나가 되기를 적극적으로 바랐다. 개신교 전체가 하나가 된다는 의미는 비텐베르크를 중심으로 한 루터파와 스위스 개혁파가 함께 일치를 이루어야 한다는 뜻이다. 부써와 카피토는 단순히 주장만 한 것이 아니라 실제로 여러 시도를 했었다. 황제에 대항하기 위해서 독일 개신교 지역이 슈말칼덴 동맹을 맺었을 때, 조건은 『아우크스부르크 신앙고백서』를 받는 것이었다. 스위스도 합스부르크에 대항하기 위해서 슈말칼덴 동맹에 들어가야 했다. 그래서 스위스를 위해서 『아우크스부르크 신앙고백서』 외에 스트라스부르, 콘스탄츠, 멤밍엔, 린다우 네 도시가 작성한 『네 도시 신앙고백서』(Confessio Tetrapolitana 1530)도 인정되도록 했으나, 취리히와 베른이 거절함으로써 슈말칼덴 동맹에 들어가는 계획은 실패했다. 이렇게 스위스 내에 비텐베르크와 화합하려는 편과 비텐베르크와 화합하는 것에 신중한 자세를 취하는 편 사이에 긴장이 있었다. 이런 상황은 1535년 루터가 츠빙글리를 비판한 갈라디아서 주석을 출판하자 더 어려워졌다. 비텐베르크를 향한 취리히의 불만은 더욱 커질 수밖에 없었다. 츠빙글리의 후계자 불링거는 비텐베르크와 화합하려는 자들을 의심스럽게 바라보았다. 부써와 카피토의 계속되는 화합의 시도는 불링거의 의심을 증폭시켰다.

이런 상황에서 스위스 대표들이 1536년 1월 말 바젤에서 모이기로 했을 때, 불링거는 부써와 카피토를 초청하길 원하지 않았다. 그런데 이 회합을 바젤이 공식적으로 주관하기로 하면서 불링거는 부써를 초대할 수밖에 없었다.[2] 바젤이 부써와 카피토를 초대하기 원했던 이유는, 로마 가톨릭의 공의회를 앞에 두고 스위스 전 지역이 합의된 문서를 만들어내기를 원했기 때문이다.

1536년 1월 30일부터 2월 4일까지 바젤의 어거스틴 수도원(Augu-stiner-kloster)에서 모인 모임에 각 도시의 신학자들과 시의회의 대표들이 참석했다. 취리히에서 레오 유드(Leo Jud)와 하인리히 불링거(Heinrich Bullinger), 베른에서 카스파르 메간더(Kaspar Megander), 바젤에서 오스발트 미코니우스(Oswald

---

2)   Saxer, "Confessio Helvetica Prior von 1536," 33-34.

하인리히 불링거

Myconius)와 시몬 그리네우스(Simon Grynaeus), 그리고 샹 갈렌(St. Gallen)에서도 왔다. 이들 외에도 각 도시에서 시의회 의장이나 의원 또는 서기가 참여했다. 이 것은 단순히 교회에 관련한 문제가 아니라 정치·외교적으로도 상당히 중요한 문 제였음을 보여준다.

신학자들은 신앙고백서 작성을 위임받았다. 작성위원은 처음엔 미코니우스, 그리네우스, 불링거 세 사람이었다. 이들이 처음 작성한 초안은 츠빙글리 신학의 구도와 비슷했다. 초안이 만들어졌을 때, 마침 초대를 늦게 받았던 부써와 카피토 가 도착했다. 유드, 메간더, 부써, 카피토가 작성위원에 추가되었다. 작성위원이 늘면서 조항이 더 늘어났다. 이때 추가된 부분이, 원죄, 자유의지, 복음교리의 초점, 말씀의 사역과 성례의 능력이다.[3] 성례에 대해서는 한 문장씩 자세히 다루어졌다. 라틴어로 작성된 문서를 레오 유드가 독일어로 번역했는데, 이 번역에서 츠빙글리적 해석이 가미되었다.

이렇게 완성된 문서가 모든 신학자에게 제시되었다. 한 조항씩 읽고 검수하는 방식으로 추가되거나 생략되었다. 2월 4일 유드의 독일어 번역본이 각 도시에서 보낸 시의회 대표단 앞에서 낭독되었다. 모두가 찬성하자 유드, 불링거, 그리네우스, 카피토, 부써가 바젤 시청에서 다시 한번 낭독했다. 이렇게 최종적으로 신앙고백서가 마무리되었다.

대표단은 각기 도시로 돌아갈 때 자기 도시의 공식적인 승인을 얻기 위해서 필사본을 한 부씩 가지고 갔다. 필사본에 대한 각 도시의 공식적인 승인이 있기 전에는 인쇄하지 않기로 했다. 2월 12일 취리히는 기꺼이 승인했으며, 이어서 샤프하우젠, 샹 갈렌, 베른도 승인했다. 콘스탄츠의 몇 가지 이의제기를 불링거와 유드는 고백서에 반영했다. 미코니우스와 그리네우스가 독일어 번역문을 다시 한번 점검했다.

1536년 3월 27일 다시 모였다. 여기서 독일어 본문을 따라 신앙고백서를 받기로 승인했다. 스트라스부르와 콘스탄츠는 인정했으나 서명하는 것은 거절하고 전에 작성한 『네 도시 신앙고백서』에 머물기로 했다. 스트라스부르의 뜻을 따라 『제1 스위스 신앙고백서』는 인쇄되지 않았고 육필 문서 형식으로 취리히 기록보관소(Staatsarchiv Zürich)에 남아 있다. 이 육필 문서의 표제는 "바젤에서 만들어진 종교 협치"(Con-cordia Religionis Basilee facta)로 되어 있다.

1536년 5월 1일 아라우에 모인 스위스의 대표자들은 협의를 위해 비텐베르크로 대표자를 보내지 않기로 하고, 부써와 카피토에게 『제1 스위스 신앙고백서』를 협의를 위한 기초로 루터에게 전달하도록 위임했다. 전달받은 루터는 성만찬에 대한 설명을 덧붙인다면 『제1 스위스 신앙고백서』를 받아들일 수도 있다고 생각

---

3)   Saxer, "Confessio Helvetica Prior von 1536," 35.

했다. 5월 26일 부써는 『비텐베르크 협의』(Wittenberger Konkordie)를 이끌어냈다. 그러나 스위스는 받지 않았다. 이로 인해 비텐베르크와 취리히는 점점 멀어져갔으며 취리히를 향한 루터의 비난은 높아져 갔다.

『제1 스위스 신앙고백서』는 결국 스위스 안에서 독일어를 사용하는 지역이 서명한 문서가 되었다. 부써가 거절하진 않았어도 서명하질 않았기 때문이다. 이로 인해서 스위스 개혁파는 단지 비텐베르크와 갈등하는 상황만이 아니라 스위스 내에 증가하는 긴장을 확인한 것이다. 그래도 『제1 스위스 신앙고백서』는 1566년 『제2 스위스 신앙고백서』를 만들 때까지 스위스 독일어권의 공식적인 고백서로 유효했다.

내용

이 신앙고백서의 독일어판은 27항이며, 라틴어판은 28항이다. 이렇게 된 것은 내용이 달라졌기 때문이 아니라, 라틴어판의 13항 '그리스도와 그의 공로'(Christianus et officia eius)와 14항 '믿음에 대하여'(De fide) 두 조항이, 독일어판에서는 '그리스도의 은혜와 그의 공로가 어떻게 우리에게 전달되는지 그리고 여기에서 어떤 열매가 나오는지'(Wie unns die gnad Christi und sin verdienst mitgeteylt werdi, und was fruct darus volge)란 제목의 13항으로 묶였기 때문이다.

여기서는 라틴어판을 따라 총 28항인 것을 기준으로 설명하기로 한다. 구조를 보게 되면, 먼저 성경과 표준에 관해서(1-5항) 설명하고, 하나님(6항), 인간과 죄에 관해서(7-9항) 설명한다. 그 후 하나님의 경륜에 대해서 말한다(10항). 그다음 그리스도의 구속 사역과 믿음을 설명한다(11-14항). 계속해서 교회(15-20항)와 성례(21-23항)을 설명하고, 기타 다른 주제들(24-28항)을 다룬 후 마친다. 요약하면, 성경 – 하나님 – 인간 – 그리스도 – 교회의 구도를 갖는다.

『제1 스위스 신앙고백서』는 종교개혁 초기에 나온 고백서로서는 성경을 가장 먼저 앞세운 것이 뚜렷한 특징이다. "성경 자신이 그 해석자"(2항)라고 분명히 밝힌다. 『제1 스위스 신앙고백서』는 성경의 유일한 해석자가 교황이라는 로마의 주장을 반대하면서 가장 중요한 근거를 개혁하면서 시작한다. 고대교부를 받아들이는 이유도 그들이 성경이란 척도를 떠나지 않았기 때문이다(3항). 계속해서 『제1 스위스 신앙고백서』는 인간의 전통을 거절한다(4항).

인간에 관해서는, 죄가 인류에게 들어온 이후에 인간 안에 남겨진 선은 매일의 잘못으로 더 악하게 된다고 고백하여, 전적부패를 고백한다(8항). 자유의지를 말할 때도, 악을 자의적으로 행할 수 있으나 선은 은혜가 없이는 받아들일 수도 행할 수도 없다고 한다(9항).

당시 가장 많이 논의되었던 성례에서는, 성례가 표와 실체(*signis simul et rebus*)로 구성되어 있다고 설명하는데, 라틴어로 실체(*res*)는 독일어로 '본질적인 것들'(*wesenlichen dingen*) 또는 '본질적이며 영적인 것'(*das wesenlichen und geistlich*)으로 불린다. 여기서 성례의 실체 곧 본질적인 것들은 믿음으로 받아들여짐을 분명히 밝힌다(21항). 성만찬에서 "주님께서 자기 몸과 피를 즉 자신을 참되게 제공하신다"라고 진술한다. 그런데 뒤이어서 "빵과 포도주에 주의 몸과 피가 본성적으로(*naturaliter*) 연합되었다"는 것이나 "공간적으로 포함되었다"는 것이나 "육체적인 임재"가 있다는 것은 부정한다. 이런 진술로 스위스 개혁파는 성만찬에서 오해될 수 있는 여지를 없앴다.

4. 제네바 신앙교육서(1537, 1541) [1]

개요

칼빈은 제네바에서 두 종류의 신앙교육서를 작성했다. 첫 번째는 제네바 사역을 시작하며 만든 『제네바 신앙교육서 및 신앙고백서』(*Instruction et confession de foy, dont on use en l'Eglise de Genève*, 1537)이다. 두 번째는 제네바를 떠났다가 다시 돌아와서 만든 『제네바 요리문답서』(*Le Catéchisme de l'Eglise de Genève*, 1541)다. 두 번째 교육서는 오고 올 개혁교회의 요리문답서의 모범이 되었다.

1) 『제네바 신앙교육서 및 신앙고백서』
(*Instruction et confession de foy, dont on use en l'Eglise de Genève*, 1537)

역사적 배경

1536년 사보이 공작의 정치적 지배와 주교의 영적 지배에서 벗어난 제네바는 파렐(Guillaume Farel, 1489-1565)의 설교 아래서 종교개혁을 이제 막 시작한 상태

---

1) 안상혁, "제네바 교회와 신앙교육", 『노르마 노르마타』, 김병훈 편, (수원: 합신대학원출판부, 2015), 31-74; I. John Hesselink, *Calvin's First Catechism: A Commentary* (Louisville, Kentucky: Westminster John Knox Press, 1997), 이승구, 조호영 역, 『칼빈의 제1차 신앙교육서: 그 본문과 신학적 해설』 (서울: 기독교문서선교회, 2019); Anette Zillenbiller, "Genfer Bekenntnis 1536/1537," in *RBS1.2*, 97-136; Ernst Saxer, "Genfer Katechismus von 1542," in *RBS1.2*, 279-362; Ernst Saxer, "Genfer Katechismus und Glaubensbekenntnis von 1537," in *Calvin-Studienausgabe, Bd. 1. 1. Reformatorische Anfänge 1533-1541*, eds. Eberhard Busch et al. (Neukrichen-Vluyn: Neukirchener Verlag, 1994), 131-224; Mattias Freudenberg, "Katechismen," in *Calvin Handbuch*, ed. Herman J. Selderhuis, (Tübingen: Mohr Siebeck, 2008), 204-212, 김귀탁 역, 『칼빈 핸드북』 (서울: 부흥과 개혁사, 2013), 413-426.

였다. 1536년 5월 21일 제네바 시민들은 투표를 통해 복음을 따라 살기로 했다. 이미 『기독교강요』를 출판해서 주목받고 있었던 칼빈은 그해 7월 제네바에 잠시 들렀다가, 파렐의 위협적인 강권을 하나님의 뜻으로 받아들이고 제네바의 사역을 시작했다. 제네바 교회는 새롭게 조직되어야 했기 때문에, 칼빈과 파렐은 1537년 1월 16일 시의회에 『제네바의 교회와 예배의 조례에 관한 조항들』(*Articles concernant l'organisation de l'église et du culte à Genève*)을 제출했다.

여기서 중요한 네 가지 사항을 다루었다. 첫째 성만찬을 자주 시행하되 출교의 가능성을 포함하는 것, 둘째 시편을 노래하는 것, 셋째 자녀들에게 신앙을 교육하는 것, 넷째 결혼에 관한 규칙들이 제정되어야 한다는 것이었다. 여기서 셋째 사항인 자녀들을 신앙으로 교육함에 대한 부분에서, 자녀 신앙교육의 당위성을 언급하고, 구체적으로 자녀들의 신앙교육을 위한 요강을 마련해야 할 것과 자녀들이 목회자들 앞에 나와서 시험을 치를 것을 규정한다. 이것은 교회와 가정이 자녀들의 신앙교육에 심혈을 기울여야 할 것을 보여준다.

제네바는 이미 1월 29일 자녀들이 기독교학교(*escolles chrestiennes*)에 다녀야 한다고 공고했다. 이 모든 정황은 제네바 제1차 신앙교육서 프랑스어판이 1537년 1월 하반기에는 세상에 나와 있어야 한다는 것을 알려준다. 따라서 제네바 첫 번째 신앙교육서는 1536년 후반부터 1월 사이에 작성되었을 것이며, 늦어도 1월 하반기에는 인쇄되었을 것으로 추정한다. 라틴어판도 1538년 3월에 바젤에서 『신앙교육서 또는 기독교강요』(*Catechismus sive christianae religionis institutio*)라는 제목으로 출간되었다. 인쇄의 선후 관계 때문에 프랑스어로 쓰인 것이 라틴어로 번역되었는지, 아니면 라틴어로 쓰인 것이 불어로 번역되었는지에 대한 여러 논의가 있으나, 칼빈이 두 가지 다 가지고 있었음은 확실해 보인다.[2] 이중 프랑스로 된 것은 1877년에 우연히 발견되어서 세상에 알려지게 되었다. 프랑스어판이나 라틴어판이나 당시에는 널리 알려지지 않았다. 1538년 제네바 시의회와 갈등하

2) Anette Zillenbiller, "Einleitung," in *Ioannis Calvini Scripta Ecclesiastica, vol. 2: Instruction et confession de foy, dont on use en l'Eglise de Genève*, ed. Anette Zillenbiller, (Geneva: Librairie Droz, 2002), XII-XIV.

면서 칼빈이 결국 제네바에서 추방된 사실은 제네바의 짧은 활동 시기를 의미하며, 따라서 이 문서의 활용은 제한적이었을 것이다.

내용

제1차 교육서는 다음과 같은 구조를 갖는다.
1. 모든 인간은 하나님을 알기 위해 태어났다
2. 참 종교와 거짓 종교 사이의 차이
3. 우리가 하나님에 대해 알아야 할 것
4. 우리가 인간에 대해 알아야 할 것
5. 자유의지에 대해
6. 죄와 죽음에 대해
7. 우리가 어떻게 구원과 생명으로 회복되는지

8. 주님의 율법에 대해
9. 율법의 요약에 대해
10. 율법이 우리에게 의미하는 것
11. 율법은 그리스도에게 나아가는 첫 번째 단계이다
12. 우리는 믿음을 통해 그리스도를 받는다
13. 선택과 예정에 대해
14. 참믿음은 무엇인지에 대하여
15. 믿음은 하나님의 선물
16. 우리는 믿음을 통해 그리스도 안에서 의롭다 함을 받는다
17. 우리는 믿음을 통해 율법에 순종함

18. 회개와 중생에 대해

19. 행위의 의와 믿음의 의가 어떻게 함께 가는지

20. 사도신경

21. 소망에 대해

22. 기도의 필요성에 대해

23. 기도할 때 주의해야 할 것

24. 주님의 기도

25. 기도에서 끝까지 인내함

26. 성례의 필요성에 대해

27. 성례란 무엇인지

28. 세례에 대해

29. 성만찬에 대해

30. 교회의 목사들과 그들의 권세에 대해

31. 교회 질서에 대해

32. 출교에 대해

33. 정부에 대해

이 구조는 크게 보면 루터의 소요리문답서의 '십계명–사도신경–주기도문–성례'의 구조를 따른다. 이것은 칼빈의 『기독교강요』 초판도 마찬가지다. 그러나 내

CATECHIS-
MVS, SIVE CHRISTIA
NAE RELIGIONIS INSTITV-
tio, cõmunibus renatæ nuper in Euan-
gelio Geneuensis Ecclesiæ suffragijs re-
cepta, & uulgari quidẽ prius idiomate,
nunc uerò Latinè etiam, quo de FIDEI
illius synceritate passim alijs etiam Ec-
clesijs constet, in lucem edita.

IOANNE CALVINO
AVTORE.

BASILEAE, ANNO
M D XXXVIII

제네바 신앙교육서 및 신앙고백서 라틴어판 표지

Catechismus,
sive Christianae religionis institutio,

communibus renatae nuper in evangelio geneuensis ecclesiae
suffragiis recepta, & vulgari quidem prius diomate, nunc vero
Latine etiam, quo de FIDEI illius synceritate passim aliis etiam
Ecclesiis constet, in lucem edita.

IOANNE CALVINO
AUTORE.

BASILEAE, ANNO
M D XXXVIII

신앙교육서
또는 기독교 강요,

이것이 최근 복음 안에서 다시 태어난
제네바 교회에서 함께 찬성하여
받아들여져서, 처음엔 모국어로
그런데 지금은 저 믿음의 신실함에 대해
도처의 다른 교회에도 알려지도록
라틴어로 편집되어 출판된다.

존 칼빈 저.

바젤 1538년

용을 더 들여다보면 칼빈이 율법의 제3사용을 강조했다는 점에서 루터의 소요리 문답과 차이가 있다.

제1차 신앙교육서는 1536년에 출판된 『기독교강요』의 요약이라고 평가받는다. 『기독교강요』 초판은 제네바 첫 번째 신앙교육서와 유사하게 '율법 – 믿음(사도신경해설) – 기도 – 성례 – 그리스도인의 자유, 교회의 권세, 정치적 통치'란 구조를 가질 뿐 아니라 세부적인 내용에 들어가서도 상당한 유사성을 갖기 때문이다.

칼빈의 초상화

그러나 이미 출판된 『기독교강요』의 단순한 요약에 불과하다는 평가는 어울리지 않는다. 왜냐하면, 그 표제들은 앞으로 오게 될 『기독교강요』의 구조를 보여주기 때문이다. 신앙교육서에 다루어진 내용은 다음과 같이 다시 구분할 수 있다.

종교와 하나님을 아는 지식(1-3항), 인간과 구속의 필요(4-7항), 율법과 십계명 해설(8-11항), 그리스도를 믿는 믿음(12항), 선택(13항), 믿음(14-15항), 칭의(16항), 성화(17항), 회개와 중생(18항), 이신칭의와 선행(19항), 사도신경 해설(20항), 소망(21항), 기도와 주기도문 해설(22-25항), 성례(26-29항), 목사(30항), 인간전통(31항), 출교(32항), 위정자(33항). 이것은 『기독교강요』의 초판을 보여주기도 하지만, 앞으로 나오게 될 『기독교강요』의 다음 판들에서 다룰 내용도 보인다.

1-3항의 표제는 칼빈에게서 중요한 '하나님을 아는 지식'(De cognitio Dei)이란 장으로 발전하며, 4-7항의 표제는 '인간을 아는 지식'(De cognitio hominis), 18항은 '회개'(De Poenitentia)를 다루는 장으로 발전한다. 16항과 19항은 '믿음의 칭의와 행위의 공로'(De iustificatione fidei et meritis operum)를 다루게 될 것이고, 13항은 '예정과 섭리'(De praedestinatione et providentia Dei)로 오게 될 『기독교강요』다음 판들에서 나타나게 될 것이다. 인간의 전통을 다룬 31항은 1539년과 1541년 판에는 나타나지 않지만 1543년 판에는 나타나게 된다. 그러므로 제1차 교육서는 칼빈의 신학 사상이 앞으로 어떻게 발전하게 될 것인지를 보여주는 그림자라고 할 수 있다.[3]

이 문서는 교육을 위한 목적을 가진다는 점을 잘 드러낸다. 『기독교강요』는 거짓 성례에 대하여 상당한 분량을 다루지만 여기서 성례 자체의 의미만을 전달한다. 칼빈은 로마가톨릭교회의 잘못된 교리를 직접적으로 논박하고 논쟁하기보다는 바른 교리를 제시하고 교육하는 데에 초점을 맞춘다.[4] 개혁교회의 신앙교육서 또는 요리문답서에서 논박이 적은 이유는 그 주요 목적이 교리의 전달에 있었기 때문이다. 1541/42년의 신앙교육서에 이르면 논박은 더 약화하고, 교리의 전달은 더 강화된다.

3)   Zillenbiller, "Genfer Bekenntnis 1536/1537," 100.

4)   안상혁, "제네바 교회와 신앙교육", 33.

3부 개혁교회 신조

2) 『제네바 요리문답서』

(Le Catéchisme de l'Eglise de Genève, 1541/1542)

역사적 배경

1538년 제네바에서 추방되었던 칼빈은 스트라스부르 교회에서 봉사하다가, 1541년 9월 제네바로 돌아왔다. 칼빈은 가장 먼저 제네바 교회규정을, 그다음 예배모범을, 마지막으로 요리문답서 작성에 집중했는데, 이 요리문답서는 이전의 신앙교육서와 비교할 때 구도와 내용 면에서 많이 달라졌다. 질문과 답을 포함한 문답식의 방식을 취했으며(그전에는 서술식이었다), '사도신경-십계명-주기도문'의 구도로 변화를 주었으며, 내용상으로도 큰 변화를 가져왔다. 이런 변화는 스트라스부르에서 머물면서 받은 영향 때문이라고 추측할 수 있다. 칼빈에게 영향을 주었던 이들로는 부써, 요한 슈트룸, 볼프강 카피토를 언급할 수 있을 것이다.

1541/42년 판이 1537년 판과 형식에서 완전히 다른 점은 문답 형식의 대화체로 되어있다는 것이다. 교육을 위해 더 좋은 방식을 취한 것이다. 제네바 교회규정에 의하면 아이들은 교회당에서 12시 정각에 열리는 교리문답 수업에 참여해야 했다. 또 일 년에 네 번 시행하는 성만찬 전에 회중 앞에서 묻고 답하는 시간을 가졌다. 이 목적을 위해 요리문답서는 55개 부분으로 구분되었다.

칼빈은 이 문답서를 1545년에 라틴어로 번역했다. 라틴어판의 첫 번째 목적은 학교 교육이었다. 나아가 라틴어판은 제네바 교회가 어떤 교리를 인정하고 있는지 다른 언어권의 교회에도 보여줄 수 있었기 때문에, 제네바 교회가 다른 개혁주의 교회와 깊은 교제가 가능하도록 도움을 주었다.

이 문답서는 제네바 교회를 위한 표준문서의 역할을 했다. 제네바 교회는 사실 독자적인 신앙고백서를 따로 만들지 않았다. 1549년에 『취리히 일치』, 1566년의 『제2 스위스 신앙고백서』만을 받았을 뿐이다. 그런데 제네바교회에서 목사가 되려는 자가 교회가 인정한 교리를 지키겠다고 맹세해야만 했을 때, 그 교리란 바로『제네바 요리문답서』를 의미했다.[5] 이런 면에서 이 요리문답서는 제네바에서 표준문서의 역할을 한 것이다.

칼빈의 요리문답서는 프랑스어를 사용하는 이들의 신앙교육서로 각광을 받기 시작했다. 나아가 라틴어 외에 여러 언어로 번역되었다. 헬라어, 히브리어, 이탈리아어, 스페인어, 독일어로 번역되었으며, 네덜란드, 스코틀랜드, 폴란드, 헝가리로 계속 뻗어 나갔다. 유럽 대륙에서 가장 널리 퍼진『하이델베르크 요리문답서』도『제네바 요리문답서』로부터 큰 영향을 받았다.

이후에『제네바 요리문답서』를 가르칠 목사들을 위한 안내서인 요리문답서 해설이 나오기 시작했다.『제네바 요리문답서』(1541/42)는 18세기 후반까지 공식적인 교재였으나, 자유주의의 큰 흐름과 함께 1858년 판이 마지막 인쇄가 되었다.[6]

내용 및 특징

크게 네 부분, 다시 작게 구분되어 55구간으로 구성되어 있다.
첫째 부분, 믿음에 대하여
        1-2구간: 서론(1-16문)
        3-17구간: 사도신경 해설(17-110문)
        17-21구간: 믿음, 칭의, 선행, 회개(111-131문)

둘째 부분, 율법에 대하여
        21-31구간: 십계명 해설(132-219문)

---

5)   Saxer, "Genfer Katechismus von 1542," 280.

6)   Saxer, "Genfer Katechismus von 1542," 281.

32-33구간: 형제 사랑과 율법의 용도(220-232문)

셋째 부분, 기도에 대하여
34-44구간: 주기도문 해설(233-295문)

넷째 부분, 성례에 대하여
44-45구간: 하나님의 말씀(296-308문)
46-48구간: 성례 일반(309-323문)
48-50구간: 세례(324-339문)
51-54구간: 성만찬(340-365문)
55구간: 교회권징(366-373문)

『제네바 요리문답서』의 1문은 "인생의 제일 되는 목적이 무엇인가?"라고 묻고, "하나님을 아는 것"이라고 답한다. 그렇다면 하나님을 참되게 아는 것이란 무엇인가?(6문) 하나님께 영광을 돌리기 위해서 아는 것이다. 이렇게 하나님을 아는 지식과 하나님을 예배하는 것은 함께 간다. 『제네바 요리문답서』에서 하나님을 아는 지식은 지성적 지식이 아니다. 바로 이어서 7문에서 하나님께 영광 돌리는 방법으로, 하나님을 전적으로 신뢰하는 것, 하나님의 뜻에 순종하는 것, 필요할 때에 하나님을 구하는 것, 하나님 안에서 구원과 모든 좋은 것을 찾는 것, 모든 좋은 것이 하나님에게서 나온다는 것을 마음과 입술로 인정하는 것을 말한다. 『제네바 요리문답서』는 하나님을 아는 지식이 신자의 구체적 삶에서 실현되는 문제임을 알려준다.

"… 네게 어떤 유익이 있는가?" "어떤 위로가 있는가?"와 같은 질문의 반복은 우리가 아는 지식이 우리의 구원과 삶에 실제적인 유익을 가져온다는 사실을 보여준다(예를 들어, 29문, 40문, 72문, 86문 등). 그리고 요리문답서에 이런 적용 질문을 포함하는 방식은 『하이델베르크 요리문답서』에서 절정을 이루어, 하나의 교리를 적용하며 마무리 짓는다. 『하이델베르크 요리문답서』는 이 점에서도 『제네바 요리문답서』의 영향을 받았다.

『제네바 요리문답서』에는 그리스도의 삼중직이 뚜렷이 나타난다. 왕직과 대제 사장직이 전면에 있었던 1537년의 신앙교육서와는 다르게 1541/42년 판은 그리스도의 삼중직을 분명하게 가르친다. 이후 오고 오는 개혁교회의 요리문답서는 그리스도의 삼중직을 가르친다. 『하이델베르크 요리문답서』가 그중 하나이며, 『제네바 요리문답서』의 기독론은 『하이델베르크 요리문답서』의 기독론에 많은 영향을 끼쳤다. 그리스도께서 다른 죽음이 아니라 십자가로 죽으신 죽음의 의미의 독특성을 진술하는 부분과, 지옥강하의 의미를 상상하기 힘든 고통을 겪은 것으로 고백하는 부분에서 하이델베르크는 제네바를 따른다.

『제네바 요리문답서』는 율법에 대한 풍성한 이해를 보여준다. 십계명의 각 계명을 자세히 해설함으로써 신자가 가져야 할 삶의 목표를 보여준다. 신자가 율법을 완전히 성취하지 못할지라도, 율법은 목표를 제시해주며, 이로써 율법은 신자가 하나님이 주신 은혜에 따라 날마다 진보하는 삶을 살게 한다(229문). 이런 식으로 『제네바 요리문답서』는 개혁파의 특징인 율법의 제 3사용을 풍성하게 드러낸다.

5. 취리히 일치(*Consensus Tigurinus*, 1549)[1]

개요

종교개혁 이후 개신교 내에 성만찬에 대한 이해 차이가 점점 더 벌어지고 있었다. 특히 스위스 내의 정치와 외교 상황에 맞물려 개혁파와 루터파 사이 만이 아니라 개혁파 사이에서도 서로 신뢰할 수 없는 상황이 되자, 1549년 칼빈을 대표로 한 제네바와 불링거를 대표로 한 취리히 사이에서 성만찬론에 대한 일치를 진술하게 되었다. 이것이 '취리히 일치'다. 이 문서는 한편으로는 개혁파의 일치를 보여주지만, 다른 한편으로는 루터파를 제외했기 때문에 개혁파와 루터파 사이의 갈등에 불을 붙인다. 이후 소위 '제2 성만찬 논쟁'이라 불리는 과정을 지나면서 개혁파와 루터파는 각자 분명한 자기 노선을 걸어가게 된다.

역사적배경

종교개혁이 일어났지만, 개신교는 급진주의자들을 제외하면 개혁주의와 루터주의로 구분되고 있었다. 개혁주의와 루터주의의 사이가 벌어진 결정적인 이유는 성만찬에 대한 이해의 차이다. 수면에 떠 오른 문제는 언제나 성만찬론이었다. 마부르크 회담(1529년 10월 1일-4일)의 결과가 보여주듯이 개혁주의와 루터주의는 성만찬론을 제외하고 모든 것을 동의했었다. 성만찬에서도 빵과 포도주가 신자들에

---

1)   박상봉, "요한 칼빈과 하인리히 불링거의 성만찬 일치 - Consensus Tigurinus", 「한국교회사학회지」 (2010): 155-197; Emidio Campi/Ruedi Reich (ed.), *Consensus Tigurinus Heinrich Bullinger und Johannes Calvin über das Abendmahl* (Zürich: Theologischer Verlag Zürich, 2009); Ulrich Gäbler, "Consensus Tigurinus," in *TRE 8*, 189-192; Eberhard Busch, "Consensus Tigurinus 1549," in *RBS1.2*, 467-490.

게 제공되어야 하며 믿음으로 유익이 됨을 둘 다 인정했지만, 그리스도의 육체가 실제로 함께하는가에 대해서만은 동의하지 못했다. 서로 사랑을 가지고 대하겠다고 했으나 둘 사이는 결국 벌어졌다. 16세기 말에 개혁신학자들이 개혁주의와 루터주의의 결정적 차이가 무엇인지 규정하려고 했을 때, 구원론이나 예정론이 아니라 성만찬에 대한 이해의 차이라는 점을 지적했다.[2]

성만찬론에 관한 이해 차이는 기독론의 이해 차이로 이어진다. 구체적으로 어떻게 한 위격 아래서 두 본성 즉 신성과 인성이 연합하는가에 대한 이해 방식에서 차이가 나타났다. 루터파의 이해 속에서는 인성이 편재하기 위해서 인성은 신성의 속성(편재)을 받아야 했다. 개혁파의 이해 가운데서는 인성과 신성이 그 고유성을 잃지 않은 채로 신성의 속성은 그 초월적 특성에 의해서 인성의 안과 밖에 있었다.

칼빈 이전에도 루터파와 개혁파 사이의 화합을 위한 시도들이 있었다. 예를 들어 멜란히톤은 싸움을 좋아하지 않았고 개혁파의 의견에 귀를 기울이려고 했다. 멜란히톤은『취리히 일치』가 나오자 이것을 인정했고, 죽기 얼마 전에는 칼빈의 의견에 더 다가갔다. 결국, 멜란히톤의 사후(1560)에 그의 여러 제자는 '비밀 칼빈주의'(Crypto-Calvinismus)란 이름으로 내몰렸으며 비텐베르크에서 쫓겨나기도 했다.

개혁파에서는 부써가 화합의 시도를 했다. 부써는 비텐베르크와 취리히 사이에 실제적인 큰 차이가 있다기보다, 용어의 이해 차이 정도가 있다고 생각했다. 그러나 이런 부써의 자세는 취리히가 부써와 스트라스부르를 의심하게 했다. 취리히의 의심은 커서, 스트라스부르로 가서 공부하던 취리히 학생들이 그곳의 성만찬에 참여하는 일이 금지되었을 정도다.[3] 스트라스부르는 당연히 취리히의 태도를 마음에 들어 하지 않았다. 이런 일련의 일들은 개혁파 내의 갈등을 지속시켰다. 칼빈은

---

2)   David Pareus, *Irenicum* (Heidelberg, 1615), 74.

3)   *CO* 12, 729.

이런 식으로 교회가 분열되는 근거를 모르겠다고 불링거에게 한탄했다.

칼빈은 성만찬에 대한 이해로 개신교회가 나뉘어버린 상황을 안타깝게 여겼다. 칼빈은 그리스도의 인성이 성만찬의 요소에 실제로 함께한다는 의견도 반대했으며 단순한 기념이라는 생각에도 반대했지만, 여러 번 성만찬에 대한 의견을 하나로 모으려고 시도했었다. 예를 들어 칼빈은 1537년 11월 22일에 베른에서 『성만찬에 대한 신앙고백』(*Confessio fidei de Eucharistia*)을 제안했다. 그리스도는 빵과 포도주의 상징 안에서 우리에게 살과 피의 교제를 주셔서 영생에 이르도록 먹이신다는 내용이었다. 칼빈이 제네바를 떠나 스트라스부르에 머물던 기간에, 1539년 4월 프랑크푸르트에서 멜란히톤을 만났고 성만찬 이해에서 다르지 않다는 것을 알게 되었다.[4] 칼빈은 분열된 개신교를 안타까워하며 『성만찬에 관한 소논문』(*Petit traité de la Sainte Cène*, 1541)을 통해서 의견을 모으기를 원한 적도 있었다. 여기서 칼빈은 상대방을 경청할 것을 권고했다.

그러나 『취리히 일치』(1549) 전의 상황으로 들어가 보면, 이미 취리히와 비텐베르크는 회복할 수 없는 분열의 길을 걸어가고 있었다고 말할 수 있다. 1544년 『거룩한 성례에 대한 루터의 짧은 고백』(*Kurtz Bekenntnis D. Mart. Luthers/ vom heiligen Sacrament*)이 비텐베르크에서 나왔다. 여기서 루터는 성례에 그리스도가 육체적으로 실제로 함께한다고 주장했다. 신성과 인성은 그리스도 안에서 분리 없이 함께하기 때문이다. 죽기 전에 루터가 내놓은 이 책은 취리히 교회를 이단으로 선언하는 거친 비판이었다. 취리히로서는 더는 비텐베르크와 함께할 수 없을 수준이었다. 취리히는 『취리히교회 목사들의 참된 고백』(*Wahrhaffte Bekanntnuß der Dieneren der Kilchen zu Zürych*, 1545)으로 반응했다. 여기서 그리스도의 살과 피는 우리 영혼을 영생에 이르기 위한 음식과 음료라고 하면서, 그리스도는 땅의 방식이 아니라 하늘의 방식으로 성만찬에 함께 하면서 신자들을 영생에 이르도록 먹인다고 했다. 위에 언급한 거친 책을 남겨 놓고 1546년 루터가 죽었을 때, 불링거

---

4) Eberhard Busch et al. (ed.), *Calvin Studienausgabe*, Band 1.2 (Neukirchen-Vluyn: Neukirchener Verlag, 1994), 433.

는 멜란히톤에게 보낸 편지에서 루터의 죽음을 슬퍼하면서도 루터에 대한 부정적 평가를 드러낸다. 루터의 죽음이 비텐베르크와 취리히 사이에 평화를 가져오진 않았다.

루터파와 일치가 요원한 상태에서 칼빈은 루터파와 화합을 오랫동안 기다릴 수 없었다. 무엇보다도 스위스 개혁파 내에서 갈등이 커지고 있었기 때문에 다른 길을 찾아야만 했다. 특히 베른은 제네바가 하는 일은 무엇이든지 반대하는 상황이었다. 제네바의 초기 종교개혁은 사보이 가문을 패배시킨 베른 덕택이었다. 베른은 제네바 시의회가 자치권을 행사하는 것을 인정했다. 베른의 도움으로 제네바와 동시에 종교개혁을 진행한 바트란트(Waadtland)의 경우 베른의 통치를 받았던 것과 비교한다면 제네바는 상대적으로 자율권을 가졌던 것이다. 베른으로서는 제네바를 자기 통제하에 두고자 했으며, 제네바는 자기 독립을 지키길 원했으므로 둘 사이에는 끊임없는 갈등이 있었다. 게다가 커지는 칼빈의 영향력을 베른은 좋아하지 않았다. 베른과의 관계 회복이 요원한 상황에서 칼빈으로서는 그나마 자기를 가장 잘 이해해주는 불링거와 일치를 이루는 길이 가장 빠른 길이었다. 취리히와 일치를 하게 되면, 불링거의 도움으로 베른과도 대화할 수 있는 길이 열릴 수도 있었기 때문이다.

1540년대의 상황은 긴박했다. 로마 가톨릭의 반종교개혁 흐름이 큰 힘을 얻어가고 있었다. 1545년부터 트리엔트 공의회가 시작되어 개신교를 압박하기 시작했다. 프랑스의 앙리 2세는 1547년 화형재판소를 설치하고 종교개혁 이단자들을 핍박했다. 신성로마제국 황제 카를 5세의 군대는 독일 개신교 동맹인 슈말칼덴 동맹과의 전쟁(1545-1547)에서 이겼다. 뮐베르크 전투에서 개신교가 패했을 때 (1547. 4. 24), 카를 5세는 절정에 이른 자신의 힘을 보여준 것이다. 이런 소식이 들려오고 있을 때, 스위스는 갈등 속에 있었던 것이다. 나아가 개혁파 특히 취리히를 향한 루터의 정죄에 변증해야 하는 과제가 불링거와 개혁파에 있었다.

이런 상황에서 칼빈은 취리히와 일치를 이루기 원했고, 불링거도 칼빈과 대화했다. 칼빈은 불링거의 도움을 얻어 베른과 소통하려고 했는데, 먼저 취리히의 신뢰를 얻고 취리히와 하나가 되어야 했다. 취리히와 하나가 되는 것이 스위스를 묶는 물꼬를 트는 일이었고, 그 후 멀지만, 루터파와도 하나가 되는 방법일 수 있었다. 물론 칼빈의 생각대로 되지는 않았다. 멜란히톤의 긍정적 평가에도 불구하고, 『취리히 일치』는 루터파의 강경한 반대에 부딪히고 말았던 것이다.

작성과정

1547년 2월 칼빈은 당시의 위험한 정치적 상황들에 대해 논의하기 위해 취리히를 방문했다. 이 방문을 시작으로 칼빈은 『취리히 일치』까지 총 다섯 번 취리히를 방문한다. 첫 번째 방문에서 불링거는 신학적이며 정치적인 문제들에 대하여 계속해서 연락하자고 하면서, 자신의 글 『주 그리스도와 보편 교회의 성례에 관하여』(De Sacramenttis Christi Domini et ecclesiae catholicae)를 전달했다. 칼빈은 제네바로 돌아가서, 빵이 상징이라는 불링거의 의견에는 동의하지만, 그리스도 몸이 전해진다는 것에 대한 불링거의 반대는 자기 몸을 먹으라는 그리스도의 명령을 부인하는 것이라고 했다. [5]

칼빈의 반대로 한동안 뜸했던 서신 교환이 다음 해 3월에 재개되었다. 1548년 5월 취리히를 방문한 칼빈은 6월 26일 불링거에게 자기 견해를 정리해서 보냈다. 여기서 칼빈은 하나님의 능력이 성만찬 요소에 임하는 방식이나 하늘에 계신 그리스도의 인성을 부정하는 주장을 분명하게 거절했다. 반면 성만찬이 오직 성령을 통해서 우리에게 효과가 있다는 사실을 강조했다. 칼빈은 화체설만이 아니라 공재설도 거절한다고 밝혔다. 이런 점이 취리히의 염려를 덜게 했다.

11월에 불링거는 칼빈이 제시한 것을 24개로 구분해서 자신의 평가를 담아 보

---

5)   CO 12, 488.

냈다.[6] 불링거는 성례가 '은혜의 도구'(*instrumenta Gratiae*)라는 표현에 예민하게 반응했다. 왜냐하면, 이 표현은 은혜가 성례에 매여 있어 성례와 함께 주어진다는 의미를 뜻할 수도 있었기 때문이다. 칼빈은 1549년 1월에 불링거에게 답(*Responsio ad annotationes Bullingeri*)을 보내면서, 핵심이 성령의 역사임을 밝혔다. 성령이 역사하심으로 표가 나타내는 실체에 참여하게 되는 것이다. 이런 의견에 불링거도 만족을 표했다(1549년 3월 편지).[7]

같은 달 칼빈은 베른총회에 총 20항으로 된 제네바의 입장을 전했다. 취리히 신학에 영향받은 요하네스 할러가 베른교회의 수장으로 있었기 때문에 베른의 열린 입장이 어느 정도 기대 되었다. 그러나 할러는 동의했지만, 베른교회는 거절했다. 베른은 제네바에 대하여 강하게 닫혀 있었다.

3월 15일 불링거는 20조항으로 된 자신의 견해를 칼빈에게 마지막으로 보냈다. 이제 거의 완성단계에 와 있었다. 그러나 베른과의 관계 속에서 고민하던 불링거는 1549년 5월 21일 칼빈이 취리히로 오는 고된 여행을 하지 않기를 바란다고 편지했다. 이 편지는 다행히 칼빈에게 전달되지 않았는데, 칼빈이 이미 취리히로 출발한 후여서 받을 수 없었기 때문이다. 칼빈은 최종합의를 위해 길을 떠난다는 편지를 보내고 파렐과 함께 출발했다. 결국, 취리히에서 두 사람은 만날 수밖에 없었고, 칼빈의 보고에 의하면 두 시간 만에 『취리히 일치』에 서명했다.

칼빈과 불링거가 서명한 이 문서는 바로 출판되지 못하고 영국, 독일, 프랑스, 이탈리아, 헝가리 등의 여러 신학자에게 보내어져 승인을 얻었다. 스위스에서는, 자신들을 제외하고 합의한 문서를 받아들일 수 없었던 베른과 바젤을 제외하고는 대부분 지역에서 동의를 얻었다. 베른은 언제나 그렇듯이 칼빈과 파렐이 있는 제네바를 지지할 수 없었다. 독일과 접경 지역이던 바젤은 슈말칼덴 전쟁에서 개신교 동맹이 패배한 이후 정치 상황을 주시해야만 했다. 이 문서는 가능한 많은 인

---

6) *CO* 7, 693-700.

7) 칼빈과 불링거의 작성 과정 중 서신교환과 의논에 대한 자세한 내용은 다음을 참고하라: 박상봉, "요한 칼빈과 하인리히 불링거의 성만찬 일치 - Consensus Tigurinus", 162-171.

CONSEN
SIO MVTVA IN RE
SACRAMENTARIA MINI-
strorum Tigurinæ ecclesiæ, & D. Io-
annis Caluini ministri Geneuen-
sis ecclesiæ, iam nunc ab
ipsis authoribus
edita.

1. Corinth. 1.

Obsecro autem uos fratres, per
nomen domini nostri Iesu Christi,
ut idem loquamini omnes, et non
sint inter uos dissidia, sed sitis inte
grum corpus, eadem mente, &
eadem sententia.

TIGVRI EX OFFICINA
Rodolphi Vuissenbachij.

『취리히 일치』 취리히 판 표지

CONSEN
SIO MUTVA IN RE
sacramentaria

ministrorum Tigurinae ecclesiae, & D. Ioannis Calvini ministri
Genevensis ecclesiae, iam nunc ab ipsis authoribus edita.

I. Corinth.I.
Obscro autem nos fratres, per nomen domini nostri Iesu Christi,
ut idem loquamini omnes, et non sint inter vos dissidia, sed sitis
integrum corpus, eadem mente, & eadem sententia.

Tiguri ex officina Rodolphi Wissenbachij,

성만찬 건에 대한 취리히 교회와
존 칼빈의 제네바 교회의 상호일치,
지금 저자들에 의해 편집되었다.

고전 1[:10]
형제들아 내가 우리 주 예수 그리스도의 이름으로 너희를 권하노니
모두가 같은 말을 하고 너희 가운데 분쟁이 없이
같은 마음과 같은 뜻으로 온전히 합하라

취리히, 루돌프 비쎈바흐의 사무소에서

정을 받기 위해 기다린 후 1551년에야 출판되었다. 3월에 취리히에서, 4월에 제네바에서 인쇄되었다. 이때 원래 제목은 『성만찬 건의 상호일치』(*Consensio mutua in re sacramentaria*)이었다. 같은 해에 취리히에서 독일어로, 제네바에서 프랑스어로 번역되어 전파되었다. 지금 우리가 부르는 '취리히 일치'(*Consensus Tigurinus*)는 1824년에 처음 붙여진 이름이다.[8]

영향

『취리히 일치』는 여러 곳에서 인정을 받았다. 영국에 머물던 부써, 버미글리, 아 라스코가 승인했다. 불링거를 신뢰하던 영국의 신학자들(Bartholomew Taheron, John ab Ulmis, John Hooper)도 동의했다. 흥미로운 점은 멜란히톤도 이 합의를 받아들였다는 사실이다. 즉, 이 사실은 멜란히톤의 성만찬 이해가 이미 '순루터파'(Gnesio Lutheran)의 이해와는 달랐음을 보여준다.

그러나 다른 한편 『취리히 일치』는 루터파에게는 자신들을 고립시키는 결별을 의미했다. 『취리히 일치』가 인쇄된 후 다음 해인 1552년 함부르크의 루터주의자였던 베스트팔은 『주의 만찬에 대한 서로 갈라진 견해들의 어지러운 혼합물』(*Farrago Confusanearum Et Inter Se Dissidentium Opinionum De Coena Domini*)이란 글로 적대적인 반응을 했다. 이제 개혁파와 루터파는 소위 제2 성만찬 논쟁에 들어가게 되었다. 개신교 도시들은 소란스러워졌다. 종교개혁 후 특정 노선을 고집하지 않았던 도시들도 루터파든지 개혁파든지 둘 중 하나를 택할 것을 강요받는 상황이 되었다. 스트라스부르가 루터파 편에 서자 개혁신학자 찬키우스(Zanchius)는 스트라스부르를 떠났다. 하이델베르크는 프리드리히 3세 이후 개혁파의 길로 갔고 루터파는 이 도시를 떠났다. 『취리히 일치』는 한편에서 개신교의

---

8)   Eberhard Busch, "Consensus Tigurinus 1549," 468. Busch에 의하면, Georg Benedict Winer가 1824년에 처음으로 'Consensus Tigurinus'란 짧은 이름을 붙였다.

분열을 가속화시켰다는 비판을 받는다. 그러나 칼빈은 당시의 분열을 극복하려는 마음에서 갖은 수고를 다 하여 『취리히 일치』란 결과를 만들어 냈으며 결과적으로 개혁파 내부에 신학적 일치가 있었음을 충분히 보여준다.

내용

『취리히 일치』는 칼빈이 불링거의 용어와 표현을 받아들였기에 가능했다. 이 문서는 불링거의 용어를 차용했고, 불링거를 위해서 실체(*substantia*)란 표현을 사용하지 않았다.[9] 그럼에도 전체적으로 개혁주의 안에서 성례의 자리가 무엇인지를 분명히 보여준다. 성령의 역사에 의해, 신자의 믿음을 통한 그리스도와의 교통이 그 핵심이다.

『취리히 일치』는 성례를 그리스도를 중심으로 이해한다. 또 후반부에 인성에 대한 오류를 다루는 것을 제외하면, 전체적으로 성례전체(세례와 성만찬)에 대해서 설명한다. 크게 다섯 부분으로 구성되어 있다. 첫째 부분은 기독론과 성례(1항-5항), 둘째 부분은 성례에 대한 일반적 개요(6항-8항), 셋째 부분은 요소(물, 빵, 포도주)에 대한 설명(9항-14항), 넷째 부분은 성례의 효과가 일어나는 방식(15항-20항), 다섯째 부분은 그리스도의 인성이 임재하는지에 대한 문제(21항-26항)를 다룬다.

총 26개 항으로 구성된 취리히 일치의 첫 부분(1항-6항)은 기독론을 중심으로 구원론과 성례론을 진술하고 있다. 교회의 모든 영적 통치는 우리를 그리스도에게로 이끌어야 한다. 그리스도는 율법의 마침이 되신다(1항). 성례의 참된 지식은 그리스도에 대한 지식에서 온다. 따라서 성례의 본질과 능력과 직무와 열매를 말하려면 그리스도에게서 출발해야 한다(2항). 그래서 3항과 4항은 그리스도가 어떤 분이시며(3항) 어떤 일을 행하셨는지(4항) 설명한다. 우리가 하나님의 자녀가

---

9) *Neuser*, 273.

되도록 하나님의 영원하신 아들이 육신을 취하셨다. 우리는 성령의 능력으로 믿음에 의해 그리스도의 몸에 접붙여져서 하나님의 자녀가 된다(3항). 그리스도는 제사장으로서 우리를 중보하시고 왕으로서 우리를 다스리신다(4항). 그리스도가 우리에게 주어지고 우리 안에 그의 효과들이 일어나려면 우리는 그리스도와 연합해야 한다(5항). 성례가 무엇인지 알려면 그리스도에 대해서 알아야 한다는 전제 아래서 『취리히 일치』는 그리스도가 일하시는 방식을 앞서서 이렇게 소개한 것이다.

우리와 그리스도의 교제는 영적이며, 그리스도는 그의 영으로 우리 안에 거하신다. 이것을 증거하기 위한 방편은 말씀, 그리고 세례와 성만찬의 성례다. 복음의 설교와 성례의 사용이 여기에 등장한 후, 성례에 대해서 기본적인 교리들을 10항까지 진술한다. 7항에서 성례의 목적에 대해서 말하면서, 성례가 말씀으로 표명되지 않은 어떤 것도 의미하지 않을지라도 우리 눈 앞에 펼쳐지는 살아 있는 그림으로서 크게 유익하다고 고백한다. 성례가 나타내는 것을 주님은 참으로 선사하신다. 이것은 성령에 의해서 우리에게 주어지는데, 곧 그리스도의 죽으심으로 우리가 하나님께 화목되는 것과 성령에 의해 새롭게 되는 것이다(8항).

9항부터는 '표'(signa)와 '표가 나타내는 실체'(res signatae)의 구분을 통해, 물과 빵과 포도주란 요소가 성례에서 어떤 의미인지를 규명한다. '표'와 '표가 나타내는 실체'는 구분되며, 제공된 약속을 믿음으로 받는 자들이 그리스도와 그의 모든 영적 은사를 영적으로 받는다(9항). 표와 실체의 구분 아래서 다시 10항에서 요소들(물, 빵, 포도주)이 그리스도를 제공하거나 영적 은사들을 소유하게 하는 것이 아니라고 밝히면서, 요소가 아니라 요소에 붙어있는 약속이 주목되어야 한다고 말한다. 11항부터는 잘못된 내용을 언급한다. 먼저 요소들에 관한 11항에서, 요소를 놀라움 가운데 주목하고 구원을 위해 요소를 신뢰하는 것을 반대하면서 그리스도로부터 분리된 성례는 아무것도 아니라고 말한다. 12항에서 성례 자체로는 어떤 효과도 성취하지 못하고, 모든 구원하는 일은 오직 하나님께 돌려진다는 사실을 말한다. 계속해서 13항에서, 하나님이 도구들(organa)을 사용하시고, 유익하게 됨은 하나님이 효과 있게 하시기 때문이며, 하나님이 일하시지 않으면 이 도구들은 아무것도 아니라고 한다. 14항에서 세례와 성만찬의 참된 집례자는 그리스도이시며, 그가 성령으로 효과 있게 하신다고 결론짓는다.

이런 의미에서 성례가 인이며 믿음을 확증하고 진보시킨다고 말해지지만, 오직 성령만이 믿음의 기원이시고 완성자가 되신다(15항). 성령의 비밀스러운 능력으로, 성례가 제공하는 것을 택함을 받은 자들이 받는다(16항). 믿음이 아니고서는 성례가 아무 유익이 없다는 사실은, 하나님의 은혜가 표를 받는 모든 이들에게 해당하지 않음을 말한다. 표가 택자와 유기자에게 실행된다고 해도, 오직 택함을 받은 이들에게만 표의 실체가 이루어진다(17항). 따라서 성례에서 신자만이 하나님의 은사를 받는다(18항). 성례의 사용 전에도 신자들은 그리스도와 교통한다(19항). 즉 은혜는 성례의 행위에 묶여 있지 않아서, 세례의 유익은 생애 전체에 걸쳐서 나타나며, 성례의 사용은 그 후에 열매를 맺기도 한다(20항).

『취리히 일치』는 그리스도 인성의 임재를 평가한다. 공간적 임재를 비판하면서, 그리스도는 인간으로서는 하늘에 계시기에 이 세상의 요소 아래 그를 포함하는 생각은 불경건한 생각임을 밝힌다(21항). "이것이 나의 몸이다"는 말씀은 문자적 해석이 아니라 의미하는 바(*quod significant*)로 말해져야 한다(22항). 그리스도의 몸을 먹는다는 말도, 그리스도가 그의 영의 능력으로 믿음을 통해 우리 영혼을 먹이신다는 사실을 의미하기 때문에, 본체가 섞여 있다(*commistio*)거나 침투한다(*transfusio*)는 식으로 이해할 수 없다(23항). 본체가 변화한다는 주장, 즉 화체설도 반대한다(24항). 그리스도의 몸은 하늘에 계시며(25항), 빵 안에서 예배받을 수 없다(26항).

6. 프랑스 신앙고백서(*Confessio Gallicana*, 1559/1571)[1]

개요

『프랑스 신앙고백서』(*Confessio Gallicana*)는 프랑스 위그노의 신앙고백서다. 1559년 프랑스 개혁교회의 첫 총회가 열렸을 때 칼빈의 제안서를 수정하여 만들었다. 박해받던 위그노와 동행한 이 신앙고백서는 벨직 신앙고백서의 모체이다.

역사적 배경

프랑스 개혁교회는 큰 박해 가운데 성장했다. 칼빈은 박해 가운데 있는 프랑스 개혁교회를 염려했으며 지속적인 영향을 깊게 끼쳤다. 칼빈의『기독교강요』는 박해 가운데 있는 프랑스 교회를 변호하기 위해서 프랑수아 1세에게 보내는 서신으로 시작한다. 프랑수아 1세의 통치(1515-1547)와 앙리 2세(1547-1559)의 통치 기간 중 계속되는 극심한 박해 가운데서도 개혁교회는 성장했다. 1560년을 지나며 프랑스 위그노는 2백만 명을 넘어섰다. 프랑스 위그노는 다양한 출신들로 구성되어서, 장인, 상인, 귀족들도 있었다. 당시 귀족의 절반가량이 종교개혁을 지지했다. 1561년에 2000여 개의 지교회가 조직될 정도로 성장이 빨랐으며, 제네바는 프랑스에 목사를 공급했다. 1559년 제네바 아카데미가 세워진 후 1567년까지 120명 가량을 파송했다. 1562년 제네바 아카데미 학생의 86%가 프랑스 출신 학

---

1)   Emidio Campi, "Confessio Gallicana, 1559/1571, mit dem Bekenntnis der Waldenser, 1560," in *RBS2.1*, 1-29; Raymond A. Mentzer, "Calvin und Frankreich," in *Calvin Handbuch*, ed. Herman J. Selderhuis, (Tübingen: Mohr Siebeck, 20008), 78-87, 김귀탁 역,『칼빈 핸드북』, (서울: 부흥과 개혁사, 2013), 165-181; *김영재*, 141-153, [신앙고백서의 한역은 같은 책] 427-438.

생이었다는 사실은 제네바와 위그노의 밀접한 연관성을 증명한다.

박해 가운데 성장하던 프랑스 개혁교회는 체계화 과정을 거친다. 칼빈은 프랑스 교회가 하나로 뭉쳐 스스로 보호하며 신자들을 도울 수 있도록 프랑스 교회의 체계화를 크게 애써 도왔다. 순회설교자의 활동을 통해 세워진 교회 즉 소위 '심긴 교회'(*églises plantées*)에서 '세워진 교회'(*églises dressées*)로 조직화를 이루어야 했다. 이때 제네바 교회를 모델 삼았다.[2]

가장 먼저 1555년 9월 파리에서 조직된 교회가 생겼다. 파리에서 비밀리에 모이던 소규모의 신자들은 장 르 마송(Jean Le Maçon)을 목사로 세우고, 장로와 집사를 선출하면서 교회가 조직되었다. 파리교회를 따라 이후로 많은 조직된 교회가 생겨났다. 1555년에 모우(Meaux), 쁘와띠에르(Poitiers), 앙제르(Angers), 1556년에 부르쥬(Bourges), 이수뎅(Issoudun), 오비니(Aubigny), 블르와(Blois), 뚜르(Tours), 1557년에 오를레앙(Orleans), 루앙(Rouen) 등이다. 1560년 이전에 당회를 갖춘 조직된 교회가 36개 이상이었다.

작성과정

핍박 속에서 같은 믿음 안에서 함께 견디기 위해서, 온 교회가 함께 모여 같은 신앙을 확인하고 효과적인 조직을 갖추는 것이 필요했다. 이미 신앙고백서를 갖고 정치체계를 가지려는 시도들이 있었다. 1557년에 『파리교회 신앙고백서』(*Confession de foi de l'église de Paris*)가 생겼고, 쁘와띠에르에서는 『정치규정』(*Articles politiques*)을 만들었다. 이런 시도들 후에 프랑스 전체 교회를 위해 1559년에 총회로 모이기로 했다. 파리교회가 앞장서서 준비하고, 칼빈의 학생이자 동료였던 두 명의 목사 앙뜨완느 드 샹뒤에(Antoine de Chandieu)와 프랑수와 드 모렐(François

---

2)   Emidio Campi, "Confessio Gallicana, 1559/1571, mit dem Bekenntnis der Waldenser, 1560," 1-2.

de Morel)이 힘을 모았다. 칼빈은 신앙고백서에 대한 조언을 부탁받았으나 이 요청에 답하지 않았다. 그 이유는 완고한 열심자들이 엄밀하고 상세한 내용을 원했으나 칼빈은 이에 동의하지 못하고 초보자용에 적합한 신앙고백서를 생각했기 때문으로 보인다.[3] 결국, 칼빈은 프랑스 교회를 위해 35항으로 만들어진 신앙고백서 초안을 보냈다. 제네바 교회에서 파송한 두 명의 총대(Arnauld Banc, Pierre Gilbert)가 이 문서를 가지고 파리에 왔다. 『프랑스 신앙고백서』는 칼빈이 작성한 이 문서를 초안으로 삼아 작성된다.

마침내 개최된 프랑스 개혁교회의 전국적인 첫 총회는 1559년 5월 25일부터 29일까지 한 일반 주택에서 열렸다. 약 20명 정도의 사람들이 모였는데, 이들은 파리, 디에프(Dieppe), 생로(Saint-Lô), 오를레앙, 앙제르, 뚜르, 샤텔로(Châtellerault), 모우(Meaux), 쁘와띠에르(Poitiers), 생쟝덩주엘리(Saint-Jean-d'Angély), 생트(Saintes), 마헨느(Marennes)에서 파송한 총대들이었으며 위임을 받아 72개의 교회를 대표했다. 이 총회에서 결정한 신앙고백서와 교회법은 이후로 프랑스 개혁교회에 유효하게 적용되었다.

총회는 교회정치에 대한 부분을 먼저 통과시켰다. 결정된 내용은 제네바의 교회정치체제를 전국적인 단위에 적용한 것이었다. 목사, 장로, 집사로 구성된 당회가 회중을 다스린다. 여기에 노회, 지역대회, 총회로 구성된 장로회체제를 택했다. 그리고 교회는 국가로부터 독립해서 치리권을 사용한다.

교회 정치체제가 결정된 후에 제네바교회의 총대들이 신앙고백서 초안을 갖고 총회에 도착했다. 총회는 바로 신앙고백서 작성에 착수했다. 『프랑스 신앙고백서』가 두 문서, 즉 1557년의 『파리교회 신앙고백서』와 칼빈이 제안한 35개 조항을 초안을 위한 자료로 삼았다는 주장이 있어왔다. 그러나 신앙고백서 문장을 살펴보면 『파리교회 신앙고백서』의 영향은 적게 나타나기 때문에, 파리교회의 문서가 칼빈의 제안과 같은 수준에서 초안이 되었다고 볼 수 없다. 총회는 칼빈의 제안인

---

3)   Raymond A. Mentzer, "Calvin und Frankreich," 85.

35조항을 전폭적으로 받아들여『프랑스 신앙고백서』를 만들었다. 본래 제안된 35조항에 몇 가지 추가와 작은 수정을 거쳐 신앙고백서는 만들어졌다. 파리총회에서 결정된 40조항으로 된 신앙고백서는『우리 주 예수 그리스도 복음의 순결을 따라 살기를 열망하는 프랑스인들이 함께 찬동하여 만든 신앙고백서』(*Confession de foi faite d'un commun accord par les Français qui désirent vivre selon la pureté de l'Evangile de notre Seigneur Jésus-Christ ...*)란 제목으로 인쇄되었다.

파리총회에서 신앙고백서를 확정했음에도 프랑스 교회에는 신앙고백서로 인한 혼란이 있었던 것으로 보인다. 파리총회가 결정한 40조항 외에 칼빈의 제안서인 35조항도『프랑스에 흩어진 교회들이 함께 동의하여 만든 신앙고백서』(*Confession de foy faite d'un commun accord par les Eglises qui sont dispersees en France*)란 제목으로 인쇄되어 공급되었기 때문이다. 프랑스 교회의 신앙고백서란 이름으로 두 종류가 세상에 알려지게 된 상황이었다. 관련 연구에 의하면 1559년에서 1571년 라로셸에서 전국총회가 열릴 때까지 40조항으로 된 파리총회 결정본은 14번, 35조항의 칼빈의 제안은 10번 인쇄되었으니[4] 칼빈의 제안서도 상당한 세력을 떨쳤음을 알 수 있다. 파리 총회 판 중에서 인쇄장소를 표기하지 않은 것이 아홉이나 되는 것을 볼 때, 박해 가운데 있던 프랑스 개혁교회를 위해 사용되었다는 것을 추측하게 한다.[5]

이런 혼란 속에서 1571년 라로셸(La Rochelle) 총회는 40조항이 프랑스 교회의 신앙고백서임을 다시 인정해야 했다. 이 회의 이후로 이 신앙고백서는『프랑스 신앙고백서』(*Confessio Gallicana*[갈리칸 신앙고백서]) 또는 1571년 총회 장소를 붙여서『라로셸 신앙고백서』(*La Rochelle*)라 불리게 되었다.

---

4) Hannelore Jahr, *Studien zur Überlieferungsgeschichte der Confession de foi von 1559* (Neukirchener Verlaag des Erziehungsvereins, 1964), 29.

5) Emidio Campi, "Confessio Gallicana," 4.

위그노의 광야 교회 예배 사진

이후 영향

라로셸총회에서 다시 승인받은 일이 이 신앙고백서의 권위에 결정적인 공헌을 하였다. 베자, 호아나 3세로 알려진 나바라의 여왕 잔 달브레(Jeanne d'Albret)와 그녀의 아들(Heinrich von Bourbon)과 여러 위그노 지도자들이 이 총회에 참석해서 이 신앙고백서에 서명했던 것이다. 이후 『프랑스 신앙고백서』는 프랑스 위그노 시편송 모음집 등에 첨부되면서 박해 가운데 있던 위그노의 신앙을 세우며[6] 지속적인 영향력을 발휘했다.

1560년 왈도파는 『프랑스 신앙고백서』를 이탈리아어로 번역해서 자기들의 신앙고백서로 삼았다. 『스코틀랜드 신앙고백서』에도 영향을 끼쳤다. 가장 큰 영향은 귀도 드 브레(Guido de Brés)가 『벨직 신앙고백서』를 만들 때 『프랑스 신앙고백서』를 초안으로 사용했다는 것이다. 판 덴 브링크(Bakhuizen van den Brink)가 편집한

---

6) 박해 가운데 있던 위그노의 간략한 역사는 다음을 참고하라: 조병수, 『위그노, 그들은 어떻게 신앙을 지켰는가』 (수원: 합신대학원출판부, 2018); Alison Grant/Ronald Mayo, *The Huguenots* (Longman, 1973), 조병수 역, 『프랑스 위그노 이야기』 (용인: 가르침, 2018).

『네덜란드 신앙고백서』(*De Nederlandse belijdenisgeschriften*)는 총 네 가지 판을 비교할 수 있도록 배열했다. 이때 가장 먼저『프랑스 신앙고백서』를 배치했다.[7] 『프랑스 신앙고백서』이후에『벨직 신앙고백서』프랑스어, 라틴어, 네덜란드어가 조항을 따라 배열되는 것은,『벨직 신앙고백서』가『프랑스 신앙고백서』의 커다란 영향 아래 있음을 보여준다.

내용

칼빈의 초안 35조항을 삼아『프랑스 신앙고백서』가 작성되었고,『프랑스 신앙고백서』를 초안 삼아『벨직 신앙고백서』가 작성되었다.『프랑스 신앙고백서』는 칼빈의 초안 첫 항에 가장 큰 변화를 주었다. 칼빈이 계시론을 앞에 두고자 했다면,『프랑스 신앙고백서』는 하나님에 대한 고백을 가장 먼저 두었고,『벨직 신앙고백서』도 이 순서를 따랐다. 앞부분의 구도를 비교하면 다음과 같다.[8]

칼빈의 초안	프랑스 신앙고백서	벨직 신앙고백서
	1. 유일하신 하나님과 속성	1. 유일하신 하나님과 속성
1. 말씀과 성령	2. 하나님의 이중계시 3. 정경목록 4. 믿음의 규칙인 성경의 권위 5. 성경권위의 근거와 완전성	2. 하나님을 아는 두 방법 3. 성령의 영감 4. 정경목록 5. 믿음의 규칙인 성경의 권위 6. 외경의 위치 7. 성경의 완전성

---

7) J.N. Bakhuizen van den Brink, ed., *De Nederlandse belijdenisgeschriften* (Ton Bolland, Amsterdam 1976); Rinse Reeling Brouwer, "The Two Means of Knowing God: Not an Article of Confession for Calvin," in *Restoration through Redemption: John Calvin Revisited*, ed. Henk van den Belt (Leiden: Brill, 2013), 35.

8) Brouwer, "The Two Means of Knowing God: Not an Article of Confession for Calvin," 43.

2. 유일하신 하나님과 속성, 삼 위일체	6. 삼위일체 하나님	8. 삼위일체 9. 삼위일체의 성경증거 10. 성자의 신성 11. 성령의 신성
3. 창조	7. 창조	12. 창조
4. 섭리	8. 섭리	13. 섭리

첫 부분에 대하여, 칼빈이 신론과 성경론 사이에 연결을 만들었는데 『프랑스 신앙고백서』가 그 연결을 포기했다는 평가는 부당하다. 칼빈의 초안은 2항을 시작하면서 1항의 내용에 기초하여서 시작하는데, 즉 하나님의 말씀과 성령에 기초하여서 하나님에 대한 고백이 등장하는데 『프랑스 신앙고백서』는 1항부터 시작함으로써 이 연결을 포기했는가? 아니다. 『프랑스 신앙고백서』 2항은 "이 하나님께서 자신을 계시하셨다"(*Ce Dieu se manifeste*)고 진술함으로 1항과 연결한다.

칼빈의 제안 1항은 다음과 같다.

이 믿음의 기초는, 바울이 말한 것처럼, 하나님의 말씀에 의한 것이기 때문에, 우리는 살아계신 하나님이 자신을 율법 안에 또 선지자들을 통해서, 최종적으로는 복음 안에서 나타내셨다는 것을 믿는다. 그리고 그가 그의 뜻의 증거를 인류의 구원을 위해 충분한 정도로 거기서 주셨다는 것을 믿는다. 그래서 우리는 성경의 책들을 고려하되, 신구약이 모순될 수 없는 하나님에게서 나온 오류 없는 유일한 진리의 총체라고 생각한다. 모든 지혜의 완전한 규범이 그 안에 포함되었기에, 우리는 거기서부터 무엇이 추가되거나 빠져서는 안 되며 전체 안에서 전체적으로 그것과 동의해야만 한다. 이 교리는 그 권위가 사람들이나 천사들에게서 나오지 않았기 때문에, 그러나 오직 하나님에게서 나왔기 때문에, (말씀하시는 분이 하나님이라는 것을 구별하는 것은 인간 이해를 초월하는 문제이기에) 우리는 또한 그가 홀로 그것의 확신을 그가 택한 자들에게 주시며 성령으로 그들의 마음에 그것을 인친다고 믿는다. [9)]

칼빈은 로마서 10:17(그러므로 믿음은 들음에서 나며 들음은 그리스도의 말씀으로 말미암았느니라)을 근거해서 믿음의 근거가 말씀이기 때문에 하나님의 말씀에 관한 믿음을 먼저 고백한다. 그는 믿음을 전제하면서 그 믿음의 근거인 하나님의 말씀에서 시작하는 것이다. '하나님의 말씀이 우리 믿음의 출발이다'라는 관점에서 칼빈은 성경에서 시작하는 고백서를 제안했다면, 『프랑스 신앙고백서』는 하나님을 믿는 믿음을 고백한 후에 하나님을 아는 지식을 얻는 원천으로서 하나님의 말씀을 소개하는 것이다. 계시론은 하나님에 대한 신앙을 전제하고, 하나님에 대한 신앙은 계시에서 시작하기에 이 둘은 밀접히 연결되어 있다. 다시 말하면 『프랑스 신앙고백서』의 모든 고백은 결국 하나님에 대한 신앙 아래 모인다. 하나님을 아는 방법(2항)도 결국 하나님에 대한 신앙 아래서 말할 수 있는 것이며, 하나님을 아는 방법도 결국 하나님의 자기 계시 밖이 아니라 하나님의 자기 계시 안에서 말한다면, 하나님에 대한 신앙은 확고한 전제가 된다. 그 신앙이란 다시 하나님의 자기 계시인 말씀에서 출발한 것이며 신앙의 내용이란 성경이 말하는 하나님에 대한 것이다. 성경론으로 시작하는 칼빈의 초안 1항에서 믿음의 기초가 "하나님의 말씀"이라고 할 때, 또 "살아계신 하나님이 … 나타내셨다는 것을 믿는다"고 말할 때 이미 하나님의 존재를 전제한다. 계시론은 하나님을 전제하여 출발한다. 핍박과 박해 가운데 있던 프랑스 교회와 네덜란드 교회는 하나님에 대한 신앙을 고백하며 시작하는 것을 더 합당하게 생각했을 수 있다.

　　칼빈이 1항에서 다룬 성경에 관한 내용을 『프랑스 신앙고백서』는 버리지 않고

---

9)　Calvin, CO 9, 739-741; Brouwer는 앞 부분의 영역을 소개한다: Brouwer, "The Two Means of Knowing God: Not an Article of Confession for Calvin," 39.

확대하여 항목들을 추가하면서 성경론을 더 풍성히 드러냈다. 칼빈의 제안은 하나님의 계시로서 율법, 선지자, 복음을 언급하지만, 일반계시는 언급하지 않는다. 『프랑스 신앙고백서』는 창조, 보존, 통치라고 일반계시를 짧게 언급하되, 1항과의 연결을 "이 하나님께서 자신을 인간에게 계시하셨다"라고 함으로써 우리가 믿는 유일하신 하나님(1항)이 하신 계시 사역을(2항) 소개한다. "두 가지 방법으로(duobus modis) 우리가 하나님을 안다"라고 함으로써 우리가 믿는 유일하신 하나님(1항)을 우리가 아는 방법으로 일반계시와 특별계시를 소개한다.

『프랑스 신앙고백서』2항은 처음 하나님께서 말씀하신 것과 나중에 기록하게 하신 것을 구분한다. 칼빈은 기록된 하나님의 말씀의 내용인 율법, 선지자, 복음을 언급하면서 시작한다. '하나님에게서 나온' 것이라고 말할지라도 하나님의 말씀이 기록됨에 대해 진술하지 않는 이유는 이미 기록된 말씀에서 시작했기 때문이다. 그래서 칼빈은 충분성과 같은 성경의 속성을 가장 먼저 다룬다. 『프랑스 신앙고백서』는 하나님께서 기록하도록 하셨다고 고백하면서 기록이 하나님에 의한 것임을 밝힌다. 칼빈의 제안에서 성경의 책들 또는 신구약으로 언급했던 것이 『프랑스 신앙고백서』에 가서 구약 39권 신약 27권 전체의 목록을 나열한다. 이런 정경 목록을 포함하는 방식은 『프랑스 신앙고백서』가 처음 시작하는 것으로 보인다. 그것을 따라서 『벨직 신앙고백서』가 정경 목록을 포함시켰고(4항), 후에 『웨스트민스터 신앙고백서』도 정경 목록을 포함했다.

칼빈의 초안은 성경의 권위가 사람들과 천사들이 아니라 하나님께 근거한다고 고백한다. 그리고 칼빈에게 권위가 어디서 왔는가 하는 문제는 다시 권위에 대한 주관적 확신의 문제에 연결된다. 여기서 성경의 권위가 하나님에게서 왔으므로 그 권위에 대한 확신도 하나님께서 주시며 성령께서 확증하신다. 이렇게 칼빈은 권위의 객관적 근거와 택한 자들에게 주어진 주관적 확신을 그 근원인 하나님과 연결했다. 『프랑스 신앙고백서』는 권위 문제를 믿음의 규범(4항)과 성경의 충분성(5항)과 연결했다. 성경을 우리 믿음의 가장 확실한 근거(reigle trescertaine de nostre *foy*)로 규정하면서, 그러나 그 이유가 교회의 합의 때문이 아니라 성령의 증거와 내적 설득 때문이라고 말한다(4항). 칼빈의 초안은 하나님께서 그의 말씀에서 구원을 위해 충분히 그의 뜻의 증거를 주셨다고 첫 부분에 밝히며 시작했다. 『프랑스 신앙고백서』에 의하면 성경의 권위에 근거해서 성경이 진리의 척도라는 결과가 따라온다(5항). 특히 성경은 예배와 구원에 필요한 모든 것을 포함하며 진리의 척도다. 그러므로 인간적인 내용들이 성경에 반대하는 것은 옳지 않으며, 반대로 성경이 그것들을 시험한다. 사도신경, 니케아 신경, 아타나시우스 신경을 받는다는 언급을 여기서 하는데, 그 근거는 하나님의 말씀에 대한 일치다. 즉 교회의 문서는 진리의 척도인 성경에 일치할 때에 유효하다.

인간론에 가면 『프랑스 신앙고백서』는, 하나님의 형상으로 순결하며 완전하게 지음받았으나 타락 후에 전적으로 부패한 인간에 대해서 말한다(9항). 인간은 세례 받은 후에라도 죄의 속성을 지니고 있어 악의와 반역의 열매를 맺게 된다(11항). 따라서 선택은 사람의 공로에 대한 고려를 따르지 않으므로 하나님의 자비의 풍성함을 드러낸다(12항). 이렇게 『프랑스 신앙고백서』는 특이하게 인간론과 선택론을 연결했다.

이후 기독론(13항-17항)을 따르면, 우리의 구원을 위하여 필요한 모든 것은 그리스도 안에 있는데(13항), 그리스도가 부활 후에 몸의 참된 본성을 잃어버리지 않는다(15항). 우리는 그리스도의 단번의 제사로 화평을 누린다(17항). 그러므로 기독론에서 구원론이 자연스럽게 이어져 하나님 앞에서 의롭다함을 받는 다른 모든 방법은 거절된다(18항). 이 중보자 외에는 아버지께로 갈 길이 없다(19항). 그를 믿음으로 의롭게 되기 때문이다(20항). 값없는 은혜에 의한 구원이므로 자랑할 것이 없으며(21항), 선한 일들도, 그것이 성령의 인도로 행하는 일이라 할지라도 의를 위한 공로가 되지 않는다(22항).

교회론에서는, 말씀을 설교하고 성례를 집례하는 목사직과 교회 질서와 제도를 특별하게 귀하게 여긴다(25항-26항). 참된 교회를 구별할 필요성을 인정하되,

하나님의 말씀과 이 말씀이 가르치는 순수한 신앙과 성장을 언급한다(27항). 말씀의 바른 선포, 성례의 바른 시행, 권징의 시행이라는 참된 교회의 표지는 『프랑스 신앙고백서』에서는 아직 나타나지 않는다. 다만 하나님의 말씀을 받아들이지 않고, 말씀에 순종할 준비를 하지 않으며, 성례의 본래 의미대로 실행하지 않는 곳에는 교회가 없다고 고백한다(28항). 성만찬에서 몸과 피의 실체로 우리를 양육하고 살게 한다고 진술하되, 영적인 방법으로 이 일이 일어난다고 고백한다(36항). 그러므로 믿음을 가진 자는 표가 의미하는 바를 얻는다고 고백한다(37항).

    핍박당하던 프랑스 교회는 하나님이 주신 법과 질서를 받아들여 위정자를 인정한다. 위정자의 지배를 참고 견딘다고 하면서, 위정자가 하나님의 대리자임을 인정하고 그들에게 존경과 경의를 표할 것을 고백한다(39항). 그들이 불신자라고 해도 하나님의 주권을 침해하지 않는 한 그래야 한다고 강조한다(40항).

7. 스코틀랜드 신앙고백서(*Confessio Scotica*, 1560)[1]

개요

『스코틀랜드 신앙고백서』는 1559년 존 녹스(John Knox, 1505-1571)가 제네바에서 스코틀랜드로 돌아와 개혁을 추진하면서 작성했다. 1560년 8월 스코틀랜드 의회의 승인을 얻었고, 스코틀랜드 종교개혁을 위해 상당히 이바지했으며, 1648년에『웨스트민스터 신앙고백서』가 스코틀랜드 장로교회의 승인을 얻기까지 스코틀랜드 교회의 신앙고백서였다.

역사적 배경

역사적 배경을 위해서 스코틀랜드의 간략한 종교개혁사를 설명할 필요가 있다. 스코틀랜드의 첫 번째 순교자 패트릭 해밀턴(Patrick Hamillton, 1503-1528)이 프랑스와 루벤에서 공부하고 돌아와 종교개혁 사상을 전했으나, 1528년 화형을 당했다. 이 일로 인해 종교개혁에 관한 관심이 높아졌지만, 종교개혁을 따르는 이들은 박해를 피해 피난 길을 떠나거나 극비리에 모여야 했다. 얼마 후에는 스위스 종교개혁에 영향을 받은 조지 위샤트(George Wishart, 1513-1546)가 스코틀랜드 종교개혁의 중심역할을 했으나, 1546년 체포되어 화형을 당했다. 이에 분노한 이들

---

1) Ian Hazlett, "Confessio Scotica 1560," in *RBS2.1*, 209-299; 김영재, 154-157, [신앙고백서의 한역은 같은 책] 439-458; 오덕교,『장로교회사』(수원: 합동신학대학원출판부, 2008), 155-198; 김요섭,『존 녹스, 하나님과 역사앞에 살았던 진리의 나팔수』(서울: 익투스, 2019); 김중락,『스코틀랜드 종교개혁사』(안산: 흑곰북스, 2017); *Schaff*, vol. I, 680-685; Hehry Cowan, *John Konx The Hero of the Scottish Reformation* (New York: GP Putnam, 1905).

THE
Confession of the
FAYTHE AND DOCTRINE
beleued and profeſſed, by the Pro-
teſtantes of the Realme of Scotlande,
exhibited to the eſtates of the ſame
in parliament, and by their pub-
licke voices authoriſed as a
Doctrine, grounded vpon
the infallible worde
of God.

MATH. 24.
And this glad tidings of the kyngdome,
ſhall be preached through the whole
worlde for a witnes to al nacions,
and then ſhal the end come.

¶ Set furth and authoriſed according
to the Queenes Maieſties
Iniunctions.

¶ Prynted at London by Rouland
Hall, dwellyng in Goldyng
lane at the ſygne of the
thre arrowes.

1561.

스코틀랜드 신앙고백서

The confession of the faythe and doctrine

beleued and professed, by the Protestantes of the realme of Scotlande exhibited to the estates of the same in parliament, and by their publicke voices authorized as a doctrine, grounded vpon the infallible worde of God.
And this glad tidings of the kingdom shall be preached through the whole world for a witness to al nacions, and then shall the end come.

Set furth and authorized by according to the Queenes Maiesties iniunctions.

Prynted at London by Rouland Hall, dwellyng in Goldyng lane at the sygne of the thre arrowes, 1561

신앙과 교리의 고백서

스코틀랜드 개신교인들에 의해서 믿어지고 고백된다.
의회 안에 있는 스코틀랜드의 의원들에게 제출되었고,
그들의 공적 목소리에 의해
오류없는 하나님의 말씀에 기초한 교리로서 승인되었다.

마 24[:14]
이 천국 복음이 모든 민족에게 증언되기 위하여 온 세상에 전파되리니
그제야 끝이 오리라

위대한 여왕의 명령에 따라 실행하고 승인되었다.

세 화살표의 표의 골딩 레인에 있는 롤랜드 홀에 의해서 런던에서 인쇄됨
1561

존 녹스

이 세인트앤드루스 성을 침입해서 비톤 추기경(David Beaton, 1494-1546)을 살해하고 탈출하기 전에 성에 갇혔던 일이 있다. 거기에 있던 이들이 위샤트의 제자 존 녹스(John Knox, c. 1513-1572)를 설교자로 택하면서 존 녹스는 스코틀랜드 종교개혁의 지도자가 되었다. 프랑스 군대가 도착하자 성은 바로 함락되었고, 녹스는 프랑스 갤리선의 노예가 되었다가 1549년에 자유를 얻었으나 1559년까지는 스코틀랜드에 완전히 돌아오지 못했다.

녹스의 부재로 1550년대 스코틀랜드 내에서 종교개혁을 주도한 이들은 개신교 귀족들이었다. 1557년부터 개신교에 헌신한 영향력 있는 결사체가 활동했다. 이 결사체는 '회중의 귀족들'(the Lords of Congre-gation)이라 불렸다. 이들을 이끄는 사람 중에서 고지대지역 캠벨 친족의 지도자인 4대 아가일의 백작 아치발드 캠벨(Archibald Campbell, 1507-1558)이 주목할 인물이다. 스코틀랜드의 가장 강력한 귀족이었던 캠벨은 1540년대 전반까지는 로마 가톨릭과 프랑스 편에 있다가 1540년대 후반이 되면서 종교개혁을 지지했다. 그는 1556년 제네바에 있던 존 녹스를 몇 차례 불러 캠벨 성에서 설교를 듣기도 했다. 그는 종교개혁이 이루어지는 것을 보지 못하고 1558년에 죽었고, 그의 아들 5대 아가일 백작 아치발드 캠벨(Archibald Cambell, 1532/1537-1573) 때에 종교개혁이 힘을 얻는다.

1558년 말이 되면서 상황이 급격하게 바뀌었다. '회중의 귀족들'이 앞장서자 많은 개신교 신자들이 힘을 얻었으며 여러 성직자가 개신교로 회심하면서 여러 지역에서 예배와 교회당을 개혁했다. 정치 외교적으로는 1558년 말 잉글랜드에서 개신교를 잔인하게 핍박했던 '피의 메리'(Bloody Mary)가 죽자 엘리자베스 여왕이 왕위를 이어받아 개신교를 지원했다. 엘리자베스는 '회중의 귀족들'을 지원하기로 약속했다. '회중의 귀족들'은 세력을 더욱 확장해갔다. 1559년 부활절 스코틀랜드의 섭정 기즈 메리(Mary of Guise)가 모든 개신교인이 가톨릭 의식을 따라야 한다고 선포하자, '회중의 귀족들'의 강한 반발이 있었다. 5대 아가일 백작과 1대 모레이 백작 제임스 스튜어트는 "섭정의 명령을 따르기보다 죽겠다"고 했다.

1559년 5월 2일 존 녹스는 스코틀랜드에 도착했다. 존 녹스는 5월 9일 퍼스(Perth)에 도착했다. 퍼스는 섭정 기즈 메리가 주목하던 도시였다. 1559년 초 퍼스에서는 부활절 미사가 아니라 개신교 설교자가 설교하고 개신교 방식으로 성찬식을 거행했었다. 섭정은 네 명의 개신교 순회 설교자를 5월 10일까지 스털링(Stirling) 성으로 출두하라는 소환장을 보냈다. '회중의 귀족들'은 설교자를 보호하기 위해 퍼스에 모인 상태였다. 게다가 스코틀랜드의 개신교 정신적 지도자였던 존 녹스와 다른 개신교인들이 퍼스에 합류하면서 퍼스는 개신교 집결지가 되었다. 여러 혼란 속에서 협상이 시작되고 섭정은 퍼스에 집결한 개신교가 철수 한다면 프랑스 군대를 철수하겠다는 조건을 걸었다. 개신교가 철수했으나 섭정은 퍼스에 군대를 주둔시키고 천주교 의식을 강요했다. 이 사건으로 섭정은 퍼스를 얻었으나 개신교 권세가들로부터 신뢰를 상실했으며, '회중의 귀족들'은 군사적인 힘을 모아 섭정을 상대했다.

　'회중의 귀족들'을 중심으로 개신교인들은 더 단결하여 섭정을 상대하고 종교개혁의 동력을 얻어갔다. 아가일 백작과 모레이 백장의 군대가 1559년 6월 10일 세인트앤드류스에 도착했고, 도시에서 로마 가톨릭 장식들을 떼어냈다. 이후 개신교 측이 에든버러까지 점령했다. 이후 양측의 군사대립 중에 7월 25일 리스 (Leith) 조약을 맺었다. 조약에서 '회중의 귀족들'은 에든버러에서 군대를 철수하고 섭정은 양심의 자유를 허락하기로 했다.

　섭정의 잇따른 속임수에 '회중의 귀족들'은 리스 조약을 크게 믿지 못했으며 잉글랜드에 지속적으로 도움을 요청했다. 1559년 10월 21일 '회중의 귀족들'은 섭정의 폐위를 선언했다. 섭정의 요청으로 프랑스에서 군대가 도착하자, 잉글랜드는 '회중의 귀족들'의 요청으로 함대를 보냈다. 양편이 각각 프랑스와 잉글랜드의 지원을 받아 전쟁이 장기화할 조짐이었으나, 섭정 기즈 메리가 1560년 6월 10일 갑작스럽게 죽으면서 전쟁은 끝났다. 그리고 1560년 7월 6일 에든버러 조약에 의해 잉글랜드와 프랑스 군대는 동시에 철수해야 했다. 이제 스코틀랜드의 권력은 '회중의 귀족들'에게로, 즉 종교개혁으로 돌아가게 되었다. 7월 19일 존 녹스와 '회중의 귀족들'은 에든버러의 세인트자일스 교회당(St. Giles' Cathedral)에서 감사예배를 드렸다.

『스코틀랜드 신앙고백서』 작성과 채택

　녹스에 따르면, 『스코틀랜드 신앙고백서』는 공식적으로는 특정인 홀로 만든 것이 아니라 여러 사람의 협업으로 작성되었다. 그러나 어떤 과정과 방식으로 작성되었는지는 알려지지 않았다. 그럼에도 전체적으로 볼 때 단어의 사용과 문체, 나아가 신학적인 내용은 이 신앙고백서가 녹스의 영향을 받았음을 증거 한다. 따라서 때때로 녹스의 작품으로 언급되기도 한다. 그런데 만일 순전히 녹스 개인의 작품이었다면, 당시 좋은 관계를 유지해야 할 잉글랜드의 환영을 받지 못했을 것이다. 녹스는 여성 통치자들을 비판하는 글로 인해[2] (물론 이 글은 엘리자베스를 향한 것은 아니었음에도) 엘리자베스 여왕 눈 밖에 있었기 때문이다. 신앙고백서 작성에는 존 녹스 외에 존 윌록(John Willock, ?-1585), 존 스포티스우드(John Spottiswoode, 1510-1585), 존 더글라스(John Douglas, 1494-1574), 존 윈램(John Winram, 1492-1582), 존 로우(1525-1580)가 참여했다. 윈램은 신학계 원로로서만이 아니라 의회의 입법위원회(the Lords of the Articles) 일원으로서 영향력이 있었다. 존 녹스는 여러 나라를 경험했을 뿐 아니라 제네바에서 큰 영향을 받았다. 윌록은 잉글랜드와 엠덴(Emden, 현재의 독일 북서부지역으로 개혁교회가 세력을 가졌던 지역이다)을 경험했다. 스포티스우드는 잉글랜드와 프랑스를, 더글라스도 프랑스를, 그리고 로우도 로마와 파두아와 스위스를 거쳤다. 따라서 짧은 종교개혁의 역사를 가진 스코틀랜드란 변방에서, 단 4일로 알려진 짧은 기간에 신앙고백서가 작성되었지만, 그 시대가 고민하던 공통적인 신앙 내용이 『스코틀랜드 신앙고백서』에 들어갈 수 있었다.

1560년 8월 9일 종교개혁의회가 소집되었고, 신앙고백서는 작성된 후 의회의 입법위원회(the Lords of Articles)를 거쳐 8월 14일에 의회 전체에 보고되었고, 17일에 통과되었을 것으로 추정된다. 전체 의회에 보고되기 전인 입법위원회를 통과할 때에 어떤 수정이 있었던 것으로 보인다. 자극적이고 강한 문장들이 완화되었고, "위정자들"(24장) 부분에서 악한 통치자에 대한 자세에 관한 녹스의 관점이 삭제 또는 수정되었던 것으로 보인다.[3] 입법위원회는 이 두 부분에 대한 수정을 레팅톤(William Maitland of Leithington)과 윈램 두 사람에게 맡겼는데, 레팅톤은 강한 에라스투스주의자였다. 즉 24장은 온전히 녹스의 관점이기보다는 레팅톤의 관

---

[2] *The First Blast of the Trumpet Against the Monstruous Regiment of Women* (괴물 여성 통치자를 반대하는 첫 번째 나팔 소리), 1558.

[3] Hazlett, "Confessio Scotica 1560," 210-211.

점이 들어가 있을 것으로 추정된다. 그 외에는 큰 변화 없이 입법위원회를 거쳐 의회에 보고되고 받아들여졌다.

이후 역사

1560년 스코틀랜드 의회가 이 신앙고백서를 받아들였으나, 왕의 승인이 없었기 때문에 1567년까지 어떤 실정법적인 효과가 없었다. 프랑스에 있던 스코틀랜드의 메리 여왕은 서명하지 않았다. 그녀는 로마 가톨릭이었고, 남편 프랑소와 2세가 죽은 후 1561년 8월 스코틀랜드로 돌아온 뒤에 개인적으로 가톨릭 미사에 참여했으며, 1567년 폐위될 때까지 스코틀랜드에 로마 가톨릭을 실행시키려고 애를 썼다. 여왕이 『스코틀랜드 신앙고백서』를 승인하지 않았기 때문에, 그 아들인 제임스 6세가 즉위하는 1567년까지 어떤 실정법적인 효력을 발휘하지 않은 것이다. 1567년부터 모든 교회목회자에게 서명할 것이 요구되었고, 1571년부터는 글라스고 대학교의 모든 학생과 교수들에게 서명이 요구되었다.[4]

스코틀랜드 교회에는 『스코틀랜드 신앙고백서』 외에도 다른 문서들이 있었다. 『공동예배모범』(Book of Common Order)에 첨부된 『제네바의 영국 회중을 위한 신앙고백서』(Genevan English Confession)가 있었다. 1566년 스코틀랜드 교회는 대륙의 개혁교회에 힘을 실어주기 위해서 그해 만들어진 『제2 스위스 신앙고백서』를 공식적으로 승인했다. 1591년 『하이델베르크 교리문답서』가 영어로 번역 출간되면서 스코틀랜드의 사용을 위해 왕의 권위로 공인되었다.[5]

1581년 『왕의 고백서』(King's Confession) 또는 『부인 고백서』(Negative Confession)

---

4)   Hazlett, "Confessio Scotica 1560," 217.

5)   *A catechisme of Christian religion taught in the schooles and churches of the Low-countries, and dominions of the countie Palatine: with the arguments, and vse of the seuerall doctrins of the same catechisme By Ieremias Bastingius. And now authorized by the Kinges Maiestie, for the vse of Scotland,* (Edinburgh: Robert VValde-graue, [printer to the Kings Majestie], 1591).

또는『제2 신앙고백서』(Second Confession of Faith)라 불리는 문서가 만들어졌다. 제임스 6세에게 로마 가톨릭이 영향을 끼칠지 염려하는 분위기 속에서, 왕 자신의 요구에 따라 에딘버러의 목사 존 크레익(John Craig)이 작성했다. 이 고백서는 백성은 하나님 앞에서 참 종교를 받아들이고 로마 가톨릭을 거절한다고 밝히고, 왕과 복음과 나라를 지키기로 약속하면서 끝을 맺는다. 1638년『국민언약』(National Covenant)의 첫 부분을 이 왕의 고백서가 차지한다. 1603년 잉글랜드의 여왕 엘리자베스가 죽자, 스코틀랜드 왕 제임스 6세는 제임스 1세로서 잉글랜드의 왕도 되었다. 주교제가 왕권에 유리하다는 사실을 잉글랜드를 통해 깨달은 제임스는 스코틀랜드에도 주교제를 도입시키고자 압력을 넣어, 1616년 스코틀랜드 총회가『새 신앙고백서』(The New Confession) 또는『애버딘 신앙고백서』를 받아들이게 했다. 이것은『스코틀랜드 신앙고백서』에 추가되는 성격이었는데, 스코틀랜드 장로교회가 다시 힘을 회복한 뒤에 열린 1638년 총회에서 폐지되었다.

1647년 스코틀랜드 교회는『웨스트민스터 신앙고백서』를 받아들였다.『웨스트민스터 신앙고백서』는 1649년 스코틀랜드 의회에서 승인되었다. 이로 인해서『스코틀랜드 신앙고백서』가 법적으로 폐지되진 않았으나 스코틀랜드 장로교회에서 실질적인 권위는 항상『웨스트민스터 신앙고백서』였다.

특징과 내용

『스코틀랜드 신앙고백서』는 총 25장으로 구성되었다.『스코틀랜드 신앙고백서』의 구성에 대해 말하기는 쉽지 않다. 얼핏 보면 급히 작성하느라 치밀한 구성을 고려하지 않은 듯이 보인다. 각 장의 제목들을 나열하면서 말한다면 어색한 점이 발견되는 것도 사실이다. 인간의 창조와 타락을 말하는 중에 교회의 보존이 들어간다든가(5장), 기독론을 설명하는 중에 선택이 들어간다든가(8장), 교회론이 진술되는 중에 영혼 불멸이 들어간다든가(17장), 성경의 권위가 뒷부분인 19장에서 발견되는 점은 어색하게 보일 수도 있다. 그러나 자세히 관찰하면 그 맥락이 납득할 만하며 논리적임을 알 수 있다. 5장의 교회의 지속과 증가와 보존은 아담 이후 그리스도의 성육신까지의 교회를 말한다. 『스코틀랜드 신앙고백서』의 관심은, 타락 이후(2장) 예수 그리스도의 성육신까지 약속의 계시가 있었고(4장) 교회가 있었다(5장)는 사실에 있다. 8장의 제목도 선택이지만 선택론 자체를 진술하기보다는 선택받은 자들이 그리스도 안에서 어떤 은혜를 받았는지에 대한 설명에 더 큰 관심을 둔다. 교회론이 진행되는 도중인 17장에서 영혼 불멸에 대해서 말하는 이유는 전투하는 교회를 떠나서 평화와 안식 가운데 있는 택함 받은 사람들, 즉 16장에서 언급한 승리한 교회에 대해서 말하고 있기 때문이다. 신앙고백서의 뒷부분이라고 할 수 있는 19장에서 성경의 권위를 말하는 이유도 교회의 표지가(18장) 하나님 말씀의 권위에 연결되기 때문이다. 20장에서는 공의회의 자리매김을 위해서 성경의 권위를 먼저 말할 필요가 있었다. 25장 '교회에 주신 은사들' 앞에 24장 '위정자'가 위치한 이유는 참 종교를 유지해야 하는 위정자의 임무 때문이다. 제목만 보지 말고 내용을 들여다본다면 『스코틀랜드 신앙고백서』는 나름의 논리를 갖고 연결되고 있음을 알 수 있다.

이렇게 본다면 『스코틀랜드 신앙고백서』는 신론(1장), 인간론(2장-3장), 약속과 예수 그리스도(4장-11장), 구원론(12장-15장), 그리고 교회론(16장-25장)으로 구성되었다고 볼 수 있다.

신론(1장)
1장. 하나님에 관하여

인간론(2장-3장)
2장. 인간의 창조에 관하여

3장. 원죄에 관하여

약속과 예수 그리스도(4장-11장)

4장. 약속의 계시에 관하여

5장. 교회의 지속과 성장과 보존에 관하여

6장. 예수 그리스도의 성육신에 관하여

7장. 중보자가 참된 하나님이시고 참된 인간이셔야 하는 이유

8장. 선택

9장. 그리스도의 죽음과 고난과 장사됨

10장. 부활

11장. 승천

구원론(12장-15장)

12장. 성령을 믿음

13장. 선행의 원인

14장. 어떤 일이 하나님 앞에서 선하다고 인정받는가

15장. 율법의 완전성과 인간의 불완전성

교회론(16장-25장)

16장. 교회에 관하여

17장. 영혼의 불멸성

18장. 거짓교회와 구별되는 참된 교회의 표지에 대해서 그리고 교리의 판단자
　　　가 누구인가

19장. 성경의 권위

20장. 공의회에 관하여, 그 권세와 권위와 소집의 이유에 관하여

21장. 성례에 관하여

22장. 올바른 성례 실행에 대하여

23장. 누구에게 성례가 주어지는가

24장. 위정자에 관하여

25장. 교회에 값없이 주신 은사들에 관하여

『스코틀랜드 신앙고백서』는 전체적으로 개혁교회의 공통된 관점을 보여준다. 사람이 하나님의 형상을 닮아 창조되었으며 불완전함이 없었으나 타락했다(2장). 인간은 죄의 노예가 되었으나(3장), 하나님은 여자의 후손을 약속하셨다(4장). 예수 그리스도가 오실 때까지 교회는 보존되었다(5장). 예수 그리스도는 참 하나님이시고 참사람이신데(6장), 우리의 구원은 이로부터 생긴다(7장). 우리는 예수 안에서 택함을 받았고 예수는 우리 몸을 취하사 중보자가 되셨다(8장). 신앙고백서는 그리스도의 고난, 죽음, 장사(9장), 부활(10장), 승천(11장)을 말한다. 이 신앙고백서 곳곳에서 로마 가톨릭의 교리를 배경에 두며 진술하는데, 그리스도 외에 다른 희생제물이 없다고 고백하면서 만일 다른 희생이 필요하다고 누군가 말한다면, 그자는 그리스도의 죽으심을 모독하는 자라고 정죄한다(9장). 그리스도가 유일한 중보자이시므로 사람이나 천사가 그리스도의 직분에 끼어드는 일을 거부한다(11장).

11장은 성령에 관해 설명하면서, 인간의 전적 부패와 성령의 역사를 인상적인 문구로 고백한다.

주 예수의 영이 죽은 것을 살리시고, 우리 마음에서 어둠을 몰아내고, 우리의 굳은 마음을 그의 복된 뜻에 굴복시키기 전에는, 우리는 본성적으로 죽었고 눈멀고 왜곡되어서, 찔려도 느낄 수 없고, 빛이 비쳐도 볼 수 없으며, 하나님의 뜻이 드러난다고 해도 따를 수 없다.

따라서 11장은 우리 가운데 홀로 시작하신 이에게 모든 중생과 성화를 돌린다. 이 관점 아래서, 선한 일의 원인은 인간의 자유의지가 아니라 주 예수의 영이다 (13장). 중생 이후에도 율법의 일을 완전히 성취할 수 없으며, 우리는 그리스도 예수를 굳게 붙들어야 하며, 하나님께서 그리스도 안에서 우리를 보시기 때문에 우리의 불완전한 순종은 완전한 것처럼 받아들여진다(15장).

신앙고백서는 교회를 택함 받은 자들의 모임으로 생각하며, 승리한 교회와 전투하는 교회로 구분한다(16장). 거짓교회와 구별되는 참된 교회의 표지를 바른 설교, 바른 성례집행, 권징, 셋으로 본다(18장). 바른 설교와 바른 성례에 권징이 참된 교회의 표지로 추가되는 방식이 『스코틀랜드 신앙고백서』에서 이미 나타나는 것이다. 참된 교회의 표지에 맞물려 성경론을 자세히 진술하는 모습이 특이하다. 이는 성경해석의 권세를 사람과 교회가 아니라 하나님의 성령에 돌리기 위해서다 (18장). 신앙고백서는 교회론과 성경의 속성교리가 뗄 수 없음을 보여준다. 당연히 공의회의 권위는 하나님 말씀의 권위 아래에 있다(19장).

성례에 관하여는 성례가 단순한 표라는 주장에 반대하면서, 성령의 역사에 의해 참된 믿음으로 유익하게 된다고 고백한다(21장). 22장에서 성례의 바른 실행에 대하여 설명하면서 로마 가톨릭의 성례를 비판한다. 바른 성례는 합법적인 사역자에 의해 하나님이 말씀하신 요소로 실행된다. 반면 로마 가톨릭에선 합법적인 사역자에 의해 실행되지 않으며(여기서 비상 세례 주는 산파의 예를 든다) 세례 시에 다양한 요소들(기름, 소금, 침)이 들어간다(22장). 신앙고백서는 담대하게 믿는 자들에게 하나님께서 주실 열매들을 소개하면서 마친다(25장).

8. 벨직 신앙고백서(*Confessio Belgica*, 1561)[1]

개요

핍박 가운데서 순전한 복음을 가르치려던 귀도 드 브레에 의해서 작성되었다. 현재 네덜란드 개혁교회의 신앙고백서로서 '네덜란드 신앙고백서'라 불리기도 한다. 현재의 벨기에와 네덜란드가 나뉘기 전에 작성되어서 『벨직 신앙고백서』(Confessio Belgica)란 이름을 갖게 되었다. 『프랑스 신앙고백서』를 초안으로 삼아 작성했으나, 『벨직 신앙고백서』의 고유한 부분도 많다. 현재까지 교회의 유효한 신앙고백서로써 사용되고 있다.

역사적 배경

1517년에 본격적으로 시작된 종교개혁은 네덜란드에도 들어와서 영향을 끼쳤다. 루터와 불링거 등 종교개혁 책들이 판매되고 있었으나 네덜란드를 로마 가톨릭에 붙잡아 놓으려고 카를 5세는 종교개혁을 핍박했다. 1523년부터 1555년까지 남부에서만 약 1700명이 화형을 당했다. 카를 5세의 뒤를 이은 필리페 2세도 아버지의 정책을 그대로 이어받아 계속해서 개신교를 잔인하게 핍박했다. 필리페 2세는 이복누이 마가레타 판 파르마(Margaretha van Parma)에게 섭정을 맡겼다. 이단 처형명령의 실행이 섭정의 중요한 업무였기 때문에, 섭정에 의해서도 개신교

---

[1]   Eberhard Busch, "Confessio Belgica von 1561," in *RBS2.1*, 319-369; Nicolaas H. Gootjes, *The Belgic Confession Its History and Sources* (Grand Rapids: Baker Academic, 2007); 김영재, 155-157, [한역] 459-485; Daniel R. Hyde, *With Heart and Mouth An Exposition of the Belgic Confession* (Grandville: Reformed Fellowship, 2008).

에 대한 핍박은 계속되었다. 이런 가혹한 박해의 시기에 탄생한 것이 『벨직 신앙고백서』다. 스페인의 계속되는 폭정에 맞선 네덜란드의 저항이 무력으로 확대되기 시작하자 1567년 알바(Alva)의 공작이 만 명이 넘는 군대를 이끌고 브뤼셀로 들어와서 공포정치를 시작했다. 이 공포정치 기간 중 많은 개신교 신자들이 신앙을 지키다 죽어갔다. 그들이 가진 소망의 이유를 진술한 『벨직 신앙고백서』는 이 시기를 지나면서 네덜란드 개혁교회의 고백서로서 자리를 획득했다.

저자

17세기 초 항론파에서 『벨직 신앙고백서』에 대한 서명을 거절하는 일이 있었고, 신앙고백서에 대한 수정을 요구했다. 이들은 저자에 대해서, 또 교회를 위한 신앙고백서가 된 유래에 대해서 의문을 제기함으로써 신앙고백서에 대한 권위를 손상시키려고 했다. 그러나 아드리안 사라비아(Adrian Saravia, c. 1532-1613) 등 당시의 인물들의 고백을 모아 추정하면, 귀도 드 브레가 주저자이며, 그 외 저자로 언급된 이들은 1561년 작성에 물리적으로 참여할 수 없었으며(나이에 있어서나 공간에 있어서나), 1566년의 작은 개정에 참여한 일을 말하는 것일 수밖에 없다. 1562년 도르닉(Doornik) 소란 사건의 주동자 귀도 드 브레의 거처를 발견했던 당국의 조사위원회의 보고서는 벨직 신앙고백서의 주저자가 귀도 드 브레(Guido de Brès, 1522-1567)인 것을 말해준다.[2]

귀도 드 브레는 1522년 네덜란드 남부 베르헌(Bergen, 현재 몽스(Mons)에서 독실한 로마 가톨릭 부모 아래서 태어났다. 스테인드글라스 기술을 배웠다고 알려져 있다. 25세 이전에 개신교를 받아들였으며 여러 가지 핍박 이야기를 들었으며 목격했다. 1547년 살던 곳이 가혹한 박해 아래 놓이자 1548년 영국으로 건너갔

---

2)   저자에 대한 상세한 토론과 분석은 다음을 참고하라: Gootjes, *The Belgic Confession*, 33-50.

CONFESSION
DE FOY,

Faicte d'vn commun accord par les fideles qui conuersent és pays bas, lesquels desirent viure selon la pu reté de l'Euangile de nostre Seigneur Iesus Christ.

I. PIER. III.

¶ Şoyez tousiours appareillez à respondre à chacun qui vous demande raison de l'esperance qui est en vous.

M. D. LXI.

벨직 신앙고백서

Confession
DE FOY,

faicte d'un commun accord par les fidèles qui conversent ès Pays-Bas, lesquels désirent vivre selon la pureté de l'Evangile de Notre Seigneur Jésus-Christ.

I. PIER. III.
Soyez tousiours appareillez à respondre à chacun qui vous demande raison de l'esperance qui est en vous.

M. D. LXI.

신앙고백

우리 주 예수 그리스도의 복음의 순결을 따라 살기를 열망하는, 네덜란드에 사는 신자들이 함께 찬동하여 만들었다.

벧전 3[:15]
너희 속에 있는 소망에 관한 이유를 묻는 자에게는 대답할 것을 항상 준비하라

1561

다. 런던에는 마틴 부써, 요하네스 아 라스코와 같은 인물들이 이미 건너와 있었고, 이 종교개혁가들과 교제하면서 설교자로서 훈련받았다.

1552년 고향 가까이 있었던 릴(Lille[Rijssel])로 돌아와 사역을 다시 시작했다. 이때 『기독교 신앙의 요새』(Le Baston de la Foy Chrestienne)라는 책을 저술해서 1555년 출판했다. 이 책은 귀도 드 브레의 신학이 높은 수준에서 정립되었음을 보여주며, 그 내용은 이미 『벨직 신앙고백서』와 연결되어 있다. 4년 동안 위험을 감수하며 비밀리에 성도들을 세우고 살폈으나 예배공간을 빌려주던 교우 가정 전체가 몰살당하는 끔찍한 일을 당하게 되자 교우들을 설득해 함께 그 도시를 떠났다. 교우들을 이끌고 프랑크푸르트에 도착해 그곳 신앙피난민 모임에 합류했다. 드 브레는 로쟌으로가서 베자에게서 배우다가, 베자가 제네바로 부름을 받자 제네바로 가서 칼빈과 베자에게서 신학을 배웠다.

제네바에서 머물다가 1558년 가을 선임자가 화형당한 후 목사 없이 15년을 지내던 도르닉(Doornik)으로 가서 12명 이하로 비밀리 모이는 교회를 이끌었다. 카트린느 라몽(Catherine Ramon)을 만나 1559년 결혼했다. 성도들은 점점 늘어났고 그들 중에는 사회 유력 인사들도 있었다. 바로 여기서 교인 교육을 위해서, 그리고 저지대 지역(당시의 네덜란드 연합, 즉 현재의 벨기에와 네덜란드 지역)교회를 위해서 작성한 것이 『벨직 신앙고백서』다.

1561년 9월 도르닉에 소란스러운 일이 발생한다. 모이는 수가 늘어가자 자신감에 충만하여 자기 신앙을 증명하고, 나아가 자신들의 수가 상당함을 평화롭게 알리고 싶어 하는 이들의 주도로 밤에 여럿이 함께 모여 시편 찬송을 부르는 일이 있었다. 9월 29일 백 명으로 시작한 수가 바로 육백 명으로 늘었다. 다음 날에 삼사 천 명이 모였다. 정부가 모인 사람들을 흩어지게 하려고 했지만 모인 이들은 섭정의 통치를 인정하지 않았다. 이 일은 섭정 마가레타 판 파르마(Magaretta van Parma)에게 보고되었고, 섭정은 조사팀을 보냈다. 그리고 이 일의 주동자들의 거처에서 『벨직 신앙고백서』가 발견되었다. 11월 2일에는 황제에게 보내는 편지와 동봉된『벨직 신앙고백서』가 총독의 거처였던 도르닉 성의 벽 안쪽에서 발견되었다. 귀도 드 브레가 피신한 이후에 1562년 1월 한 비밀스러운 서가가 있는 거처가 발견되었고 거기에『벨직 신앙고백서』가 250권, 다른 종교개혁자들의 책들, 칼빈에게서 온 편지를 포함한 여러 편지가 발견되었다. 그 수신인은 귀도 드 브레였으니, 모든 증거가 이 거처에 거주했던 귀도 드 브레를 향하고 있었다. 발견된 자료들은 명령에 따라 전소되어 전해지지 않는다. 벨직 신앙고백서의 탄생에 관한 중요한 자료가 사라진 것이다.

귀도 드 브레는 프랑스 세당(Sedan)으로 건너가 위그노의 목사로 살았다. 여기서 재세례파의 교리에 관한 판단인『재세례파의 뿌리』(La Racine des Anabaptistes)를 1565년 출판했다. 1566년 안트베르프 회의에 참여했으며, 이 회의에서『벨직 신앙고백서』가 받아들여졌다. 이후에 발랑시엔(Valenciennes)에서 목회했다. 그 도시의 3분의 2가 개혁신앙을 따랐으나 모일 곳이 없어서 들판에서 모였다. 만 명 전후의 사람들이 모여 60명의 무장 기병들의 보호 속에서 예배드리곤 했다. 1567년 섭정 마가레트 판 파르마가 보낸 군대는 발랑시엔을 포위했고 발랑시엔은 항복했다. 1567년 5월 31일 드 브레는 동료 목사와 함께 교수형으로 순교했다.

목적

귀도 드 브레는 로마교의 오류 속에서 신앙을 배웠던 이들에게 바른 신앙을 가르쳐야 했다. 종교개혁 신앙을 받아들이면서도 로마교의 미신 속에 살던 이들도 있었기 때문이다. 나아가 당시 네덜란드에는 재세례파가 강한 영향을 끼치고 있었다. 재세례파는 로마교를 떠난 이들이 신앙의 순수성을 따른다면 재세례파가 되어야 한다고 주장했으나 개혁교회가 볼 때 재세례파에는 여러 오류가 있었다. 따라서『벨직 신앙고백서』는 로마교와 재세례파의 오류를 교정하면서 신자들을 바른 믿음 안에 머물도록 권고하고 교육하기 위해서 작성되었다. 실제로『벨직 신앙고백서』는 바른 신앙의 내용을 소개하면서, 동시에 로마교회와 재세례파의 오류를 구체적으로 지적하는 특징을 갖는다.

유래

먼저『벨직 신앙고백서』와 칼빈의 관계를 살필 수 있다. 1556년 9월 칼빈은 도움을 주기 위해 프랑크푸르트의 교회를 방문했지만, 이때 귀도 드 브레와 칼빈이 만났는지 확실하지 않다. 그때 귀도 드 브레도 아 라스코(A Lasco)와 함께 재세례파 지도자들과 만나기 위해 프랑크푸르트에 있었기 때문에, 후대의 사람들은 이때 두 사람이 만났을 거라는 추측을 하지만, 두 사람 모두 편지나 다른 글에서 상대방을 만났다는 언급을 하지 않는다. 그럼에도 바로 그 해 칼빈이 귀도 드 브레에게 편지를 보낸 것은 사실이다. 1562년 도르닉의 귀도 드 브레의 은신처였던 서재가 발각되었을 때, 섭정이 보낸 조사팀은 칼빈이 1556년 귀도 드 브레에게 보낸 편지를 발견했다. 편지 내용은 귀도 드 브레의 질문에 대한 칼빈의 대답인데, 이 편지는 전해지지 않았으므로 드 브레의 질문과 칼빈의 답은 알 수 없다. 드 브레의 서재에서는 이 편지만이 아니라 칼빈의 책과 다른 종교개혁자(루터, 멜란히톤, 외콜람파디우스, 츠빙글리, 부써, 불링거, 브렌트 등)의 책들이 발견되었다. 조사팀은 귀도 드 브레가 로잔과 제네바로부터 오류를 배워왔다고 결론 내렸다.[3] 귀도 드 브레가 로잔과 제네바로 가서 한동안 머물렀다는 것을 기억한다면 그가 칼빈과 베자의 영향을 받았다는 것을 부정할 수 없을 것이다.

『벨직 신앙고백서』의 중요한 기초가 되는『프랑스 신앙고백서』의 초안을 칼빈이 작성했다는 것도 언급되어야 한다. 칼빈은 프랑스 개혁교회가 신앙고백서를

---

3)   Gootjes, *The Belgic Confession*, 61.

작성할 수 있도록 35항으로 된 초안을 보냈다. 이 초안이 수정되거나 추가되면서 『프랑스 신앙고백서』가 만들어졌다. 그리고 이『프랑스 신앙고백서』는『벨직 신앙고백서』의 기초가 되었다. 가장 많이 알려진 네덜란드의 신앙고백서 모음집에는 『벨직 신앙고백서』항목에서 프랑스어판, 라틴어판, 네덜란드어판을 놓기 전 가장 먼저『프랑스 신앙고백서』를 놓고 있다.[4] 칼빈의 초안에서『프랑스 신앙고백서』를 거쳐『벨직 신앙고백서』가 만들어진다는 점에서『벨직 신앙고백서』는 중요한 신학적 구도와 내용에서 칼빈의 영향을 받았다.

또『벨직 신앙고백서』는『프랑스 신앙고백서』와 전체적인 면에서 유사한 구도를 갖는다. 그러나 완전히 같지는 않다. 각 항목을 분류할 때 더 상세해지거나 (예를 들어, 성경론은 네 개의 항이 다섯 개의 항으로 늘어났다) 더 단순해지는 (예를 들어, 교회론은 아홉 개의 항이 여섯 개의 항으로, 성례론은 다섯 항목이 세 항목으로 줄었다) 변화가 있다. 칭의론처럼 두 신앙고백서가 거의 유사해서 별 차이가 없는 듯한 부분들도 있으나, 전체적으로 각 부분에서 네덜란드 상황에 맞게 추가되고 정리되는 발전이 있었다는 것을 보여준다.

덧붙여 베자의 신앙고백서가『벨직 신앙고백서』에 끼친 영향도 언급되어야 한다. 베자는 자신이 종교개혁에 동참함으로써 어려움을 당하던 아버지(프랑스 귀족)를 위해 변명하기 위해서, 또 아버지를 개혁신앙으로 이끌기 위해서 신앙고백서를 작성했다. 제네바에 온 다음 1559년 이것이 출판되었는데, 1560년 라틴어판이 출판되고, 그 후 프랑스어판이 여러 번 출판될 정도로 주목을 받았다.『벨직 신앙고백서』37장 '최후의 심판'의 첫 부분이 베자의 신앙고백서와 유사하며, 27장 '교회의 정의' 부분, 29장 '교회의 표지' 부분이 내용에 있어서 베자의 신앙고백서에 의존한다는 평가를 받는다.[5]

---

[4]   Rinse Reeling Brouwer, "The Two Means of Knowing God: Not an Article of Confession for Calvin," in *Restoration through Redemption: John Calvin Revisited*, ed. Henk van den Belt (Leiden: Brill, 2013), 35; Bakhuizen van den Brink, ed., *De Nederlandse belijdenisgeschriften*, (Amsterdam: Ton Bolland, 1976), 70.

[5]   Gootjes, *The Belgic Confession*, 77.

개혁교회에서 위치

『벨직 신앙고백서』는 칼빈과 제네바 교회로부터 승인을 받았던 것으로 보인다. 한 편지에서 제네바 교회의 대표로서 칼빈은 특정 이름을 언급하지 않은 어떤 고백서를 승인했다.[6] 고재수는, 승인되었으나 알려지지 않은 이 고백서가 『벨직 신앙고백서』일 여러 정황이 있음을 성실한 고찰을 통해 보여준다. 칼빈의 평가에 의하면, 이 고백서는 정경 목록을 포함하고 있고, 히브리서를 바울의 서신서에 놓고 있으며(칼빈은 이 점에 동의하지 않는다), 당시 상황의 여러 오류를 실제로 지적하고 있어야 한다. 여기에 해당하는 신앙고백서는 『벨직 신앙고백서』 외에 발견된 적이 없다.[7]

『벨직 신앙고백서』가 언제 공식적으로 네덜란드 교회의 신앙고백서가 되었는지 구체적인 날짜를 정하는 것은 어렵다. 왜냐하면, 네덜란드 교회가 극심한 핍박 속에서 모임과 회의를 비밀리에 가질 수밖에 없었고 남아 있는 자료가 적기 때문이다. 가장 많이 알려진 것으로는 1563년 아르망띠에르(Armentieres)에서 열린 지역회의에서, 장로와 집사들에게 『벨직 신앙고백서』에 서명할 것을 요구하기로 했다는 사실이다. 1563년을 『벨직 신앙고백서』가 승인된 해로 보는 시각도 있으나, 사실 이 회의에서 결정된 내용은 신앙고백서에 대한 승인 문제 자체가 아니라, 이미 승인된 신앙고백서에 대한 교회 직원들의 서명 요구에 관한 결정이므로 이전에 이미 신앙고백서에 대한 승인이 있었음을 추정하게 한다. 고재수는 1561년 판의 표지를 근거 삼아 승인날짜를 1561년까지 끌어 올린다.[8] "우리 주 예수 그리스도의 복음의 순결을 따라 살기를 열망하는, 네덜란드에 사는 신자들이 함께 찬동하여 만들었다"는 1561년의 표제는 프랑스 신앙고백서의 표제와 비교할 때 장

---

6) CO 10/1, 224-226.

7) Gootjes, *The Belgic Confession*, 67-70.

8) Gootjes, *The Belgic Confession*, 114-115.

소를 제외하고는 일치한다.[9] 따라서 파리총회의 결과물로서 "프랑스인들이 함께 찬동하여 만든" 신앙고백서가 출판되었다면, 어떤 회의의 결과물로서 "네덜란드에 사는 신자들이 함께 찬동하여 만든" 신앙고백서가 출판되었다고 볼 수 있다. 핍박의 시기 언제 어디서 또 얼마나 많은 회의가 열렸는지 알길은 없지만, 1561년 2월에도 회의가 열렸던 흔적은 발견된다. 고재수의 이 추정은 1561년에 출간된 두 종류의 인쇄판에 답을 준다. 두 판의 철자 등을 세밀하게 대조하면, 두 판 사이의 발전적 선후 즉 시간적 선후를 말할 수 없고, 오히려 동일본문을 사용하여 개별적으로 인쇄되었을 개연성이 크다.[10] 그렇다면 본문이 결정된 회의가 있었을 것이고, 그 회의는 신앙고백서가 도르닉에서 발견되기 전인 1561년 가을 전, 즉 늦어도 여름 이전이어야 한다. 그 회의에서 결정된 본문이 서로 다른 곳에서 인쇄되었을 것이다.

『벨직 신앙고백서』는 네덜란드 교회에서 점점 중요한 위치를 차지해간다. 1565년 안트베르펜(Antwerpen) 회의는 모든 회의가 시작될 때마다 『벨직 신앙고백서』를 낭독하도록 결정했다. 1566년 가혹한 박해 중 비밀리에 열린 회의에서 다시 한번 이 고백서를 개정 채택했다. 1568년 네덜란드 교회의 목사들이 네덜란드 교회의 조직을 위해 베젤(Wesel)에서 모였을 때, 교회에서 가르칠 자들은 『벨직 신앙고백서』에 동의해야 한다고 선언했다. 1571년 엠덴(Emden)에서 모였을 때, 공식적 회의가 아님에도 '십자가 아래에 있는 네덜란드 교회의 회의'라고 불린 이 모임에서 믿음의 일치를 위해 형제들이 『벨직 신앙고백서』에 서명할 것을 결정했다. 이 결정은 단순히 참석한 이들만이 아니라 사정상 부재한 이들과 앞으로 올 사역자들에게 요구되었다. 1578년 도르트 총회에서 교리에 관한 일치의 표현 방식으로서 『벨직 신앙고백서』에 서명할 것이 결정되었는데, 목사와 교수와 장로들

---

9) 네덜란드 신앙고백서 표제: "Confession de foy, faicte d'un commun accord par les fidèles, qui conversent és pays bas, lesquels desirent vivre selon la pureté de l'Evangile de nostre Seigneur Jesus Christ." 프랑스 신앙고백서 표제: "Confession de foi faite d'un commun accord par les Français qui désirent vivre selon la pureté de l'Evangile de notre Seigneur Jésus-Christ."

10) Gootjes, *The Belgic Confession*, 19-25.

에게까지 요구되었다. 1581년 미뗄부르끄 총회는 서명의 요구를 목사와 장로와 교수만이 아니라 집사와 학교의 교사들에게까지 확대했다. 1618년 도르트 총회가 열리기 전 마지막 총회였던 1586년의 덴학(Den Haag, 헤이그) 총회에서도 믿음의 일치를 위한 고백서로 언급된다.

『벨직 신앙고백서』는 결정적으로 도르트총회(1618/1619)에서 승인됨으로써 개혁교회의 표준문서로 권위를 인정받았다. 도르트총회가 열린 가장 큰 이유는 네덜란드 교회 내에 있었던 교리 문제로 인한 분란이었다. 『벨직 신앙고백서』에 서명하지 않는 목사들도 있었으며 실제 타코 지브란츠(Taco Sibrants)는 그 이유 때문에 면직되었다. 『벨직 신앙고백서』가 몇몇 목사들에 의해서 거절된 가장 큰 이유는 『벨직 신앙고백서』의 16항에 표현된 선택과 유기에 대한 진술이었다. 도르트 총회는 네덜란드 교회만이 아니라 외국의 총대들도 참여한 국제회의의 성격이었다. 네덜란드 교회는 이 회의를 통해 『벨직 신앙고백서』가 하나님의 말씀과 다른 개혁교회의 고백서들과 일치하지 않는 부분이 없음이 국외 총대들도 참여한 상태에서 승인되기를 원했다. 그래서 국외 총대들이 돌아가기 전인 1619년 4월 30일에 『벨직 신앙고백서』가 하나님의 말씀과 일치한다고 승인했다. 국외 총대들은 그리스도께서 다시 오실 때까지 네덜란드 신학자들이 경건하고 바른 이 고백서와 함께 서 있기를 소망했다. 국외 총대들이 떠난 후 『벨직 신앙고백서』의 구체적인 표현들에 관한 토론이 있었고 자구수정이 있은 후 네덜란드 개혁교회의 공식적인 고백서로 채택되었다.

구조와 내용

『벨직 신앙고백서』는 가장 단순한 구도로 보면, 삼위일체 하나님, 곧 성부, 성자, 성령에 대해서 그리고 교회에 대해 무엇을 믿는지를 고백한 것이 될 것이다.

좀 더 덧붙인다면 삼위일체 하나님과 교회에 대하여 구원의 역사를 따라 고백했다고 할 수 있을 것이다. 그래서 하나님과 계시와 성경에 대해서(1-7항), 삼위일체 하나님과 창조와 섭리에 대해서(8-13항), 인간의 창조와 타락에 대해서(14-15항), 그리스도에 대해서(16-21항), 구원론 곧 칭의와 성화에 대해서(22-26항), 교회에 대해서(27-36항), 종말에 대해서(37항)이다. 이 구도는 칼빈의 『기독교강요』의 구도와 유사하다.

구성은 다음과 같다.

〈신론〉
하나님의 속성(1항)
계시와 성경(2-7항)
삼위일체(8-11항)
창조와 섭리(12-13항)

〈인간론〉
인간의 창조와 타락(14항)
죄론(15항)

〈기독론〉
구속의 계획과 약속(16-17항)
구속자의 위격과 사역(17-21항)

〈구원론〉
칭의(22-23항)
성화(24-26항)

〈교회론〉

교회의 속성(27항)

성도의 교통(28항)

교회의 표지(29항)

교회정치(30-32항)

성례(33-35항)

교회와 국가(36항)

〈종말론〉(37항)

　『벨직 신앙고백서』는『프랑스 신앙고백서』에 뿌리를 두나 다른 부분들도 여럿이 있다. 먼저 성경론이 확장되었다. 하나님을 아는 두 방식으로서 창조와 통치로 말해지는 일반계시와 특별계시를 언급한다. 특히 일반계시를 우주의 책, 즉 피조물들이 글자처럼 새겨져 있는 책으로 묘사하는 진술은 유명하다. 성경에 관해서, 영감론을 분리하여 자세히 해설했으며(3항) 외경을 어떻게 다루어야 하는지 자세히 진술한다(6항). 이것은 당시 외경을 가까이할 성도들을 배려한 항목이다. 성경의 권위 외에 다른 권위를 받아들이는 것을 근절하면서, "다수성도, 고대성도, 시대와 사람들의 계승도, 회의와 결정과 규정도 (하나님의 진리가 모든 것을 능가하기 때문에) 하나님의 진리와 비교할 수 없다"고 진술한다. "왜냐하면, 모든 인간은 거짓말쟁이니 그들 스스로 헛됨보다 헛되다"고 덧붙임으로써 모든 인간과 그 산물이 아니라 하나님과 그의 말씀에 권위를 돌린다.

　하나님의 작정과 섭리에 의한 통치(13항)를 설명하고, 인간이 죄의 노예이기 때문에 그리스도께서 사람 안에서 일하지 않으면 깨달을 수 없다고 하여서 인간의 전적 부패를 강조한다(14항). 이런 점들은 보편적인 개혁파의 고백서에서 강조되는 부분이다. 기독론에서 그리스도의 성육신(18항), 두 본성의 위격적 연합(19

항), 그리스도의 죽음에 나타난 공의와 사랑(20항), 속죄(21항)도 자세히 감동적으로 설명된다. 이어서 바로 그를 믿음에 관해서(22항) 설명함으로써 그리스도께서 이루신 구속의 적용인 이신칭의를 고백한다(22항, 23항).

『벨직 신앙고백서』는 참된 교회의 표지로 복음의 순수한 교리의 설교, 성례의 순수한 실행, 권징의 실행을 언급한다. 여기서 참된 그리스도인의 표지도 설명되는 점이 특이하다(29항). 참된 그리스도인의 표지는 믿음이다. 그들에게 결점이 전혀 없음이 표가 아니라 평생 싸우며, 그리스도에게 피하여 믿음으로 죄 사함을 받은 일이 표가 된다. 교회론 28항은 교회 회원이 되어야 함을 강하게 강조한다. 신자가 한 지교회 회원 되기를 가벼이 생각하는 이들에게 경고가 된다.

> 우리는 이 거룩한 모임과 회중이 구원받을 자들의 모임이고 이 모임 밖에서는 누구도 구원받을 수 없다는 것을 믿는다. 그래서 어떤 지위와 권위에 속해있든지 누구라도 떨어져서 홀로 만족하며 지내기 위해서, 이 모임에서 빠져나오면 안 된다. 오히려 모두가 함께 이 모임에 자신을 연결하고 이 모임에 연합해서 교회의 하나 됨을 지켜야 한다. 그리고 자신을 교회의 가르침과 권징에 복종시키고, 목에 예수 그리스도의 멍에를 메고, 하나님께서 각 사람에게 주신 은사에 따라, 함께 예수의 몸의 지체들인 형제들이 세워지도록 봉사해야 한다.

마지막 37항은 그때나 그 이후에나 많은 핍박 가운데서 고난을 받는 신자들에게 위로를 주는 고백으로 맺고 있다.

> 반대로 신실하고 택함 받은 자들은 영광과 영예의 관을 쓰게 될 것이다. 성자 하나님은 성부 하나님과 택하신 천사들 앞에서 그들의 이름을 시인할 것이다. 하나님은 그들의 눈에서 모든 눈물을 닦아주실 것이다. 많은 재판관

과 위정자들에게 분파로서 불충하다고 정죄된 일들이 성자 하나님의 일들로 인정될 것이다. 주님은 은혜로운 상을 주셔서, 그들이 아무도 상상할 수 없었던 큰 영광에 들어가게 하실 것이다. 그러므로 우리 주 예수 그리스도 안에서 하나님의 약속을 충만히 누리려고, 우리는 크게 열망하며 저 큰 날을 기다린다. 아멘, 주 예수여, 오시옵소서.

9. 하이델베르크 요리문답서

(Heidelberger Katechismus, 1563)[1]

개요

1563년 독일의 팔츠(Palz) 지역에서 나온 요리문답서다. 당시 팔츠의 수도는 하이델베르크(Heidelberg)였고, 팔츠지역을 위한 이 요리문답서가 나중에 '하이델베르크 요리문답서'(*Heidelberger Katechismus*)로 불렸다. 개혁교회의 신앙 내용을 충실히 담고 있으며, 구조적인 연결에 있어서나 운율적으로나 매우 아름답게 작성되어 유럽 대륙에서 가장 영향력 있는 요리문답서가 되었다. 유럽의 개혁교회가 세계 여러 곳에 흩어지면서 이 요리문답서는 자연스럽게 세계 여러 나라에 들어갔으며, 지금까지 실제로 사용되고 있다.

---

1) 이남규,『우르시누스, 올레비아누스, 하이델베르크 요리문답서의 두 거장』(서울: 익투스, 2017); Arnold Huijgen & John V. Fesko & Aledida Siller (eds.) *Handbuch Heidelberger Katechismus* (Gütersloh: Gütersloher Verlag, 2014); Lyle D. Bierma, ed., *An Introduction to the Heidelberg Catechism* (Grand Rapids: Baker Academic, 2005), 신지철 역,『하이델베르크 교리문답 입문』(서울: 부흥과 개혁사, 2012); *김영재*, 157-171; 유해무 & 김헌수,『하이델베르크 교리문답의 역사와 신학』(서울: 성약, 2006); Lothar Coenen, *Handbuch zum Heidelberger Katechismus* (Neukirchen-Vluyn: Neukirchener Verlag, 1963); Wilhelm Neuser, "Heidelberger Katechismus von 1563," in *RBS2.2*, 167-212; Zacharias Ursinus, "Explicationes Catecheseos Palatinae, sive corpus Theologiae," in D. *Zachariae Ursini Theologi Celeberrimi, Sacrarum literarum olim in Academia Heidelbergensi & Neustadiana Doctoris ... Opera Theologica*, vol. 1, ed. Quirinus Reuter (Heidelberg, 1612), 46-413. George W. Williard, english trans., *The Commentary of Dr. Zacharias Ursinus on the Heidelberg Catechism*, (1851; rpri., Grand Rapids: Eerdmans, 1954). 원광연 역,『하이델베르크 요리문답해설』(서울: 크리스천 다이제스트, 2016).

작성배경

16세기 중반 개혁파와 루터파는 각자 자기 노선의 독특성을 더욱 분명히 드러내며, 두 노선의 갈등은 폭발할 지경에 있었다. 종교개혁 도시마다 개혁파 노선으로 갈지 루터파 노선으로 갈지 선택해야만 했다. 『하이델베르크 요리문답서』는 이런 형편 가운데 작성되었다.

사실 하이델베르크의 실제적인 종교개혁은 상대적으로 늦은 1556년, 오트하인리히(Ottheinrich)가 새로운 팔츠의 선제후에 오르면서 시작되었다. 이때는 개혁주의와 루터주의 사이의 성만찬 논쟁으로 개신교 전체가 시끄러웠던 시기였다. 그런데도 오트하인리히는 이 문제를 중요하게 생각하지 않고 서로 다른 노선의 학자들을, 즉 개혁주의와 루터주의 학자들을 불러들였다. 신학부에는 틸레만 헤스후스(Tilemann Heshus)같은 강한 루터주의자도 왔고, 피에르 보퀴누스(Petrus Boqui-nus)같은 개혁주의자도 왔다. 신학 노선이 일치하지 않는 인적 구성은 후에 갈등 요소가 되었다. 이미 오트하인리히 통치 시절 루터파와 개혁파 사이에 큰 갈등이 있었다. 1559년 2월 오트하인리히의 뒤를 이어 선제후의 일을 시작한 프리드리히 3세는 이 싸움을 정리해야만 했다. 헤스후스와 목사후보생 클레비츠(klebitz)의 격렬한 싸움과 서로를 향한 심한 비난을 참을 수 없었던 선제후는 도시를 안정시키기 위해서 이 둘을 내쫓으면서 중립적인 모양새를 취했다.

선제후는 당시 독일 개신교의 최고 권위자였던 멜란히톤에게 자신에게 닥친 문제에 대해 조언을 구했다. 멜란히톤은 프리드리히 3세가 두 사람을 내쫓은 일을 긍정적으로 평가하면서 성만찬에 관한 판단을 첨부했다. 멜란히톤이 죽기 직전 보내온 이 판단문에 담긴 성만찬론은 칼빈의 견해에 훨씬 가까웠으며, 여기서 그는 화체설과 공재설을 비판했다. 이 편지는 개혁주의자들에게 힘을 실어주었다. 1560년 6월 프리드리히 3세의 딸의 결혼식 때문에 방문한 루터주의자들과 개혁주의자들 사이의 토론이 있었다. 이 토론에 보퀴누스와 에라스투스가 참여해서 개혁주의 입장을 변증했다. 이 일 후에 팔츠는 분명한 개혁주의 노선을 따랐다. 선제후는 멜란히톤의 판단에 동의하지 않는 자는 하이델베르크를 떠나라는 지시를 내려 루터주의자들은 나갈 수밖에 없었다. 개혁주의로 노선이 결정되자 팔츠를 위한 새로운 요리문답서와 교회법이 필요했다. 이런 배경 아래서『선제후령 팔츠의 교회와 학교에서 실행하는 요리문답서 또는 기독교 교육서』(Catechismus oder Christlicher Underricht / wie der in Kirchen und Schulen der Churfürstlichen Pfaltz getrieben wirdt, [이것이 하이델베르크요리문답서의 원래의 명칭이다])가 만들어졌다.

작성자

"우리는 이미 백성들과 젊은이들을 교육하기 위한 적절한 요리문답 양식을 작성하고 있으며 교회사역과 교회권징의 방식을 구성하는 중입니다."[2] 이것은 우르시누스가 1562년 3월 22일 보낸 편지 중 한 부분이다. 이 편지에 따르면 시기적으로 1562년 3월 에 팔츠는 개혁주의 노선에서 요리문답서와 교회법 작성 작업에 이미 들어갔다. '우리'라는 표현은 이 작업이 팔츠 교회 전체의 작업임을 보여준다. 최근 여러 연구는『하이델베르크 요리문답서』가 온전히 어떤 특정인 한 사람의 작품이라고 말할 수 없다는 사실을 보여준다.[3] 이 요리문답서의 작성에는 여러 사람이 참여했다. 프리드리히 3세는 요리문답서의 서문에서 밝히기를 하이델베르크 신학부의 교수들과 감독들과 주요 목사들이 참여했다고 한다. 신학자도 목사도 아니지만, 신학 실력이 뛰어났던 의학부 교수였던 에라스투스도 교회치리회(Kirchenrat)의 회원으로 참여했던 것으로 보인다. 선제후였던 프리드리히 3

---

2) Gustav Adolf Benrath, "Briefe des Heidelberger Theologen Zacharias Ursinus (1534-1583)," in *Heidelberger Jahrbuecher* 1964 (VIII): 100; Erdmann K. Sturm, *Der junge Zacharias Ursin* (Neukirchen: Neukirchener Verlag, 1972), 236.

3) 작성자에 대한 논의는 다음을 참고하라: Lyle D. Bierma, "The Purpose and Authorship of the Heidelberg Catechism," in *An Intorduction to the Heidelberg Catechismus*, 52-74.

세 자신도 이 작성에 참여했음을 밝히고 있다. 선제후, 신학부 교수들, 감독들, 주요 목사들, 교회치리회 회원들이 참여했다고 추측해볼 수 있다. 따라서 공식적인 작성자는 요리문답서 작성위원회에 돌려져야 할 것이다.

　오랫동안 우르시누스와 올레비아누스가 『하이델베르크 요리문답서』의 저자로서 언급되어 왔던 것은 사실이다. 그러나 최근의 연구들은 올레비아누스가 우르시누스와 같은 수준의 주저자는 될 수 없다는 것을 증명한다. 올레비아누스는 팔츠의 주요 목사로서 또 교회 치리회 회원으로서 틀림없이 작성위원회의 중요한 회원이었다. 나아가 그는 1563년 후반에 등장하는 팔츠의 교회법 작성에 중심역할을 했는데, 바로 이 교회법에 52주로 나누어진 『하이델베르크 요리문답서』가 포함되었다. 올레비아누스는 요리문답서를 52주로 배열하고, 요리문답서가 어떻게 교회에서 사용되어야 하는지에 대한 규정 작성들에서 어떤 역할을 했을 것이

프리드리히 3세

우르시누스   올레비아누스

다. 또 미사를 정죄하는 80문도 올레비아누스의 역할이다. 본래 빠져있던 이 문답이 올레비아누스가 선제후에게 제안하여 추가되었다.

　　그러나 『하이델베르크 요리문답서』의 주된 작성자를 언급하라고 한다면 우르시누스라고 말할 수밖에 없다. 그의 소요리문답서와 대요리문답서는 『하이델베르크 요리문답서』에 끼친 그의 영향력을 보여준다. 소요리문답서는 그 구성과 문답의 대부분이 『하이델베르크 요리문답서』와 유사하거나 관련되어 있어, 『하이델베르크 요리문답서』의 초안으로 볼 수 있다. 또 대요리문답서의 내용 중 일부(예를 들어 권징)가 하이델베르크 교리문답에서 발견되고 있으므로, 대요리문답서는 소요리문답서 만큼 직접적이진 않으나 분명히 관계가 있다. 저자에 대해 결론적으로 정리한다면, 『하이델베르크 요리문답서』의 저자는 공식적으로는 요리문답서 작성위원회에 돌려질지라도, 『하이델베르크 요리문답서』의 초안 또는 그 핵심적인 역할은 우르시누스에게 있다.

『하이델베르크 요리문답서』 초판 표지

Catechismus
oder
Christlicher Underricht/

wie der in Kirchen und Schulen der Churfürstlichen Pfaltz
getriben wirdt.

Gedruckt in der Churfürstlichen Stad Heydelberg/ durch
Johannem Mayer.
1563

요리문답서
또는 기독교 교육서

선제후령 팔츠의 교회와 학교에서 실행되는 방식

선제후령 도시 하이델베르크, 요한 마이어를 통해서 인쇄됨,
1563

동기와 목적

초판 서문에서 팔츠의 선제후 프리드리히 3세는 교회와 학교의 사역자들에게 『하이델베르크 요리문답서』의 동기와 목적을 밝힌다.[4] 여기서 우리는 첫 번째 동기로서 선제후의 소명의식을 발견한다. 선제후가 자각한 자기 직무의 중요한 소명은 "무엇보다도 전능하신 이와 그의 구원하는 말씀에 대한 바른 지식과 경외를 가르치고 거기로 인도하는 것"이다. 그래서 "하나님과 그의 말씀에 대한 바른 지식과 경외"라는 선제후의 소명의식이 『하이델베르크 요리문답서』의 출발점이라고 할 수 있다.

둘째, 개혁에 대한 열망이다. 프리드리히 3세가 선임자들의 규례와 조치들을 긍정적으로 평가하면서도, 선임자의 규칙과 조치들을 단순히 되풀이하는 데서 그치지 않고 개혁하겠다고 밝힌다. 이것은 루터주의와 개혁주의 사이의 갈림길에서 개혁을 멈출 수 없는 상황임을 보여준다. 이제 팔츠는 개혁을 향하기 위해서 새로운 요리문답서가 필요했던 것이다.

셋째, 청소년들에 대한 염려다. 프리드리히 3세가 발견한 팔츠교회의 현실은 "피어나는 청소년들이 학교와 교회에서 기독교 교리를 아주 경솔하게, 또는 한편에선 전혀 가르침을 받지 않거나, 한편에선 다르게 또는 지속적이고 확실하고 통일적인 요리문답서가 아니라 각자의 마음과 판단에 따라 가르침을 받고 교육받는다"는 것이었다. 이런 신앙교육의 부재 또는 제멋대로인 신앙교육으로 여러 잘못된 결과들이 나온다는 사실이 언급된다. 하나님의 말씀을 알지 못한 채 성장하는, 나아가 잘못된 교리로 고통받는 청소년들에 대한 염려가 『하이델베르크 요리문답서』에 대한 동기였다.

이렇게 프리드리히 3세의 소명의식과 더 나은 개혁을 위한 열망과 자라나는 청소년들의 교육부재라는 상황은 팔츠를 위한 요리문답서를 만들게 한 충분한 동

---

4) 이남규, "팔츠(하이델베르크)교회와 신앙교육", 「신학정론」 제32권 2호 (2014.11): 145-151.

기가 되었다.

이러한 동기에서 나오는 첫 번째 목표는 '바름'(*Richtigkeit*)과 '같음'(*Gleichheit*)이다. 팔츠는 요리문답서를 통해서 바른 교리만이 아니라 통일된 교육을 추구하고자 했다. 서문을 따르면, 청소년들이 처음부터 바름과 같음을 위해 "순수한 같은 형식의 교리로"(*zu reiner / auch gleichförmiger lehr*) 배워야 한다. 그래서 교리문답서를 통해서 "오류와 불일치"(*unrichtigkeit und ungleichheit*)을 없애야 한다. 가르침을 받는 자들인 청소년들은 "경건한 가르침을 통일되게" 가져야 하며, 가르치는 자들인 설교자와 교사들은 "자기 생각대로 날마다 다른 것을 택하면 안 되며"(같음을 위하여), "그릇된 교리를 도입하면 안 된다"(바름을 위하여)라고 한다. 이렇게 순수와 통일이 중요한 목표였다.

신앙교육의 두 번째 목표는 단순한 교리 지식 교육이나 교리 개혁이 아니라 삶 전체의 개혁이었다. 선제후는 하나님의 구원하는 말씀을 "모든 덕과 순종의 유일한 근원"(*als dem einigen fundament aller Tugenten und gehorsams*)이라고 규정한다. 따라서 "훈육과 정직과 다른 모든 선한 덕들"은 어려서부터 교리와 복음과 하나님을 아는 지식으로 가르칠 때 가능하게 된다. 프리드리히 3세에게 신앙교육과 생활교육은 분리되어 있지 않다. 신앙교육은 한 사람의 성품과 인격과 생활을 변화시켜 덕을 갖춘 사람이 되도록 하는 것이다.

신학적 입장

19세기의 개혁신학자 하인리히 헤페(Heinrich Heppe)는 독일 개신교의 기원을 다루면서 『하이델베르크 요리문답서』가 멜란히톤적이라고 주장했다. 이런 주장에 대해 이미 당대에 칼 주드호프(Karl Sudhoff)가 저자들의 기원과 경향, 하이델베르크 신학자들의 다른 글들, 그리고 『하이델베르크 요리문답서』 자체를 상세히 분석하면서 헤페의 의견을 논박했다.[5] 비어마(Bierma)가 잘 지적한대로 헤페는 화합의 분위기에서 개혁주의와 루터주의의 역사적 기원이 하나라는 근거를 찾으려는 의도에서 위와 같은 무리한 평가를 하게 된 것이다.[6] 『하이델베르크 요리문답서』는 종교개혁 지역의 문서로서 개신교가 받는 공통의 내용이 포함되는 것은 자연스럽다. 하지만 공통내용이 있다는 이유로 『하이델베르크 요리문답서』를 개혁주의와 루터주의의 화합의 산물로 평가하는 것은 오류다. 또는 그런 관점 아래서 『하이델베르크 요리문답서』에서 개혁주의 특징을 지우려는 시도는 정당하지 못하다.

이런 정당하지 못한 평가는 『하이델베르크 요리문답서』 주저자인 우르시누스가 멜란히톤파로 분류되는바, 바로 멜란히톤파에 대한 오해에 기인한다. 우리가 현대에 루터주의라고 칭하는 노선인 순루터파(*Gnesio Lutheran*)는 멜란히톤파와 다르다. 멜란히톤파와 칼빈파 사이에 결정적인 차이가 없었다. 멜란히톤은 이미 생전에 성만찬에 있어서 칼빈에게 가까이 갔으며 그의 제자 중 많은 이들(Zacharias Ursinus, Petrus Melius, Christoph Pezel)이 칼빈주의로 향했다고 평가된다. 또 멜란히톤파라 불리는 많은 자들이 '비밀 칼빈주의자들'(*Crypto-Calvinisten*)이라고 불리며 비텐베르크에서 쫓겨났다. 나아가 멜란히톤 자신이 '비밀 칼빈주의자'의 선구자로 불릴 수 있다.[7] 『하이델베르크 요리문답서』에 대해 화합을 말한다면, 칼빈파, 츠빙글리파, 그리고 칼빈에게 가까이 갔던 멜란히톤파의 화합이라고 할 수 있다.

---

5)   Karl Sudhoff, *C. Olevianus und Z. Ursinus* (Elberfeld, 1857), 120.

6)   Lyle D. Bierma, *The Doctrine of the Sacraments in the Heidelberg Catechism* (Princeton Theological Seminary, 1999), 6.

7)   Theodor Mahlmann, "Melanchthon als Vorläufer des Wittenberger Kryptocalvinismus," in *Melanchthon und der Calvinismus*, eds., Gunter Frank & Herman J. Selderhuis, (Stuttgart-Bad Cannstatt: Friedrich Fromman Verlag, 2005), 173-230.

내용과 특징

1) 전체구도

"사나 죽으나 당신의 유일한 위로는 무엇입니까?"『하이델베르크 요리문답서』의 문을 여는 이 유명한 질문은 수세기를 흘러 우리의 삶의 지향이 무엇인지를 들여다보게 한다. 이 질문에 대한 답은『하이델베르크 요리문답서』전체 내용의 요약이라 할 만하다.

사나 죽으나,
나는, 나의 몸과 영혼은 내 것이 아니라,
나의 신실하신 구주 예수 그리스도의 것입니다.

그는 자기 보혈로 내 모든 죗값을 완전히 치르셨고,
마귀의 모든 권세에서 나를 구원하셨습니다.

하늘에 계신 나의 아버지 뜻 없이는
내 머리에서 머리카락 하나도 떨어질 수 없게
나를 지키십니다.
곧 모든 것이 함께 나의 구원을 위해 일해야만 합니다.

그러므로 그는 성령을 통해 나로 영생을 확신케 하고,
또 내가 앞으로 계속 그를 위하여 살도록
마음으로 원케 하시고 준비시킵니다.

2문에서『하이델베르크 요리문답서』는 이 위로 가운데 살고 죽기 위해 알아야 하는 세 가지 내용을 소개한다. 내 죄와 비참이 얼마나 큰지, 내 죄와 비참에서 어떻게 구원받는지, 그 구원에 대해 어떻게 하나님께 감사해야 하는지, 이 세 가지는 『하이델베르크 요리문답서』의 구도가 된다. 이 요리문답서는 비참(3문-11문), 구원(12문-85문), 감사(86문-129문)로 이루어져 있다.

2) 언약의 구도

문답 자체가 언약에 관한 자세한 진술을 하지 않을지라도, 전체구도인 비참-구원-감사에서 언약의 구도가 나타난다. 우르시누스는 자신의 해설서에서, 중보자를 소개하는 18문답에서 언약을 설명하고, 그 뒤에 복음을 소개하는 19문답에서 진술하기를, 복음이 언약의 부분이며 복음이 새언약의 의미로 자주 사용된다고 말한다. 특히 그는 19문과 3문이 대응한다고 했는데, 이것은 『하이델베르크 요리문답서』의 구조와 관련해 중요하다. 3문에서 "어디에서 당신의 비참을 깨닫습니까?"라고 묻고, "하나님의 율법에서 깨닫습니다"라고 답한다. 중보자 예수 그리스도를 소개한 후 19문은 이렇게 묻는다. "이것을 어디에서 압니까?" "거룩한 복음에서" 안다고 답한다. 이 두 문답에서 '어디에서'(Woher)로 시작하는 질문 방식은 같다. 3문과 19문은 요리문답서의 비참과 구원 부분의 각각의 도입이면서 핵심 내용을 가르친다. 3문이 교리사적으로 나중에 등장할 행위언약의 그림자라면, 19문은 은혜언약을 보여준다. 따라서 『하이델베르크 요리문답서』의 전체구도인 '비참-구원-감사'에서, 비참은 행위언약에 연결되고, 구원은 은혜언약에, 감사는 은혜언약 안에 들어온 자들의 삶에 연결된다.

3) 사도신경 해설

사도신경은 형식적으로 『하이델베르크 요리문답서』의 중심을 차지한다. 요리문답서는 먼저 인간의 위로를 최고선으로 제시한 후(1문), 위로 안에 살기 위한 세 가지, 비참-구원-감사의 구조를 소개한다(2문). 하나님의 율법을 범하여 비참 아래 있는 인간을 보여주고(3문-11문), 이 비참에서 구원할 중보자를 소개한다(12-19문). 그러나 이 중보자 때문에 모든 인류가 구원받는 것이 아니고 참된 믿음으로 그리스도에게 연합된 자가 구원받는다(20문). 여기서 무엇을 믿을지 그 믿을 바 내용으로 사도신경이 등장한다(22문). 이후 58문까지 『하이델베르크 요리문답서』는 많은 분량을 사도신경 해설에 사용한다.

사도신경을 가르치면서 개혁주의 특징을 나타낸다. "전능하사 천지를 창조하신 하나님 아버지를 내가 믿사오며"에서 단순히 창조만을 해설하지 않고, 섭리를 가르친다. 하나님의 창조를 믿음은, 창조하셨다는 그 자체만 믿는 것이 아니라 "영원한 작정과 섭리로서 이 모든 것을 여전히 보존하고 다스리심"도 함께 믿는 것이다(26문). 따라서 27문에서 "모든 것이 우연이 아니라"는 하나님의 섭리가 해설된다. 창조자 하나님에 대한 고백은 "영원한 작정과 섭리로서" 다스리시는 하나님에 대한 고백도 포함한다.

사도신경의 기독론을 살펴보면, 먼저 29문에서 죄에서 구원하시는 "예수"의 의미를 해설하고, 30문에서 "다른 성인"에게서 구원과 복을 찾는 일을 행위로 예수님을 부정하는 일이라 정죄하여서 "성인 숭배"를 거절한다. 31문에서 '그리스도'의 의미를 가르치면서 칼빈에게서 시작된 그리스도의 삼중직을 해설한다. 35문에서 "성령으로 잉태되사 동정녀 마리아에게서 나시고"에서 "동정녀 마리아의 살과 피로부터 참된 인성을 취하셨다"라고 답한다. 이 답은, 인성은 하늘에서 취하고 마리아는 단순한 통로였다는 재세례파의 주장을 거절한다. 44문은 "지옥에 내려가셨으며"란 사도신경 조항을, 칼빈을 따라서 주께서 십자가에서 말할 수 없는 고통을 당하심으로 "나를 지옥의 두려움과 고통에서" 구하셨다고 이해한다.

당시 루터파와 논쟁하면서 개혁주의 특징이 가장 잘 드러나는 부분은 그리스도의 승천 부분이다. 그리스도의 인성은 더는 땅에 계시지 않으나, 그리스도는 신성과 위엄과 은혜와 성령으로는 우리를 떠나지 않는다(47문). 그러나 이것이 신성과 인성의 분리를 말하는 것이 아님은, 신성은 인성 안에도 밖에도 계시면서 두 본성이 한 위격에 연합되었기 때문이다(48문).

4) 예정

『하이델베르크 요리문답서』는 예정에 대해 독립적인 문답으로 상세하게 말하지 않는다. 그래서 이 요리문답서가 개혁교회의 입장에서 물러난 것이라는 의심을 받곤 한다. 그러나 예정에 대한 독립적 문답이 없다는 이유로 하이델베르크 신학자들이 이중예정을 거절했다거나, 『하이델베르크 요리문답서』가 예정을 다루지 않는다는 평가는 부당하다. 하이델베르크 신학자들이 당대에 이중예정을 어떻게 생각했는지는 스트라스부르의 찬키우스에게 보낸 평가서에서 잘 드러난다. 찬키우스가 스트라스부르 예정론 논쟁(1561-1563년)에서, 하나님께 영생으로 선택된 수와 유기된 수가 확정적이며, 한번 선택된 자는 유기될 수 없다고 했다.[8] 1561년 8월 25일 (즉, 『하이델베르크 요리문답서』가 작성되기 전이다) 팔츠의 신학자들 (Petrus Boquinus, Immanuel Tremellius, Caspar Olevianus, Michael Diller)은 찬키우스의 강한 이중예정론에 대해서 거절하지 않고 함께하면서 서명했다.[9] 게다가 1567년 찬키우스는 하이델베르크에 와서 가르쳤다. 이런 증거들은 하이델베르크 신학자들이 이중예정을 반대해서 요리문답서에 예정을 포함하지 않았다는 주장을 거절한다.

『하이델베르크 요리문답서』는 예정에 관해 독립적인 문답으로 가르치지 않으나, 그리스도가 다시 오실 때, "택함을 받은 모든 사람과 함께" 나를 하늘의 기쁨과 영광으로 들어가게 하신다고 답한다(52문). 또 "거룩한 보편 교회"에 대하여

---

8) Girolamo Zanchi, *Operum Theologicorum 7-1* (Geneva, 1649), 63.

9) *Neuser*, 306.

답할 때도 "영생을 위하여 선택하신 무리"를 전 인류로부터 취하신다고 가르친다. 이 두 문답을 통하여 하나님의 예정을 분명히 드러낸다. 나아가 요리문답서 전체를 통해서 하나님의 작정과 선택에 의한 구원임을 강하게 암시한다. 하나님께서 "영원한 작정과 섭리로" 만물을 보존하고 다스리시며(26문답), 믿음의 기원은 성령이며(65문답), 그리스도는 성령으로 영생을 확신시켜 주시고(1문), 성령이 영원히 신자와 함께한다는 고백은(53문답), (선택이 견인과 연결된다는 점을 생각한다면) 예정교리에 연결된 내용이라고 할 수 있다.[10]

하이델베르크 신학자들이 예정을 포기하거나 거절하거나 후퇴했다는 주장은 적절하지 않다. 다만 얼마나 깊은 수준으로 가르칠 것인가에 대한 관점에서 보자면, 이 주제만큼은 단순한 수준에 머물게 된 것이다. 그런데 칼빈의 『제네바 요리문답서』에도 예정은 독립적인 문답으로 자세히 말하지 않고, 사도신경 해설 부분의 교회를 "영생으로 정하신 택하신 무리"(93문)라고 하여서 『하이델베르크 요리문답서』와 비슷한 수준이다. 그러나 이것 때문에 아무도 제네바가 예정을 거절했다고 말하지 않는다. 마찬가지로 『하이델베르크 요리문답서』에 예정에 관한 독립적인 문답이 없다는 이유로 하이델베르크 신학자들의 입장을 곡해해서는 안 될 것이다.

5) 이신칭의에 대한 강조

『하이델베르크 요리문답서』의 두 번째 부분인 구원을 가르치는 부분은 크게 보면 '중보자 소개–믿음의 필요성–믿을 바 내용으로서 사도신경 해설–이신칭의–성례'의 구조다. 사도신경과 함께 믿음을 어떻게 가르치는지를 보게 되면, '믿음(구원 얻으려면 믿어야 한다)–사도신경 해설(무엇을 믿어야 하는가?)–믿음(구원은 믿음으로 얻는다)'의 구조다. 즉, 믿음이란 주제로 사도신경 해설(믿을 바 내용)을 감싸

---

10)   Bierma, "The Sources and Theological Orientation of the Heidelberg Catechism," in Lyle D. Bierma, ed., *An Introduction to the Heidelberg Catechism*, 95.

고 있다. 이 구도 속에서 믿음에 대한 개혁교회의 바른 이해와 이신칭의 교리의 의미가 잘 나타난다.[11]

첫째, 이 구도 속에서 믿음으로 얻는 의의 개념이 명시적으로 반복된다. 믿음으로 구원에 이르는 일을 반복해서 가르칠 뿐 아니라(20문답과 21문답) 사도신경 해설 후에도 이신칭의 교리를 자세히 체계적으로 해설한다(59문답-64문답).[12] 『하이델베르크 요리문답서』는 사도신경 해설을 중심에 놓고 앞과 뒤에서 반복 확장하면서 이신칭의를 강조한다.

둘째, 이 구도 속에서 믿음이 성령의 일이라는 점이 더욱 강조된다. 믿음을 성령의 일로 이해할 때 이신칭의 교리는 분명해진다는 의미에서, 이점은 개혁교회 교리의 특징이다. 믿음의 기원을 성령께서 일으키신 일로 이미 20문의 답변에서 말할 뿐 아니라, 65문에서 "이 믿음이 어디에서 옵니까?"라는 질문으로 믿음의 기원을 다시 묻는다. 여기서 성령은 믿음을 일으키실 뿐 아니라 강화하신다.

셋째, 구원을 전적으로 하나님의 은혜로 돌리고 있음이 이 구도에서 드러난다. 구원은 '순전히 은혜로부터'(*aus later Gnade*) 하나님으로부터 주어지는 것(*von Gott geschenkt ist*)이며(21문답), 나의 공로가 전혀 없이(*ganz ohne mein Verdienst*) '순전히 은혜로부터' '하나님께서 주시는 것'(*Gott schenkt*)이다(60문답).

6) 성례

종교개혁 시기 가장 많은 논쟁이 있었던 주제 중 하나는 성례다. 성례에 대해서는 로마 가톨릭과 종교개혁 사이에서만이 아니라, 개신교 내에서 불일치가 있

---

11) 다음을 참고하라: 김병훈, "'믿음으로 의롭게 됨'과 관련한 하이델베르크 요리문답과 트렌트 종교회의 교령의 이해의 차이", 「장로교회와 신학」 11 (2014): 131; E. Gyenge, "Der Glaube, seine Gewissheit und Bewahrung," in *Handbuch zum Heidelberger Katechismus*, ed., Lothar Coenen (Neukirchen-Vluyn: Neukirchener Verlag, 1963), 113.

12) Andreas Beck, "Das Heil nach dem Heidelberger Katechismus," in *Handbuch Heidelberger Katechismus*, eds., Arnold Huijgen & John V. Fesko & Aleida Siller, (Gütersloh: Gütersloher Verlag, 2014), 253.

었다. 하이델베르크가 개혁주의로 노선을 택하자 떠날 수밖에 없었던 루터주의자 헤스후스는 "거룩한 만찬의 적인 츠빙글리주의자와 칼빈주의자들" "칼빈주의자들은 악한 입을 가진 비방자이다" 등의 표현을 써가며 하이델베르크 신학자들을 비난했다.[13] 하이델베르크 신학자들이 성례 교리의 문답에 큰 노력을 더 할 수밖에 없었던 것은 당연한 일이었다.

성례는 이신칭의 교리를 설명한 후, 믿음의 기원에 관한 설명에서 등장한다. 성령께서 설교를 통해 믿음을 일으키시고, 성례의 시행으로 믿음을 굳게 하신다(66문). 그리고 이어서 67문부터 성례가 설명된다. 그러므로 '이신칭의-믿음의 기원-성례'의 구조를 갖는다. 즉, 믿음으로 의롭게 되고(이신칭의), 성령께서 설교(믿음의 시작)와 성례를 통해(믿음의 강화) 역사하시는데(믿음의 기원), 성례란 복음 약속의 표이며 인이다(성례).

67문에서 말씀과 성례가 전하는 내용에 있어서 서로 다르지 않고 같다는 점을 강조한다. 이 둘을 통해 전달되는 내용은, 우리의 모든 구원이 그리스도께서 우리를 위해 십자가 위에서 이루신 단번의 제사에 있다는 사실이다(67문). 말씀과 성례 둘 다 같은 복음을 담고 있다. 성례란 하나님께서 제정하신 것으로서 이 복음을 나타내고(표) 확증하는(인) 것이다. 성례가 이렇게 정의되기에, 세례와 성만찬의 의미는 "그리스도께서 십자가 위에서 이루신 단번의 제사"가 어떻게 유익이 되는지(세례)와 이 제사와 그의 은택에 참여함을 어떻게 깨닫고 확신하는지(성만찬)를 알려준다(69문, 75문).

『하이델베르크 요리문답서』의 세례와 성만찬은 둘 다 은혜언약의 이중은택, 즉 칭의와 성화를 보여준다. 이 점은 성례 용어의 의미를 묻고 답하는 70문과 76문에서 나타난다. 세례는 물로 씻는 것처럼 죄 씻음을 말하는데(69문), 죄 씻음이란 다시 그리스도의 피로 씻음(죄사함)과 성령으로 씻음(새롭게 되어 거룩하게 됨)으로 구성된다(70문). 여기서 죄는 사함이 필요한 죄책과 새롭게 되어 거룩하게 되어지

---

13)　여기에 대한 논의: 이남규, "칼빈주의의 생성과 발전", 「한국개혁신학」 27 (2010): 332.

는 부패로 구성된다는 것을 전제한다. 76문에서도, 그리스도의 몸과 피를 먹고 마신다는 의미로 죄사함과 영생을 얻음(칭의)과 성령으로 그리스도의 거룩한 몸에 더욱더 연합됨(성령으로 거룩하게 됨)을 말했다. 이렇게 『하이델베르크 요리문답서』는 칼빈 이후 개혁신학에서 강조되는 언약의 이중은택을, 언약의 표를 설명하는 성례론에 포함한다.

7) 그리스도인의 생활 강조

그리스도인의 생활에 대한 강조가 교리문답서의 세 번째 부분 "구원을 주신 하나님께 어떻게 감사할 것인가?"에 잘 나타난다. 선행을 하는 근본적인 이유는, 성령이 우리를 새롭게 하셔서 하나님의 형상을 닮게 하시기 때문이라는 존재의 변화다(86문답). 이런 변화된 삶은 하나님께 드리는 감사와 찬양이며, 타인을 향하여는 그리스도에게 인도하는 길이다. 즉, 존재의 변화에 따른 결과가 선행의 또 다른 이유가 된다. 회개하지 않는 삶을 계속 사는 자는 구원받을 수 없으며(87문답), 회개의 삶을 사는 자가 하나님의 뜻을 따라 선행의 삶을 산다(90문답). 이런 율법의 서론 아래서 십계명의 해설이 있게 된다(92-113문답). 십계명 해설의 첫 번째 목적(115문답)은, 사람이 죄악된 본성을 깨닫게 하여 그리스도 안에 있는 사죄와 의를 추구하도록 하는 것이다. 이것은 그리스도에게 인도하는 율법의 사용(*usus elenchticus legis*)을 말해준다. 그리고 두 번째 목적은 하나님의 형상으로 변화되기를 노력하게 하는 것과 성령의 은혜를 구하는 것이다. 이 목적은 율법의 제3사용(*usus tertius legis*) 또는 교육적 목적(*usus didacticus legis*)을 보여준다. 요리문답서가 가르치는 감사의 삶이란 회개의 삶이자 새 사람의 삶이며 곧 율법에 따른 삶이다. 이렇게 요리문답서의 감사 부분에서 소위 '율법의 제3사용'으로 불리는 개혁주의 중요한 특징이 드러난다.

팔츠 교회법에 나타난 신앙교육

요리문답서의 내용은 교회실천에 적용되어야 한다. 팔츠교회 지도자들은 요리문답서의 내용이 목회 실천에 적용되는 교회법을 만들었다.[14] 『하이델베르크 요리문답서』는 1563년 11월에 나온 팔츠교회법의 심장이다. 『하이델베르크 요리문답서』 전체를 첨부하기 전에 '그래서 요리문답서가 다음 방식으로 사용되어야 한다'(*Soll derhalben der catechismus auf nachvolgende form gehalten werden*)는 제목 아래 주된 활용 방식에 관해 설명한다. 또 요리문답서 전체를 첨부한 뒤에 요약을 첨가해서 신앙교육에 활용되도록 했다. 팔츠교회법은 요리문답서를 단순히 첨부하는 것에 그치지 않고 구체적으로 교회에서 어떻게 사용하여 성도들의 신앙을 도울지 알려준 것이다. 교회법이 정한 활용방식은 크게 세 가지 곧 요리문답서 낭독, 요약 낭독, 설교로 구분할 수 있다.

첫째, 요리문답서를 낭독하도록 했다. 매 주일과 휴일에 마을과 도시에서 목사는 설교하기 전에 요리문답서의 한 부분을 회중 앞에서 읽어주어야 했다.[15] 요리문답서의 낭독은 공예배의 중요한 순서를 차지한 것이다.

둘째, 요리문답서 요약 낭독이 요리문답서 교육의 중요한 한 방법이었다. 팔츠교회법은 『하이델베르크 요리문답서』와 함께 바로 뒤에 요리문답서 요약을 첨부했다. 도시에서는 요리문답서 요약이 두 번째 예배의 설교 전에 낭독되었고, 시골에서는 오후 예배 순서 중 십계명을 낭독하는 시간에, 십계명 대신 요리문답서 요약이 낭독되도록 했다.

셋째, 요리문답서 설교다. 이것은 요리문답서를 통한 신앙교육에서 가장 중요하다. 팔츠교회법은 매주일 오후마다 각 지역에서 적당한 시간에 요리문답서 설교가 실행되도록 규정했다.

---

14)   참고: "팔츠(하이델베르크)교회와 신앙교육", 「신학정론」 제32권 2호 (2014.11): 151-166.

15)   Emil Sehling, ed., *Die evangelischen Kirchen Ordnungen des XVI. Jahrhunderts: Band 14 Kurpfalz*, (Tübingen: Mohr, 1969), 342.

『하이델베르크 요리문답서』의 내용은 단순히 위에서 언급된 특정한 교육방식을 통해서만이 아니라 목회 실천 전체를 통해서 전달되어야 했다. 예를 들어, 환자 심방에서 목사는 요리문답서 제1문을 가지고 위로해야 한다. 팔츠 교회법에 『하이델베르크 요리문답서』 전체가 첨부되었고, 자세한 구체적인 교육 방법에 대한 지시만 있는 것이 아니다. 목회 실천과 관련한 여러 조항에서 요리문답서의 흔적이 나타난다.

먼저 설교가 『하이델베르크 요리문답서』와 관련된다. 교회법에 따르면 하나님의 말씀은 세 가지를 알려준다. 하나님의 말씀은 인간이 자신의 죄와 비참함을 향하도록 하고, 어떻게 모든 죄와 비참함에서 구원받을지 가르치며, 그들이 하나님께 이 구원에 어떻게 감사할지 알려준다. 이것은 『하이델베르크 요리문답서』의 구조, 즉 비참-구원-감사다. 여기서 신구약성경과 설교와 요리문답서는 분리되지 않는다. 하나님은 우리가 영생을 얻고 하나님을 아는 지식을 갖도록 성경을 주셨으며, 이 성경의 내용을 전하는 일이 설교다. 그리고 설교의 내용은 『하이델베르크 요리문답서』의 내용과 같다. 나아가 요리문답서는 성경해석과도 관련된다. 교회법은 설교자가 본문에서 이 세 가지 요소, 즉 비참-구원-감사를 발견할 것을 권하기 때문이다.

세례예식서에서도 교육에 관한 관심이 발견된다. 유아세례 후 감사기도에서 "아이가 그리스도의 것으로 하나님의 복을 받으며 양육되며 주 예수 그리스도 안에서 성장하고 자라기를" 구한다. 감사기도 후 권면에서 교육을 특별히 강조한다. "그래서 여러분이시여, 친구, 친척, 특히 아버지와 세례 입회인인 그대들은 이 아이가 하나님께서 하늘에서 계시하시고 신구약에 모아주신 기독교 신앙의 조항과 교리를 따라 바른 지식을 갖고 하나님을 경외하면서 주 그리스도를 위해 양육되도록 모든 노력을 다하셔야 합니다."[16]

이 문구가 포함된 세례 예식서가 마치면 바로 '요리문답서에 관하여'(vom

---

16)   *Die evangelischen Kirchen Ordnungen des XVI. Jahrhunderts: Band 14 Kurpfalz*, 341.

catechismo) 항목이 이어진다. 세례를 다루고 요리문답서를 다루는 연결방식은 세례받은 자녀에 대한 신앙교육을 함의한다. 이런 구도(설교-세례-요리문답서-성만찬)는 하나님의 백성에게 말씀이 주어지고, 언약의 표인 세례를 받으며, 세례받은 주의 백성은 말씀의 교육을 (요리문답서와 함께) 체계적으로 받으면서 성만찬에 참여한다는 순서를 보여준다.[17]

성만찬 예식에서도 하이델베르크 요리문답서는 계속 사용된다. 목사는 성만찬 예식에 참여하는 자는 자신을 살필 것을 권하면서 세 가지를 언급해야 한다. 이 세 가지가 바로『하이델베르크 요리문답서』의 요약이다.[18] 첫째, 각자 스스로 자신의 죄와 망함을 생각해야 한다. 하나님은 죄를 벌하지 않고 지나치신 것이 아니라 예수 그리스도의 십자가의 죽음으로 벌하신 것이다. 둘째, 각자 자신의 마음을 살펴 확실한 하나님의 약속을 믿는지 보아야 한다. 곧 오직 예수 그리스도의 고난과 죽음 때문에만 자신의 모든 죄가 용서되며, 그리스도의 완전한 의가 마치 자기의 것인 듯 전가되고 주어진다는 사실을 믿어야 한다. 셋째, 각자 앞으로 온 생애 동안 주 하나님께 감사하며 하나님 앞에서 바르게 살 것인지를, 또 위선 없이 모든 적의와 질투와 미움을 거절하면서 이후로는 참된 몸과 연합 안에서 이웃과 함께 살기로 진지한 결심을 했는지를 살펴야 한다.

확산과 현재[19]

『하이델베르크 요리문답서』의 초판의 제목은 "선제후 령 팔츠의 교회와 학교

---

17) Victor E. d'Assonville, "'And thou shalt teach these words diligently …': Remarks on the purpose of the Heidelberg Catechism regarding its teaching nature," in *die Skriflig/In Luce Verbi* 47(2) (16 Oct. 2013), Art. #679: 4.

18) *Die evangelischen Kirchen Ordnungen des XVI. Jahrhunderts: Band 14 Kurpfalz*, 384.

19) 이 내용은 다음의 요약이다. 이남규,『우르시누스, 올레비아누스, 하이델베르크 요리문답서의 두 거장』(서울: 익투스, 2017), 234-241.

에서 실행될 요리문답서 또는 기독교 교육"(*Catechismus Oder Christlicher Underricht wie der in Kirchen und Schulen der Churfürstlichen Pfalz getrieben wirdt*)이다. 본래 팔츠 지역만을 위한 것이었으나 영향력을 넓혀 가면서, 팔츠의 수도였던 하이델베르크를 따라서 『하이델베르크 요리문답서』란 이름이 붙여졌다.

그러나 여러 반대가 있었다. 그 절정은 1566년 아우크스부르크에서 열린 제국 회의(*Reichstag*)였다. 황제 막시밀리안 2세는 요리문답서를 취소하라고 프리드리히 3세에게 압력을 넣었다. 프리드리히 3세는 자신의 양심이 오직 주님 한 분만을 섬기기에 황제의 명령에 굴복할 수 없다며 요리문답서가 성경에서 나왔기 때문에 포기하지 않을 것이라고 했다. 이 감동적인 연설은 그를 '경건자'(der Fromme)로 불리게 했고, 독일의 개신교 통치자들은 『하이델베르크 요리문답서』가 『아우크스부르크 신앙고백서』에서 벗어나지 않았다고 평가했다. 대다수의 루터주의 교회로부터 고립되는 대가를 치렀지만, 아우크스부르크 평화협정 안에 머무를 수 있었다.

독일 루터주의를 벗어나 개혁교회가 있는 곳에서 『하이델베르크 요리문답서』는 빠르게 영향력을 확장했다. 가장 큰 이유는 신학적 용어보다 주로 성경에서 나오는 보편적 용어들을 사용했기 때문이다. 그러면서 중요 내용을 포기하지 않았다. 예정, 언약, 섭리의 내용을 포기하지 않았으며, 기독론과 성만찬론에서도 개혁교회에서 가르쳐왔던 내용을 선명하게 드러냈다. 또 '너'에게 묻는 질문 방식을 통해서 학습자가 '나'의 문제임을 알게 했다. 신자들이 교회의 고백을 하되 자신의 고백으로 하게 함으로써 『하이델베르크 요리문답서』는 믿음으로 얻은 복과 영생과 위로가 자신의 것임을 확신케 하면서 대답하게 한다. 마지막으로 전체 내용이 논리적으로 연결되면서도 아름다운 운율로 되어있어 청소년들이 쉽게 암송할 수 있었다는 장점이 있다.

『하이델베르크 요리문답서』는 1563년 이미 네덜란드어로 번역되어 인쇄되었다. 팔츠지역 프랑켄탈(Frankenthal)이라는 곳에 머물던 네덜란드에서 온 신앙 난

민들은 자신들의 요리문답서로 받아들였다. 1568년 베젤(Wesel)에서, 1571년 엠덴에서 네덜란드 교회의 요리문답서로 인정했다. 1618/19년에 열렸던 도르트(Dordrecht) 총회에서 총대들의 승인을 받은 것은 그 절정이었다. 총대들은『하이델베르크 요리문답서』를 "기독교 정통교리의 매우 정확한 개요"(*admodum accuratum Orthodoxae doctrinae Christianae compendium*)라고 규정했다. 이렇게 해서 17세기 초에 팔츠의 요리문답서는 팔츠 지역을 넘어 전체 유럽 개혁교회의 공식적인 인정을 받았다.

여러 나라의 언어로 계속 번역되었다. 왈론파를 위해서 프랑스어로 번역되었다. 영역은 1572년 런던에서 출판된 이후 여러 번 출판되었다. 헝가리에서는 1577년 번역 출판되고 이후에도 여러 번 간행되는데, 1607년에 시편송과 함께 요리문답서가 포함되어 있다. 1619년 다뉴브 상부 지역 개혁교회가『하이델베르크 요리문답서』를 사용하기로 한 이후 계속 확대되어서, 1646년 헝가리 개혁교회 총회에서 각 교회가 사용하기로 했다. 네덜란드, 독일, 스위스에서 아메리카 대륙으로 건너간 이들에 의해 세워진 교회들에서도『하이델베르크 요리문답서』가 사용되었다.

그러나 18세기 후반부터 계몽주의 영향 아래서 점차 자리를 잃어갔다. 독일의 경우 1817년 루터교회와 개혁교회의 연합이 여러 곳에서 시작되며 요리문답 설교는 급격히 약화했다. 네덜란드에서는 1816년 왕정 주도로 시작된 교회 체제(Hervormde Kerk)에서 신앙고백서는 그 권위에 금이 갔었고, 1863년부터 요리문답서 설교는 목사의 판단에 맡겨졌다.[20] 이런 흐름에 반대해서 1834년 소위 분리(Afschei-dung)에 의해서 시작된 교회들(주요교단은 '기독개혁교회'[Christelijke Gereformeerde Kerk]이다)에서 요리문답설교가 계속 유지되었다. 1866년 소위 애통(Doleantie)에 의해 시작된 교회들(Gereformeerde Kerken in Nederland)에서도 요리문답 설교가 유지되었으나, 소위 1944년 해방파(Vrijgemaakt)의 분리 이후 급속

---

20)   Willem J. op't Hof, "Die Predigt des Heidelberger Katechismus," 89.

히 약화했다.

　독일의 경우 2011년 설문조사 결과를 따르면, 규칙적으로 매주 『하이델베르크 요리문답서』 설교를 해오고 있는 교회가 약 20개 정도다. 네덜란드의 경우 매주 45–60분 정도 걸리는 『하이델베르크 요리문답서』 설교를 듣는 인구가 약 25만 명이다.[21] 네덜란드개혁교회(해방)(Gereformeerde Kerken in Nederland [vrijgemaakt])와 기독개혁교회(Christelijke Gereformeerde Kerken)의 경우 교단이 운영하는 학교가 있어, 자녀들이 가정과 학교에서 『하이델베르크 요리문답서』를 배우며, 주중에 목사에게서 요리문답 교육을 받는다. 오후에 요리문답서 설교를 한다는 점과 교회만이 아니라 학교와 가정도 요리문답서 교육에 참여한다는 점에서, 팔츠의 요리문답서는 교육 방식에서도 현재까지 영향을 끼치고 있다.

---

21)　Willem J. op't Hof, "Die Predigt des Heidelberger Katechismus," 95.

10. 제2 스위스 신앙고백서

(*Confessio Helvetica Posterior*, 1566)[1]

개요

'스위스 신앙고백서'(*Confessio Helvetica*)란 이름으로 두 신앙고백서가 있다. 1536년 『제1 스위스 신앙고백서』(*Confessio Helvetica prior*, 1536)와 30년 후인 1566년에 나온 『제2 스위스 신앙고백서』(*Confessio Helvetica posterior*, 1566)다. 첫 번째는 스위스 독일어권에서 나온 것이고, 두 번째는 독일어 지역과 프랑스어 지역이 함께한 신앙고백서다. 불링거가 작성한 신앙고백서를 스위스 지역이 받아들였다.

작성배경

불링거의 개인적인 신앙고백서가 『제2 스위스 신앙고백서』가 되었다. 개인적 신앙고백서란 불링거가 이 문서를 순전히 사적 목적으로 작성했다는 의미는 아니다. 불링거는 취리히교회의 대표며 지도자로서 하나님이 자신을 부르실 때 취리히 교회에 자신의 분명한 신앙고백서를 남길 작정이었다. 그러니까 개인적으로 작성했으나 공적 책임감으로 작성했다. 불링거는 이 신앙고백 유언에 "바른 믿음에 대한 간결하고 분명한 해설"(*Expositio brevis ac dilucida orthodoxae fidei*)이라는 이

---

1) Emidio Campi, "Confessio Helvetica Posterior," in *RBS2.2*, 243-357; Emidio Campi, "제2 스위스 신앙고백서 개론", 이남규 역, 「신학정론」37/1 (2019. 06): 225-65; *김영재*, 171-182, [신앙고백서의 한역은 같은 책] 514-598; Emidio Campi, 『스위스 종교개혁』 김병훈 외 4인 공역, (수원: 합신대학원출판부, 2016), 178-193; *Schaff*, vol. I, 390-420; Joachim Staedtke(ed.), *Glauben und Bekennen 400 Jahre Cofessio Helvetica Posterior* (Zürich: Zwingli Verlag, 1966).

름을 붙였다. 이 글은 1561년에 완성되었지만, 작성은 1560년 여름에 시작되었던 것으로 보인다. 예나(Jena)의 루터파 신학자들이 신학적 논쟁을 해결하기 위해 회의를 개최하자고 헤센의 필립 공에게 요구했다. 1560년 7월 1일 필립 공은 이 회의 개최에 대한 불링거의 의견을 물었다. 1560년 8월 20일 불링거는 취리히 목사들과 교수들의 이름으로 부정적 의견이 포함된 서신을 보냈다. 이 서신은 취리히 교회가 받는 교리의 개요를 포함하고 있었다. 이 개요의 구조와 내용이 후에 작성되는 제2 스위스 신앙고백서와 유사하여 11장까지는 문장 구성과 단어들이 상당히 일치한다. 따라서 학자들은 불링거가 1560년 여름에 신앙고백서 작성을 이미 시작했다고 추정한다. 그러나 이것은 시작이지 아직 완성은 아니다. 1561년 불링거는 스스로 밝히기를 바른 믿음에 대한 해설서를 작성하고 있다고 고백하기 때문이다. 1562년에는 피터 마터에게 초고를 보여주고 여러 의견을 들었다. 종합하면 1560년 여름에 작업을 시작해서 1561년까지 계속되어서 완성되었다고 볼 수 있다.[2]

불링거의 개인 문서가 공적으로 사용되게 된 계기는 신성로마제국의 정치적 상황이다. 1559년부터 팔츠의 선제후가 된 프리드리히 3세는 개혁주의에 점점 기울어서, 1563년 『하이델베르크 요리문답서』를 공포하고 팔츠 지역을 개혁주의 위에 견고하게 세우려고 했다. 그런데 루터파 제후들이 『하이델베르크 요리문답서』가 아우크스부르크 평화협정(1555)을 벗어났다고 프리드리히 3세를 위협했다. 아우크스부르크 평화협정에서 인정된 종교는 로마 가톨릭과 『아우크스부르크 신앙고백서』에 기초한 개신교였기 때문이다. 『하이델베르크 요리문답서』가 아우크스부르크 평화협정 밖에 있다는 이유로, 이제 프리드리히 3세와 팔츠는 『아우크스부르크 신앙고백서』를 떠난 이단이라는 정죄를 받고 제국의 평화 밖에 놓일 위기에 처해 있었다. 실제로 1565년 신성로마제국 황제 막시밀리안 2세는 1566년 1월에 아우크스부르크에서 제국회의를 개최하겠다고 공고했다. 그리고 이 회의

---

2)   Emidio Campi, "Confessio Helvetica Posterior," 이남규 역, "제2 스위스 신앙고백서 개론", 229-230.

의 주요 안건 중 하나로 금지된 위험한 이단을 어떻게 처리할지에 대한 문제, 즉 선제후령 팔츠의 문제를 언급했다. 급박한 상황 속에서 프리드리히 3세는 베자에게 지원해달라고 요청했고, 불링거에게는 개혁교회의 교리가 사도신경의 신앙과 일치하고 있음을 입증할 "간결하면서도, 명백하면서도, 분명한 신앙고백서"를 작성해달라고 부탁했다.[3]

불링거는 선제후 프리드리히 3세를 위해 새로운 문서를 작성하지 않고, 1565년 12월 18일 이미 자신이 써놓았던 "바른 믿음에 대한 간결하고 분명한 해설"을 보냈다. 1566년 1월 6일 선제후령 팔츠의 총리 크리스토프 에헴(Christoph Ehem)의 이름으로 불링거에게 편지가 왔다. 이 편지에서 에헴은 불링거의 신앙고백서에 동의한다고 하면서 신앙고백서를 독일어로 번역하여 인쇄할 수 있도록 해달라고 요청했다. 또 에헴은 불링거가 이 신앙고백서의 머리말과 서언을 작성해달라고 부탁했다. 그리고 불링거나 취리히교회 이름을 가진 라틴어판의 인쇄 가능성도 언급했다. 이 편지를 받은 불링거는 급히 취리히 의회의 허락을 받아 이제 불링거의 개인 신앙고백서는 취리히 교회의 신앙고백서로서 유효하게 되었다. 그리고 이 신앙고백서를 주변 다른 지역들이 받아들이기 시작했다. 2월 16일에는 제네바에서 베자가 취리히로 와서 제네바 교회의 이름으로 서명했다. 베자는 제네바로 돌아가서 이 고백서를 프랑스어로 번역했다. 베른도 아주 작은 수정과 함께 받아들였고 샤프하우젠도 승인했다. 결국, 당시 루터주의가 세력을 잡았던 바젤을 제외하고 모든 개혁파 지역이 이 신앙고백서를 받아들였다. 뮐하우젠(Mül-hausen)과 쿠어(Chur)와 비엘(Biel)도 이 신앙고백서에 서명했다. 그리하여 불링거가 개인적으로 작성했던 이 신앙해설서(*Expositio*)는 갑작스럽게 『제2 스위스 신앙고백서』(*Confessio Helvetica Posterior*)가 되었다.

스위스 전체 지역이 왜 이렇게 서둘러 하나의 신앙고백서에 동의하고 받아들였을까? 그것은 그만큼 스위스를 위한 신앙고백서가 필요한 시점이었음을 말해준

---

3)   Emidio Campi, "Confessio Helvetica Posterior," 이남규 역, "제2 스위스 신앙고백서 개론", 227.

CONFESSIO
ET EXPOSI-
TIO SIMPLEX ORTHODO-
xæ fidei, & dogmatum Catholicorum synce-
ræ religionis Christianæ, concorditer ab Ec-
clesiæ Christi ministris , qui sunt in Heluetia,
Tiguri, Bernę, Scaphusij, Sangalli, Curię Rhe
torum & apud confœderatos, Mylhusij item,
& Biennæ, quibus adiunxerunt se & Gene-
uensis Ecclesiæ ministri, edita in hoc, vt vni-
uersis testentur fidelibus, quòd in vnitate ve-
ræ & antiquæ Christi Ecclesiæ, persetent, neq;
vlla noua aut erronea dogmata spargant, atq;
ideo etiam nihil consortij cum vllis Sectis aut
hæresibus habeant: hoc demum vulga-
ta tempore, qui de ea æstimare pijs
omnibus liceat.

ROMAN. X.

CORDE creditur ad iustitiam, ore autem
confeßio fit ad salutem.

TIGVRI Excudebat Christophorus Fro-
schouerus,   M. D. LXVI.

제2 스위스 신앙고백서

Confessio
et expositio simplex orthodoxae

fidei, et dogmatum catholicorum syncerae religionis Christianae :
concorditer ab ecclesiae Christi ministris, qui sunt in Helvetia, Tiguri,
Bernae, Scaphusii, Sangalli, Curiae Rhetorum & apud confoederatos,
Mylhusii item, & Biennae, quibus adiunxerunt se & Genevensis ecclesiae
ministri, edita in hoc, ut universi testentur fidelibus, quòd in unitate
verae & antiquae Christi ecclesiae, perstent, neque ulla nova aut erronea
dogmata spargant, atquè ideo etiam nihil consortii cum ullis sectis aut
haeresibus habeant: hoc demum vulgata tempore, qui de ea aestimare piis
omnibus liceat.

ROMAN. X.
CORDE creditur ad iustitiam, ore autem confessio fit ad salutem.

TIGURI Excudebat Christophorus Froschoverus, M. D. LXVI.

정통 신앙과 순수한 기독교 교의에 대한
신앙고백과 간단한 해설:

스위스, 취리히, 베른, 샤프하우젠, 샹갈렌, 쿠르와 그 동맹, 뮐하우젠,
비엘의 기독교회의 목사들이 일치하여 그리고 제네바 교회 목사들이 함께
도와 펴낸다. 이들이 그리스도의 참된 옛 교회들과 일치 안에서 견고하게
서 있으며, 어떤 새로운 잘못된 교의를 섞지 않으며, 역시 어떤 분파나
이단과도 교류하지 않는다는 것을 보편 신자들에게 증거한다.
모든 경건한 이들이 여기에 대해 평가하도록 지금 이것이 알려진다.

롬 10[:9]
마음으로 믿어 의에 이르고 입으로 시인하여 구원에 이르느니라

취리히에서 크리스토프 프로샤우어가 인쇄했다. 1566.

다. 첫째, 크게 볼 때 로마교회와 관계 아래서 새로운 신앙고백서가 필요한 시점이었다. 1563년 트리엔트 공의회의 결과를 가지고 로마 가톨릭은 신학적인 자기 입장을 공적으로 밝혔다. 개신교 편에서 여기에 대한 반응을 공식적으로 밝혀야 할 필요가 있었다. 둘째, 루터교회를 생각할 때 새로운 신앙고백서가 필요한 시점이었다. 1549년『취리히 일치』(Consensus Tigurinus)가 만들어진 이후로 개혁파와 루터파의 성만찬 논쟁은 더욱 격렬해져서, 대륙의 여러 개신교 지역은 루터파와 개혁파 중 하나를 선택해야 하는 상황에 있었다. 루터파는 개혁파를 계속 비난했으며, 독일 지역의 개혁파였던 팔츠 선제후 프리드리히 3세가 곤경에 처하자 스위스는 여기에 답해야 했다. 이런 필요 때문에 독일어권이든 프랑스어권이든 언어권을 막론하고 스위스 전체가『제2 스위스 신앙고백서』를 속히 받아들여 승인한 것이다.

1566년 3월 라틴어로 작성된『순수한 기독교의 바른 신앙과 보편 교의의 신앙고백과 간단한 해설』(Confessio et expositio simplex orthodoxae fidei et dogmatum Catholicorum syncerae religionis Christianae)이라는 이름으로 나왔다. 곧이어 같은 고백서가 불링거에 의해 독일어로 번역되어『순수한 기독교의 참 신앙의 고백과 바른 보편교리와 조항들이 설명된 해설』(Bekanntnuß Deß waaren Gloubens unnd einfalte erlüterung der rächten allgemeinen Leer unnd houptarticklen der reinen Christenlichen Religion)이라는 이름으로 나왔다. 1566년 3월 12일 불링거는 각 언어로 된 신앙고백서 견본 6개를 팔츠 선제후 프리드리히 3세에게 보냈다.

이후 영향

1566년 5월 14일 프리드리히 3세는 아우크스부르크 제국회의에서 자신의 견해를 감동적으로 변호했다. 그러나 여기서『제2 스위스 신앙고백서』가 사용될 상

노년의 하인리히 불링거

황은 오지 않았다. 프리드리히 3세의 부탁과 권유로 등장하여 공적 지위를 획득한 이 신앙고백서는 팔츠에서 인정을 받았으나 실질적으로 사용되지는 않았다. 그러나 스위스 연방에서는 18세기 초까지 교회에서 사용되었으며, 정치와 사회에 영향을 끼쳤다. 다른 여러 지역과 마찬가지로 18세기와 19세기를 지나면서 합리주의가 세력을 떨치면서 스위스에서도 이 신앙고백서는 힘을 잃어갔다.

스위스 밖에서도 이 신앙고백서는 널리 인정을 받았다. 1566년 9월 스코틀랜드 글라스고 총회에서 모든 목사가 이 신앙고백서에 서명했다. 특히 동유럽에서 인상적인 인정을 받았다. 1570년 센도미르(Sendomir) 총회에서 폴란드 개혁교회는 이 신앙고백서를 자기 교회의 신앙고백서로 받았다. 헝가리 개혁교회는 1567년 데브레덴(Debreden) 총회에서 『하이델베르크 요리문답서』와 함께 『제2 스위스 신앙고백서」를 받았고, 헝가리에서 여러 번 인쇄될 정도로 큰 영향을 끼쳤다.

내용

어느 정도 일반적인 교의의 순서를 따라 진행되기 때문에, 거시적으로 보면 '성경-하나님-인간-그리스도-구원-교회'의 순으로 볼 수 있다. 구체적으로 열거하면 아래와 같다.

〈성경〉
1장 성경 곧 하나님의 참된 말씀에 대해
2장 성경해석에 대해, 그리고 교부들, 공의회, 전통에 대해

〈하나님〉
3장 삼위일체 하나님에 대해
4장 하나님과 그리스도와 성인들의 우상이나 형상에 대해
5장 유일한 중보자 예수 그리스도를 통한 하나님을 향한 찬양, 예배, 기도에
   대해
6장 하나님의 섭리에 대해
7장 만물의 창조에 대해, 천사, 마귀, 사람에 대해

〈인간〉
8장 사람의 타락과 죄에 대해, 죄의 원인에 대해
9장 자유의지와 사람의 능력에 대해

〈그리스도〉

10장 하나님의 예정과 성도들의 선택에 대해

11장 참 하나님이시며 참 사람이신 예수 그리스도 세상의 유일한 구주에 대해

12장 하나님의 율법에 대해

13장 예수 그리스도의 복음에 대해, 약속들, 영과 문자에 대해

〈구원〉

14장 사람의 회개와 회심에 대해

15장 신자들의 참된 칭의에 대해

16장 믿음, 선행과 그 보상, 인간의 가치에 대해

〈교회〉

17장 보편적이며 거룩한 하나님의 교회와 교회의 유일하신 머리에 대해

18장 교회의 사역자, 그리고 그들의 임직과 임무에 대해

19장 그리스도 교회의 성례에 대해

20장 거룩한 세례에 대해

21장 주의 성만찬에 대해

22장 거룩한 교회 모임들에 대해

23장 교회의 기도와 찬송, 규정기도시간에 대해

24장 성일들과 금식 및 음식 선택에 대해

25장 신앙교육과 환자를 위로하거나 심방하는 일에 대해

26장 신자의 장례 그리고 죽은 자를 위해 행해지는 관심, 연옥과 영의 나타남
      에 대해

27장 예식, 의식, 방식들에 대해

28장 교회재산에 대해

〈가정과 국가〉
29장 독신, 혼인 및 가정생활에 대해
30장 위정자에 대해

물론 10장의 예정론, 12장과 13장의 율법과 복음에 대한 부분을 어디에 포함할지에 따라 구분의 방식이 달라질 수도 있지만, 이 내용은 맥락 가운데 있다. 하나님의 말씀(1장-2장)과 하나님에 대해서 말한 후, 하나님이 하신 사역들로서 인간의 창조가 있고, 8장과 9장에서 인간의 타락과 무능력을 다룬 후에, 구원의 원인으로서 10장에 하나님의 선택하심을 말하는 것은 잘 연결이 된다. 그들이 그리스도 안에서 선택되었기에 그리스도에 대해서 말하고(11장), 그리스도의 율법과 복음을 설명하는 것(12장-13장)은 자연스러운 연결을 보여준다. 구원론(14장-16장) 후에 따라오는 교회론(17장-30장)이 가장 긴 것은 교회의 구체적인 다양한 활동들과 교회를 중심으로 신자들의 가정생활(29장)과 위정자(30장)까지를 포함하기 때문이다.

구체적으로 신앙고백서의 주목할 만한 부분들을 살피면, 가장 먼저, 『제1 스위스 신앙고백서』처럼 성경론이 신앙고백서의 서두에 왔다는 사실을 말할 수 있다. 16세기에 나온 신앙고백서들은 대부분 하나님에 대한 부분이 가장 먼저 나오거나 성경론에 대한 고백이 아예 없다. 『프랑스 신앙고백서』를 위한 초안에서 칼빈이 성경에 대한 고백을 서두에 오도록 했음에도 불구하고, 『프랑스 신앙고백서』는 하나님에 대한 고백을 서두에 오도록 수정하였을 정도로 성경론을 앞에 두는 것을 어색하게 여겼다. 이것은 교리의 근거로서 성경의 권위를 중요하지 않게 여겼다는 의미가 아니라, 오히려 성경의 권위에 대한 일반적 동의를 보여주는 증거다. 16세기의 분위기에서 『제1 스위스 신앙고백서』와 『제2 스위스 신앙고백서』는 16세기에 성경론을 앞세웠다는 측면에서 독특성을 가진다. 『제2 스위스 신앙고백서』는 성경 스스로 충분한 권위와 근거가 있다며 성경의 자체가신적 권위를 말한다. 성경의 권위 때문에 교부들의 해석과 교회회의와 법령들이 성경과 일치할 때에 받아들여지고 일치하지 않을 때는 거절된다. 1장 4항에서 "오늘날 이 하나님의 말씀이 합법적으로 부름을 받은 설교자들을 통해서 교회에서 선포될 때에, 우리는 하나님의 말씀 자체가 선포되어서 신자들에게 받아들여진다고 믿는다"(*cum hodie hoc Dei verbum per prædicatores legitime vocatos annunciatur in Ecclesia, credimus ipsum Dei verbum annunciari et a fidelibus recipi*)고 고백하는 것은 설교가 갖는 중요성을 보여주는 유명한 진술이다. 물론 여기에는 하나님의 말씀을 설교한다는 중요한 조건을 전제한다.

신론 부분에서는, 속성과 삼위일체를 말하고(3장), 이후 4장에서 형상을 만드는 일에 대해 로마 가톨릭의 논지를 길게 논박하며 반대한다. 형상을 반대하는 개혁교회의 전통을 그대로 보여주며 로마 가톨릭의 오류인 성인 숭배를 긴 설명과 함께 거절하면서 오직 그리스도만을 구해야 할 것을 강조한다(5장). 섭리를 다룬다음(6장) 창조를 고백하는데, 인간이 몸과 영혼으로 이루어져 있다고 명시적으로 이분설을 고백하며 영혼의 불멸성을 가르친다(7장). 타락 전에 자유로웠던 의지는 타락 후에 노예의지가 되었고, 죄를 섬기되 억지로 섬기지 않고 원하여 섬긴다. 따라서 "의지는 비의지라 하지 않는다"(*voluntas non noluntas dicitur*).

예정이란 용어를 선택과 같은 의미로 사용하며(10장 1항), 적은 수의 선택을 말하면서 이 교리의 오용을 거절한다. 그리스도의 신성과 인성에 대해서는, 두 본성이 혼합되지 않으면서 고유성을 간직한 채로 한 위격에 연합되어 있다는 칼케돈의 전통을 따른다(11장). 율법과 복음에 대해서는 율법폐기론을 거절하면서(12장), 동시에 율법 아래 있던 자들이 복음의 약속들을 받았다는 진술을 통해 신구약의 통일성을 말한다(13장).

구원론 부분에서도 로마 가톨릭의 오류에 관해서 상세히 다룬다. 회개를 고백하면서 고해성사를 비판하며(14장), 인간의 공로에 의한 칭의나 상급을 비판한다. 나아가 성도들이 교리를 오해하여 방종하지 않고 오히려 경건한 자세 갖기를 바라는 마음이 여러 곳에 나타난다. 교회 그리고 그 안에서 행할 실천에 대해서 17장부터 28장까지 상세하게 알려주는 이유는 단순히 이론적 관심이 아니라 신자들의 교회 생활에 대한 사려 깊은 관심 때문이다. 『제2 스위스 신앙고백서』는 성도들의 교회와 가정과 사회와 국가와 관련한 활동들에 대하여 친절히 설명하고 있다. 29장 가정생활에 대하여, 부모와 자녀의 관계에 대해 친절히 권고하는 일은 이 신앙고백서가 얼마나 많은 실천적 특징을 갖는지에 대한 증거다.

11. 도르트신경(*Canones synodi Dordrechtanae*, 1619)[1]

개요

도르트신경은[2] 도르트회의(1618-1619)의 가장 중요한 결과물이다. 도르트회의의 중요한 주제는 구원에 있어서 하나님의 주권과 인간 능력의 기여, 또는 하나님의 은혜와 인간 부패의 관계다. 이와 관련한 논쟁은 초대교회의 아우구스티누스와 펠라기우스에게까지 올라가고, 종교개혁 초기에는 루터와 에라스무스 사이에서도 있었다. 17세기 초 이 오래된 논쟁이 아르미니우스와 항론파의 등장으로 네덜란드에서 격렬하게 되자, 네덜란드는 총회를 열어 다양한 출신의 여러 신학자가 이와 관련된 주제를 성경을 기준 삼아 집중적으로 토론한 후 신경(*canones*)을 작성했다. 결론적으로 회의는 조건이 없는 불변하는 하나님의 선택에서 기원하는 구원과 하나님의 은혜 없이는 아무것도 기여할 수 없는 인간의 전적인 부패를 결정했다. 이 회의는 행정적으로는 네덜란드 개혁교회의 총회였으나, 국외 총대들을 초대함으로써 실제적으로는 국제적인 회의였다. 따라서 결과물인 '도르트신경'은 개혁교회 전체의 보편적인 견해가 무엇인지를 보여준다.

---

1) 김병훈 편, 『노르마 노르마타』(수원: 합신대학원출판부, 2015); 이남규 편, 『도르트신경 은혜의 신학 그리고 목회』(수원: 합동신학대학원출판부, 2019); Herman Selderhuis, "Die Dordrechter Canones, 1619," in *RBS 3.2*, 87-162; W. van 't Spijker et al., *De Synode van Dordrecht in 1618 en 1619* (Houten: Den Hertog, 1987); Christian Moser & Herman Selderhuis & Donald Sinnema, eds., *Acta et Documenta Synodi Nationalis Dordrechtanae (1618–1619)*, (Göttingen: Vandenhoeck & Ruprecht, 2014); Johannes Pieter van Dooren, "Dordrechter Synode," in TRE 9, 140-147; *김영재*, 182-186.

2) 'Canones van Dordrecht'를 '도르트 신조', '도르트 신앙고백서'와 같이 번역하기도 하나, 선택과 구원에서 하나님과 인간의 역할에 대해 기준이 되는 신경(*canones*)을 작성하는 일이 회의의 목적이었으므로 역사적 맥락을 드러내기 위해 여기서는 '도르트신경'으로 번역한다.

고마루스와 아르미니우스

레이든 대학의 교수였던 아르미니우스(Jacob Arminius, 1564-1609)와 고마루스(Franciscus Gomarus, 1563-1641) 사이의 논쟁이 도르트 회의의 발단이었다. 아르미니우스는 레이든, 제네바, 바젤, 취리히 등에서 공부했다. 제네바에서 베자에게 배웠지만, 선택과 인간의 책임에 대해서 칼빈이나 베자와는 다른 생각을 하고 있었다. 1587년 네덜란드 암스테르담에서 개혁교회를 목회하면서 그의 설교가 알려지자, 인간의 동의를 결정적 위치로 끌어올린다는 의심을 받았다. 동료 목사였던 플랑키우스(Petrus Plancius, 1552-1622)는『벨직 신앙고백서』와『하이델베르크 요리문답서』를 벗어났다고 아르미니우스를 비판했다.

1603년 아르미니우스가 레이든대학의 교수가 되면서 같은 대학 동료 교수였던 고마루스와 논쟁한다. 흑사병으로 세상을 떠난 유니우스(Franciscus Junius, 1545-1602)의 후임으로 아르미니우스가 선택되었을 때, 처음에 고마루스는 예정론에 관해 다른 견해를 가진 아르미니우스가 레이든 대학으로 오는 것을 반대했다. 그러나 한 모임에서 아르미니우스의 예정과 예지에 관한 생각을 들을 기회가 있었고,[3] 여기에 만족했던 고마루스는 아르미니우스가 하나님의 속성에 대한 주제로 박사학위를 받을 수 있도록 도와줬다. 그러나 홀란드 노회의 부탁으로 아르미니우스가 당시 문제로 대두되던 코른헤르트의 예정론에 대한 평가로서 1604년 초 "예정에 대한 논제들"(*Theses Theologicae de divina praedestinatione*)을 발표하자, 둘 사이의 논쟁이 떠올랐다.[4] 윗글에서 아르미니우스는 예정을 하나님이 기뻐하시는 작정으로 정의했으나, 자신의 영광스러운 은혜를 찬양하도록 "신자들을 의롭다 하시고 양자 삼으시고 영생을 선물로 주시는 작정"으로 정의했다. 이 정의에

---

3) William A. den Boer, *God's Twofold Love*, (Göttingen: Vandenhoeck & Ruprecht 2010), 16-17. 이 책은 아르미니우스와 고마루스 사이의 논쟁과 아르미니우스의 견해를 잘 알려준다.

4) 김지훈, "고마루스(Franciscus Gomarus,1563-1641)는 예정론주의자인가?",「교회와 문화」 33 (2014): 147-86.

아르미니우스   고마루스

서 문제가 되는 부분은 하나님께서 이미 신자인 자들을 구원하시기로 한 작정이 예정이라는 것이다. 개혁교회는 인간의 어떤 행위도 고려하지 않은 하나님의 선택이라고 고백해왔다. 즉, 하나님이 신자들을 선택하신 것이 아니라, 하나님이 선택하신 자가 신자가 되는 것이다. 고마루스에게 하나님의 예지는 누구를 구원하실지 결정하신 예지였다. 즉, 인간의 믿음이나 행동을 보신 후에야 하나님이 아시고 예정하신 것이 아니라, 하나님이 결정하신 후에 결정된 내용을 하나님 자신이 아시며 그 일을 성취하신다. 아르미니우스는 고마루스가 하나님을 죄의 저자로 만들었다고 비판했고, 고마루스는 아르미니우스가 구원이 인간에게 의존하도록 만들었다고 비판했다.

　둘 사이의 논쟁이 격해지자 아르미니우스와 그를 따르는 자들은 이 문제를 해결하기 위해 총회를 소집해 달라고 정부에 호소했다. 1607년 여러 노회가 총회를 준비하려 헤이그에 모였지만 의견 일치가 어렵다는 것이 드러나자 의회는 총회로 모이는 것을 허락하지 않았다. 1609년 10월 아르미니우스가 죽었지만, 논쟁은 계속되었다.

항론과 반항론

1610년 초 요하네스 아위텐보하르트(Johannes Uytenbogaert, 1557, 1644)와 함께 아르미니우스를 따랐던 43명이 헤이그에 모였다. 그들은 자신들의 견해를 다섯 조항으로 정리했다. 이 문서를 '항의서'(Remon-strantie)라고 불렀으며, 이 견해를 따르는 자들을 '항론파'(Remon-stranten)라고 불렀다. 반대편을 '반항론파'(Contra-remonstranten)라 불렀고, 그 의견을 '반항의서'(Contra-remonstrantie)라 불렀다.

항의서 첫째 항은, 창세 전에 하나님께서 영원하고 변하지 않는 결정을 하셨는데, 그 내용이 그리스도를 믿고 마지막까지 믿을 자들을 구원하신다는 것이고, 반면에 불신자들을 죄와 진노 가운데 두시기로 정하셨다고 주장했다. 여기서 문제가 되는 부분은 그리스도를 믿음으로 구원 얻는 사실 자체가 아니라 '끝까지 믿을 자'가 구원 작정의 대상이라는 부분이다. 즉 인간의 믿음이 작정의 원인이며 하나님의 작정은 결과가 되었다는 점이다. 개혁교회가 예정을 고백한 이유는 성경을 따라 구원의 첫 번째 원인을 하나님의 뜻에 돌리는 것이었다. 그러나 여기서 인간의 믿음이 구원의 결정적인 자리를 차지하게 되었다.

두 번째 항의 주장을 따르면, 예수 그리스도가 세상의 구주로서 모든 각 사람을 위해서 죽으셔서 그들 모두를 위한 구속과 죄 용서를 얻으셨고, 이제 오직 신자만이 이것을 누린다고 주장했다. 이 두 번째 항은 믿는 자를 구원하시기로 작정하셨다는 첫 번째 항과 연결이 된다. 왜냐하면, 그리스도께서 모든 각 사람을 위해서 구속과 죄 용서를 얻으셨다는 2항이 전제되어야 믿음을 조건으로 하나님이 선택하신다는 조항이 설 수 있기 때문이다. 이 항에서 문제가 되는 부분은 오직 신자만이 죄 용서를 누린다는 부분이 아니라, 그리스도께서 모든 각 사람의 죄를 용서하시려는 의도로 죽으셨는가에 있다. 도르트회의의 총대들은 이 주장에 반대했다. 왜냐하면, 그리스도의 속죄 사역의 능력을 높이려는 의도와는 반대로 결국 구원에 결정적인 역할을 하는 인간의 믿음을 높였기 때문이다. 또 실제로 모든 각자가 믿지 않는다는 현실 때문이다. 이 현실은 모든 이를 구원하시려는 의도를 가진 속죄가 실제로는 모두를 구속하지 못하는 능력이 없다는 이 주장의 모순을 보여준다.

세 번째 항은, 죄 가운데 있는 인간에게 스스로 구원하는 능력이 없고 자유의지의 힘도 없어서 인간은 스스로 선한 것을 생각하거나 의지하거나 행할 수도 없다고 주장한다. 이 주장은 개혁교회가 계속 주장해온 전적타락 교리에서 벗어나지 않는 것처럼 보인다. 세 번째 항은 필연적으로 하나님의 은혜의 필요성을 말한다. 그러나 바로 이어지는 네 번째 항은 하나님의 은혜를 개혁교회의 전통과 다르게 규정함으로써 항의서의 세 번째 항을 의심하게 한다. 네 번째 항 앞부분은, 선행하는 하나님의 은혜의 필요성을 말하면서 이 은혜 없이는 인간 스스로 선을 위한 어떤 생각을 하거나 의지하거나 행할 수 없다고 진술한다. 그러나 문제가 되는 뒷부분을 따르면, 이 은혜가 작동하는 방식때문에 이 은혜가 거절될 수 있다. 3항에서 죄 안에 있는 인간의 무능력을 말하고, 이어서 4항 첫 부분에서 하나님의 은혜의 필요성을 말했을지라도, 이제 하나님의 은혜가 인간에 의하여 거절될 수 있다고 말함으로써, 최종 결정권은 하나님의 은혜에 저항하지 않는 인간에게 돌아가게 되었다. 4항은 죄 안에 있는 인간 스스로 자신의 능력으로 은혜를 받아들일 수 있음을 함의한다. 따라서 도르트 총대들은 3항과 4항을 함께 평가할 수밖에 없었다. 왜냐하면, 4항 후반부(은혜가 거절될 수 있다)와 3항(죄 안에 있는 인간은 무력하다)은 모순적인 관계에 있기 때문이다.

5항은 성도의 견인을 다룬다. 5항 전반부에서는, 그리스도에게 접붙여진 자들이 성령의 은혜로 사탄, 죄, 세상, 그리고 육신과 싸우고 승리할 충분한 능력을 소유한다고 말한다. 그러나 후반부에서는, 그들이 이 능력을 제대로 사용하지 못하고 은혜를 상실할 가능성이 있는지 성경을 통해 더 검토해 볼 필요가 있다고 주장했다. 따라서 개혁교회가 계속 가르쳐온 구원하시는 하나님의 은혜의 충분성과 확실성이 의심받게 되었다.

1610년 6월 항론파는 이 다섯 가지의 항론을 홀란드와 서프리스란트의 정부에 제출했다. 정부는 이 분란을 종식하기 위해서 항론을 찬성하는 쪽에서 여섯 명, 반대하는 쪽에서 여섯 명의 목사를 소집했다. 1611년 3월 11일에서 5월 20일까지 헤이그에서 열린 이 회합은 정부가 기대했던 타협을 만들지 못했다. 항론에 반대하는 여섯 명의 목사는 항론에 대한 오류들을 지적하는 반항론을 작성했다. 반항론은 항론을 거절하면서 하나님의 예정이 예지에 근거하지 않고 하나님의 기뻐하심에 근거한다는 것, 그리스도의 구속은 오직 그의 백성들에게만 해당한다는 것, 하나님의 은혜는 거절될 수 없으므로 믿음과 회심은 조금이라도 인간의 자유의지에 의존하지 않는다는 것, 그리고 성도의 견인을 주장했다.

반항론파는 교회의 교리를 결정하는 권한이 정부에 있지 않고 교회에 있다고 덧붙였다. 교회와 국가의 관계를 생각하는 면도 항론파와 반항론파가 달랐던 것이다. 항론파는 『벨직 신앙고백서』와 『하이델베르크 요리문답서』의 수정을 지속해서 요구하면서, 정부가 총회를 소집하고 정부 주도하에 신앙고백서가 수정되어야 한다고 주장했다.

항론파의 리더 요하네스 아위텐보하르트(Johannes Uytenbogaert, 1557-1644)의 영향 아래서 항론파 편에 있던 콘라드 보르스티우스(Conrad Vorstius, 1569-1622)가 아르미니우스의 후임이 되자, 고마루스는 그와 함께할 수 없다는 이유로 레이든 교수직을 그만두고 미뗄부르끄로 가서 목사로 섬기게 되었다. 이제 이 문제는 점점 국제적 문제가 되어 갔다. 영국의 개신교 통치자인 제임스 1세가 보르스티우스의 책에 대해 불만을 제기했고, 보르스티우스는 교수직을 그만두었다. 고마루스의 후임으로는 칼빈주의자 요하네스 폴리안더(Johannes Polyander, 1568-1646)가 보르스티우스의 후임으로는 항론파인 시몬 에피스코피우스(Simon Episcopius,

1583-1643)가 임용되었다.

정치적으로는 홀란드 지방 행정관이던 올덴바르네펠트(Johan van Oldenbar-nevelt, 1547-1619)와 네덜란드 연방의 총독(stadhouder)이던 마우리츠(Maurits)의 갈등이 있었다. 이 둘은 스페인으로부터 독립하기 위해 함께 했으나 마우리츠의 반대에도 불구하고 1609년 올덴바르네펠트가 스페인과의 휴전에 서명했을 때 금이 갔고, 지방분권에 관심이 있던 올덴바르네펠트와 통일된 연방으로서 스페인으로부터 완전한 독립을 추구했던 마우리츠의 갈등은 항론파와 반항론파 사이의 갈등과 함께 절정에 다다랐다. 반항론파가 네덜란드의 독립에 훨씬 적극적이었던 상황에서 마우리츠가 1617년 7월 헤이그에서 모인 반항론파의 예배에 참여하면서 자신이 항론파에 반대한다는 것을 분명하게 보였다. 항론파에 반대해서 발생하는 지역의 소요사태 해결을 위해 군대를 보내지도 않았다. 그러자 올덴바르네펠트는 각 도시가 도시 보호를 위해 군대를 소집할 것을 지시하고 총회를 거절하도록 했다. 마우리츠에게 이 행위는 자신을 반대하는 일종의 반란과도 같았다. 그는 프리슬란트를 통치하던 자신의 사촌 루이의 도움을 받아 반대파를 굴복시켰다. 이로써 헤이그에서 열렸던 1586년 총회 이후, 주로 정부의 반대로 열리지 못했던 총회가 다시 모일 수 있게 되었다. 올덴바르네펠트는 국외 총대들이 참여했던 도르트회의의 공식적인 회의가 끝나고 국내 총대들만 다시 모이기 시작한 1619년 5월 13일 아침 반역죄로 처형되었다.

참석자

네덜란드 교회의 분열을 막고 평화를 다시 가져오기 위해서, 정부는 1618년 6월 25일 항론파의 5가지 조항이 동봉된 회의 소집서를 발송했다. 먼저 각 지역 노회들, 영국 제임스 1세, 프랑스의 개혁교회, 팔츠의 선제후, 헤센의 백작, 스위스의 개혁파 칸톤들에 보냈다. 얼마 있다가 브레멘, 동 프리지아, 나사우-베터라우, 브란덴부르크, 그리고 제네바에도 보냈다. 연방정부는 각 노회에 3-4명의 목사가 포함된 6명의 총대를 요청했고, 국외에도 3-4명의 총대를 요청했다. 이 회의는 도르트에서 열렸기 때문에(네덜란드어로는 Dordrecht) 이 회의의 정확한 명칭은 '도르트 전국 총회'(National Synod of Dordrecht)라 불린다. 즉 도르트에서 열린 네덜란드 교회의 국내 또는 전국 회의였던 것이다. 그런데도 이 전국적 총회(national synod)는 국내의 지역회로부터 총대가 파송되었을 뿐 아니라 여러 국외에서 총대들이 파송됨으로써 국제적 총회(international synod)의 성격을 가졌다. 국제적 성격을 가짐으로써 도르트 총회의 결과는 단순히 네덜란드 교회 자체 내의 결정이 아니라 국제적으로 공신력 있는 권위를 가지게 되었다.

연방정부는 이 회의의 진행을 위해서 각 주정부가 총대들을 보낼 것을 결정했다. 주정부에서 보낸 총대들에게는 교리적인 문제를 직접 다루는 일보다는 행정적인 면에서 회의를 지원하고 살피는 목적이 있었다. 즉 도르트총회는 네덜란드 교회의 일이기도 했지만, 연방정부와 주정부의 긴밀한 협조 아래서 진행되어야하는, 정치적으로도 중요한 일이었다. 이 회의는 신학적으로는 칼빈주의의 승리를 확인했으며, 정치적으로는 칼빈주의 편에선 마우리츠의 승리를 확인했다.[5]

도르트 총회의 목적은 하나님의 말씀에 근거하여 하나님의 영광을 높이고 교회의 평화를 찾는 것이었다. '교회의 평화'는 교리적 문제로 시끄러워진 네덜란드 상황 때문에 회의 중 종종 언급되었다. 최종적으로 도르트신경이 작성될 때 어조의 선택에도 이 목적이 영향을 끼쳤다. 도르트신경이 현학적이거나 논쟁적이 아니라 교회의 일반 성도들에게 유익을 끼칠 수 있는 어조를 택한 이유는 교회의 평화란 목적 때문이었다.

도르트 회의에 참석한 총대들은, 주정부 파송 총대, 국외 신학자 총대, 네덜란

---

5)   Selderhuis, "Introduction to the Synod of Dordt (1618-1619)," in *Acta et Documenta Synodi Nationalis Dordrechtanae (1618-1619)*, XXI.

드 교수 총대, 네덜란드 지역회 총대들로 구분할 수 있다.[6] 회의를 살피기 위해서 참석한 주정부 파송 총대들은 총 18명이었다. 이들은 회의가 막바지에 다다르면서 자기 지역으로 되돌아가는 등 대부분이 보이지 않았다. 국외 총대들을 살펴보면, 영국에서 5명, 팔츠에서 3명, 헤센에서 4명, 스위스 칸톤에서(취리히, 베른, 바젤, 샤프하우젠)에서 5명, 나사우-베터라우에서 2명, 제네바에서 2명, 브레멘에서 3명, 엠덴에서 2명, 그래서 총 26명이다. 주정부는 프랑스와 브란덴부르크에도 초대장을 보냈었으나, 프랑스는 마지막에 루이 13세가 참석을 금지했고, 브란덴부르크에선 루터파의 반대로 참석하지 못했다. 네덜란드 교수 총대들로는 요하네스 폴리안더(Johannes Polyander), 시브란두스 루베르투스(Sibrandus Lubbertus), 프란시스쿠스 고마루스(Franciscus Gomarus), 안토니우스 티시우스(Antonius Thysius), 안토니우스 발레우스(Antonius Waleaus)가 파송되었다. 교수단은 하나의 독립적인 총대단으로 활동했으며 다른 지역 총대단처럼 평가문을 제출했다. 네덜란드 국내에서는 9개 지역노회(겔더란드, 남홀란드, 북홀란드, 질란드, 우트레히트, 프리슬란트, 오페르이셀, 흐로닝엔, 드렌테)와 왈론교회에서 원래 6명씩 파송하기로 했다. 처음 계획대로라면 총 60명이 되어야 했지만, 6명을 보내지 못한 곳도 있어 목사 35명, 장로 18명이 참석했다. 이렇게 해서 국외지역에서 8개 총대단, 교수들로 이루어진 총대단, 네덜란드 국내에서 10개의 총대단으로 이루어진 19개의 총대단이 꾸려졌고 이 총대단은 각각 항론파에 대한 평가서를 제출했다.

회의 과정

회의의 공식적인 용어는 라틴어였다. 회의는 보통 월요일부터 금요일까지 진행되었으며 가끔 토요일에 모일 때도 있었다. 아침 9시에 모였으며, 오후에는 4

---

6) 참석자에 대해서 다음을 참고하라: Fred van Lieburg, "The Participiants at the Synod of Dordt," in *Acta et Documenta Synodi Nationalis Dordrechtanae (1618–1619)*, LXIII-CVII.

도르트 회의 그림, Schillemans

시나 6시에 모였다. 처음에는 일반인들에게 공개되기도 했지만, 주제에 따라서 공개되지 않는 일도 있었다. 항론파를 제외한 이후로는 비공개회의가 많았고, 국외총대가 돌아간 이후 모임도 공개되지 않았다.

　1618년 11월 13일에 화요일 아침 클로베니르스둘런(Kloveniers-doelen)에서 공식적인 회의를 시작했다. 그날 오후 의장에 요하네스 보거만이 뽑혔다. 이후 항론파의 의견을 다루기 시작하면서 항론파 주창자들의 의견을 직접 들어보자는 요청이 있었다. 항론파가 도착하기를 기다리면서 회의는 다른 문제들을 논의했는데, 중요한 결정으로는 네덜란드어 성경 번역 결정, 하이델베르크 요리문답서를 교회에서 오후마다 가르치기, 식민지 어린이들의 세례에 대해 논의하고 세례를 위해 충분한 성경교육이 더 필요하다고 결정하는 등의 일을 했다.

12월 6일 13명의 항론파가 회의에 출두했다. 그들의 지도자인 에피스코피우스는 네덜란드 신학자들과 마우리츠 공을 비판하는 말을 했다. 항론파는 자신들이 총대단과 똑같은 수준에서 회의에 참여하기를 요구했다. 총회는 그들이 소환된 신분으로 있다는 사실을 알렸다. 1618년 12월 13일과 17일에 항론파의 논제가 제출되고 읽혔다. 항론파는 유기에 대한 문제가 어렵다는 것을 알고 유기가 먼저 다루어지기를 요구하고, 타락후 선택설과 타락전 선택설을 분리하면서 자신들에게 유리하게 이끌려고 했다. 그러나 아무 소용없자 회의가 불법이며 그저 하나의 토론회에 불과하다고 폄하하는 등 회의를 계속 방해했다. 결국, 의장 보거만은 1월 14일 격노한 감정이 담긴 "그대들은 여기를 떠나시오. 당장 나가시오 (*Dimittimini, exite*)"란 말과 함께 항론파를 회의장에서 내보냈다.

항론파가 나간 이후 1619년 1월 16일 의장 보거만이 각 지역 총대단 또는 대표단(*collegium*)이 각 항목에 대해서 진지하게 심사 평가하고 평가서를 제출하는 것이 좋겠다고 제안했다. 이 제안이 받아들여져서 이후 도르트 총회는 각 지역 대표단이 스스로 자유롭게 모여서 이 문제를 토론하고 결정된 사항들을 회의에 보고하는 방식으로 진행되었다. 이제 전체 회의에서 토론하는 일은 적었기 때문에, 이후 회의록은 언제 모였는지 또 어떤 주제가 다뤄졌는지만 알아볼 수 있는 정도만 짧게 기록되고, 구체적이고 깊은 토론에 대한 기록은 많이 발견되지 않는다. 따라서 심사 및 평가방식이 결정되기 전까지 약 200쪽이 기록되었던 회의록은 1618년 1월 16일(61차 모임) 이후 1619년 3월 4일(98차 모임)까지 단 다섯 장만 넘기면 된다. 이때 무엇이 논의되었는지는 회의록에 첨부된 각 지역 분과의 평가문을 통해서 그 결과만을 알 수 있다.

총대들의 논의를 통해 작성된 평가문은 당시 가장 존경받고 권위 있었던 원로 신학자 파레우스의 평가문(David Pareus, 모두 그가 오기를 바랐으나 여행하기에 너무 많은 나이 때문에 올 수 없었다)이 낭독된 이후 공개되었다. 파레우스의 편지는 1619년 3월 4일에, 그리고 그 후 이틀 동안에는 그의 평가문이 낭독되었다. 3월 6일 파레우스의 평가문의 낭독이 마쳐지자 바로 각 지역 분과의 평가문이 항목별로 낭독되었다. 먼저 국외대표들(영국, 팔츠, 헤센, 스위스, 나사우-베터라우, 제네바, 브레멘, 엠덴의 순서로)의 평가문이 낭독되고, 다음 네덜란드 교수단의 평가문이 낭독되고, 이어서 네덜란드 각 노회의 평가문이 낭독되었다. 3월 21일까지 모든 평가문이 낭독되었다.

22일(126차 모임)에 23일(127차 모임)에 의장 보거만이 첫 번째 항목과 두 번째 항목에 대한 신경(*Canones*)을 발표했다. 의장이 설명이나 수정을 원하면 자신이나 보좌관들에게 알려달라고 덧붙였다. 그런데 다음 모임(3월 25일)에서 의장 홀로 신경을 작성하는 일에 대해 문제 제기가 들어와서, 총대들의 제안에 따라 작성위원회를 만들었다. 위원회는 의장, 두 보좌관, 국외총대 대표로 영국의 조지 칼레튼(George Carleton)과 팔츠의 아브라함 스쿨테투스(Abraham Scultetus), 제네바의 요하네스 데오다투스(Johannes Deodatus), 국내총대 대표로 요하네스 폴리안더(Johannes Polyander), 안토니우스 발레우스(Antonius Walaeus), 야코부스 트리글란드(Jacobus Trigland) 총 9인으로 구성되었다. 이들이 신경을 작성할 동안 20일 넘게 회의는 열리지 않았다가 4월 16일(129차 모임)부터 4월 22일까지 각 항목이 읽혀지고 검토되고 승인되었다. 최종적으로 도르트신경이 4월 23일 오전 오후에 다시 한번 낭독되고 모든 총대가 서명했다.

총회는 이 기간에 신경작성 외에 다른 일도 처리했다. 캄펜의 목사 4명이 항론파의 주장을 따른다는 이유로 면직되었다. 프라네커 대학에서 가르치던 요하네스 마코비우스는 자신의 스콜라적 방식, 타락전선택설, 그리고 느슨한 생활 때문에 동료 시브란두스 루베르투스와 논쟁했다. 총회는 마코비우스에게 경고하고 동료와 화해하도록 권했다. 그 외에 콘라드 보르스티우스(Conrad Vorstius, 1588-1644)

의 경우는 단순히 항론파 교리만 문제 된 것이 아니라, 섭리교리와 칭의교리에서도 문제점이 발견되었기 때문에 교수직을 그만두고 남은 생애를 독일에서 보내야 했다. 이 외에도 신조를 승인하는 일을 했는데, 4월 30일에『벨직 신앙고백서』, 5월 1일에『하이델베르크 요리문답서』가 하나님의 말씀과 일치한다고 승인되었다.

1619년 5월 6일 대교회당(Grote Kerke)에서 국내 국외의 모든 총대들, 주정부 총대들, 그 외에 여러 내외 인사들이 모였을 때『도르트신경』이 공표되었다. 5월 9일 154차 회합으로 국외 총대들까지 참여한 공식적 총회는 마치게 되었다. 그러나 네덜란드 총대들은 돌아가지 않고 5월 13일부터 클로베니어스둘런(Kloveniersdoelen)에서 다시 모여 5월 29일까지 계속해서 회합을 했다. 국외 총대들이 없으므로 국내 총대들은 자신들의 모국어인 네덜란드어를 사용하면서 네덜란드 교회의 문제를 다루었다. 1586년 헤이그에서 만든 교회법이 개정되는 등 국내 문제들이 다루어졌다. 이때『도르트신경』의 네덜란드어 번역과 네덜란드어와 프랑스어로 된『벨직 신앙고백서』가 승인되었다. 1619년 5월 29일 수요일 아침 180번의 회합으로 반년이 조금 넘은 모든 회의가 마쳤다. 총대들은 모두 도르트 대교회당으로 가서 폐회예배를 드렸다. 7월 연방정부는 도르트 총회를 승인했고, 항론파의 교회 활동을 금지했다. 네덜란드에서 도르트 신경은 벨직신앙고백서와 하이델베르크 요리문답서와 함께 일치(eenicheyt)를 위한 서식으로 알려지게 되었다.[7]

회의 결과로서 도르트신경 내용

작성위원회가 작성한 도르트신경은 의장 보거만이 작성했던 것을 초안으로 삼았다. 그가 작성했던 내용의 핵심, 구조, 문체에서 큰 변화는 없었다. 따라서 의장

---

7) Selderhuis, 안상혁 역 "도르트 총회의 역사와 신학", in 이남규 편,『도르트신경 은혜의 신학 그리고 목회』(수원: 합동신학대학원출판부, 2019), 49-50.

보거만이 어떤 의도를 갖고 초안을 작성했는지가 중요하다. 의장은 회의의 목적이 예정교리 때문에 소란스러워진 네덜란드 교회를 평안하게 하고 평화롭게 하는 것이기 때문에, 교회를 위한 것 곧 교회가 든든히 세워지도록 하는 것이 도르트신경 작성의 주된 목적이었다고 밝혔다. 교회를 위한 것이므로 문체는 단순한 방식이어야 하고 학교보다는 교회에 어울리도록 작성되었다. 의장은 정통교리를 먼저 둘지 아니면 비정통 교리를 먼저 둘지 논의한 후 참된 교리를 먼저 오도록 작성했다. 왜냐하면, 참된 교리가 네덜란드교회가 원래 처음부터 갖고 있었던 교리이기 때문이다.[8]

도르트 총회 회의록은 총 3부분으로 구성된다. 1부는 회의록 기록으로 볼 수 있고, 2부와 3부는 각 총대단의 평가문을 모아놓은 회의록 첨부 문서다. 2부는 국외 총대들의 평가문을 모은 것이고, 3부는 네덜란드 국내의 총대들의 평가문을 모은 것이다. 총대단의 평가문은 최종적으로 결정된 도르트신경과 다른 문체와 맥락을 가졌다. 지역 분과의 평가문은 항론파의 논제들을 세세히 분석하고 논박하는 데에 목적을 가졌기에 좀 더 논쟁적이며 학술적인 성격을 가졌다. 서술하는 방식도 단순히 논제를 나열하는 방식을 선호하는 분과도 있었고(취리히), 논제를 나열하되 여러 근거 성경 구절을 인용하는 분과도 있었고(제네바, 브레멘), 논제에 설명을 덧붙이는 경우도 있었고(영국, 팔츠, 나사우-베터라우), 긴 서술 방식을 취하는 예도 있었고(헤센), 질문과 답의 형식을 취한 때도 있었다(엠덴). 신경이 정통 교리를 먼저 진술하고 거절하는 교리를 뒤에 오게 했다면, 평가문은 지역 분과별로 일관성이 없었다. 비정통 교리의 논제를 앞에 두고 분석한 후 정통 교리가 무엇인지 진술하는 지역 분과도 있었고, 예정에 대한 정통 교리를 먼저 설명하고

---

8) 126차 모임에 대한 Sibelius의 설명: "... habenda ratio aedificationis imprimis Ecclesiarum Belgiacarum quia Synodus Nationalis huc coacta ut consulatur quieti et paci ecclesiarum belgicarum. Ordo, stylus horum canonum debet directus esse ad institutionem harum Ecclesiarum. Nude proponentur omnia et simpliciter, itemque simul nonnimis jejunia, ne Canones sint scholastici seu Academici, sed Ecclesiatici. Ordo an praemittenda heterodoxa an vero orthodoxa? Praeses putat primo loco ponendam doctrinam veritatis, quod natura prior est et fuit in hoc Belgio prior." Klaas Dijk, *De Strijd over Infra- en Supralapsa-risme in de Gereformeerde Kerken Van Nederland* (Kampen, 1912), Bijlage C.

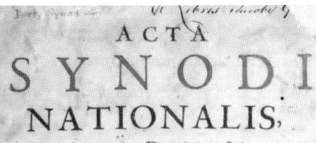

ACTA
SYNODI
NATIONALIS,
In nomine Domini nostri
IESV. CHRISTI,
Autoritate
ILL.VSTR. ET PRÆPOTENTVM
DD. ORDINVM
GENERALIVM FOEDERATI
BELGII PROVINCIARVM,
DORDRECHTI
HABITÆ
ANNO CIꝒIꝒCXVIII ET CIꝒIꝒCXIX.

Accedunt Plenissima, de Quinque Articulis,
Theologorum Judicia.

LVGDVNI BATAVORVM,
Typis ISAACI ELZEVIRI,
Academiæ Typographi,
Societatis DORDRECHTANæ sumptibus.
cIꝒ. IꝒ. CXX.
Cum privilegio Ill. Ord. Generalium.

도르트총회 회의록 표지

변증한 후 항론파의 논제를 비판하는 평가문도 있다. 이렇게 문체와 서술 방식과 구조에 있어서 다양성을 갖는 각 지역 분과의 평가문의 의미는 바로 이런 다양성에도 불구하고, 또는 이런 다양성이 함께 모여서 항론파의 주장에 대하여 한목소리로 반대했다는 것이다. 그래서 각기 다른 지역 출신의 다양한 방식의 분석과 문체가 교회의 평화와 교회교육을 위해서 도르트신경이라는 한목소리로 모아진 것이다.

몇 가지 염두에 둘 것이 있다. 첫째, 도르트신경은 항론파의 주장에 대한 개혁교회의 답으로 작성되었다. 항론파의 주장의 순서에 따라서 답하며, 주제도 구원에 있어서 하나님의 주권과 인간 능력의 수준에 대한 것에 한정된다. 신경이 교의 전체 체계를 위해 의도된 것이 아니므로, 그 구조나 내용에 있어서 성경론이나 신론부터 시작하는 다른 신앙고백서나 요리문답서와 다를 수밖에 없다. 그런데도 예정이란 주제가 신학 전체와 연결되는 주제이듯이, 신경은 개혁신학의 중요한 독특성들을 다양한 부분에서 충분히 드러내고 있다.

둘째, 도르트신경을 개혁교회의 예정론과 언약론이란 두 가지 노선의 싸움에서 예정론의 승리로 보는 것은 부당하다.[9] 예정론을 지나치게 강조하는 노선과 예정론의 거친 면을 언약론으로 대치하거나 부드럽게 하려는 노선이 경쟁했다는 주장이 있었다. 언약과 예정이란 두 노선의 경쟁으로 보려는 시각은 이미 여러 신학자의 연구로 논박되었다.[10] 개혁교회에서 언약과 예정은 분리되지 않고 오히려 함께 간다. 신경을 자세히 읽게 되면 예정에 대한 이해가 언약의 통일성에 대한 이해와 직결된다는 것을 알 수 있을 것이다.

셋째, 도르트회의 결정의 의미가 개혁신학 안에서 예정론의 자리 변화라는 주장도 부당하다. 이 주장을 따른다면, 개혁교회 초기에는 예정이 칭의에서 출발하

---

9)   Selderhuis, "Introduction to the Synod of Dordt (1618–1619)," in *Acta et Documenta Synodi Nationalis Dordrechtanae (1618–1619)*, XXX.

10)   안상혁, 『언약신학 쟁점으로 읽는다』(수원: 영음사, 2014), 27-29; Lyle D. Bierma, *The Covenant Theology of Caspar Olevianus* (Grand Rapids: Reformation Heritage Books, 2005), 163-164.

는 아래로부터의 자리(*a posteriori*)에 있었다면 점점 더 예정에서 시작하여 칭의로 나아가는 순서(*a priori*)로 변해갔으며, 도르트회의는 이 변화의 공식적 결정이다.[11] 그러나 도르트신경은 첫 번째 항론을 다루는 부분부터 '죄와 하나님의 진노-복음-믿음-선택-확신'의 구조를 따르고 있다. 죄인인 인간에서부터 시작한다. 견인을 다룰 때도, 중생하였으나 이 세상에서 죄의 연약함이 남아 있는 사실에서부터 시작한다. 도르트 회의는 구원이 실제적으로 아래서부터(*a posteriori*), 즉 '인간의 믿음에서부터'라는 항론파의 주장을 정죄한 것이지, 예정론을 다루는 방식에 있어서 '아래서부터'의 방식을 정죄한 것이 아니다. 오히려 도르트신경은 예정론을 '아래서부터'(*a posteriori*)의 방식으로 취급한다.

넷째, '타락전 선택설'과 '타락후 선택설'의 경쟁에서 '타락후 선택설'의 승리를 확정하면서 '타락전 선택설'을 정죄한 것이 아니다. 항론파는 이 둘을 분리해서 자신들이 '타락전 선택설'과 대결하고 있다고 주장하려고 했으나 받아들여지지 않았다. 도르트회의에서 예정의 대상이 타락한 인류인지 아니면 타락 전의 보편 인류인지에 대해 토론이 있었으나, 선택과 유기의 원인은 하나님의 의지이며 이 의지가 선행하고 불변한다는 점(이것이 항론파와의 논쟁에서 핵심이다)에서 모두가 동의했다. 도르트신경이 '타락후 선택설'의 표현을 택했을 때 '타락전 선택설'을 배제하거나 정죄한 것은 아니었다.[12]

1) 1항에 대하여

도르트신경은, 끝까지 믿는 것을 보고 하나님이 선택하셨다는 항론파의 주장에 반대하며 하나님의 무조건적인 선택을 말한다. 선택부터 말하지 않고 인간의 타락부터 말한다. 즉, 모든 인간은 죄를 범하여 저주 아래 있게 되었는데(1항) 하

---

11)   R. Seeberg, *Lehrbuch der Dogmengeschichte,* Vol. 2., (Erlangen und Leipzig, 1898), 415.

12)   K. Dijk, *De strijd over Infra- en Supralapsarisme,* 265.

나님은 세상을 사랑하사 독생자를 보내셨다(2항). 인간이 믿을 수 있도록 복음이 선포되게 하셨는데(3항) 복음을 믿지 않는 자에게는 하나님의 진노가 임하고 믿는 자에게는 영생이 주어진다(4항). 죄와 불신의 원인은 인간에게 있으며, 믿고 구원 얻음은 하나님의 선물이다(5항).

믿음이 선물이란 사실로부터 선택을 설명한다. 즉, 어떤 사람이 믿음을 선물로 받고 어떤 사람은 받지 못하는 것은 하나님의 영원한 결정에 달려있다(6항). 하나님이 창세 전에 구원받을 사람들을 선택하셨다(7항). 여덟 번째 논제부터 선택의 성격을 설명한다. 선택은 다양한 것이 아니라 단일한 것이며(8항), 미리 보인 믿음이나 다른 순종을 기초한 것이 아니다(9항). 선택의 유일한 원인은 하나님의 기뻐하심이다(10항). 그러므로 이 선택은 불변이다(11항). 열두 번째 논제부터 선택의 확신(12항), 선택에 대하여 가르치는 문제(13항, 14항), 유기(15항, 16항), 그리고 유아의 구원 문제(17항)를 다룬다. 최종적으로 선택과 유기에 관해 하나님께 의존하는 태도를 권하면서 맺는다(18항).

항론파의 잘못된 주장은 크게 다섯 가지로 분류할 수 있다. 첫째, 선택이란 개념에 관한 것이다. 이것은 다시 두 주제로 구분되는데, 선택의 작정 전체가 어디까지 포함하는 것인가이다. 항론파는 끝까지 믿고 순종할 자를 구원하시는 하나님의 뜻이 선택의 작정 전체라고 주장했다. 이에 대해 도르트 신경은 하나님이 믿는 자를 구원하실 뿐 아니라 특정한 자를 선택하셔서 믿음을 주신다고 반박한다(1항). 도르트 신학자들을 따르면, 믿는 자를 구원하시는데 그치지 않고, 선택하여 믿음을 주시는 것까지를 포함해야 한다는 것이다. 선택의 개념에 관한 두 번째 쟁점은, 선택이 여러 종류인가 하나인가이다. 항론파는 여러 선택을 주장했는데, 도르트 신학자들은 하나의 선택을 주장하며, 항론파의 주장이 구원의 황금사슬을 파괴한다고 반박한다(2항).

두 번째 그룹에 분류될 잘못된 주장은 선택의 조건에 관한 것이다. 도르트신경은 율법의 행위나 믿음의 순종을 조건 삼아 선택했다는 항론파의 주장이 하나님의 선하신 기뻐하심과 그리스도의 공로와 부딪힌다는 것을 지적한다(3항). 또 믿음에 이르는 선택에 본성의 빛을 옳게 사용하는 등의 미리 필요한 조건들이 있다는 항론파의 주장을 펠라기우스적이라고 비판한다(4항). 현재 시작했거나 지속하는 믿음을 조건으로 삼는 비결정 선택과 끝까지 믿는 것을 조건으로 삼은 결정 선택을 구분하는 항론파의 주장이 성경(롬 9:11; 행 13:48; 엡 1:4; 요 15:16; 롬 11:6; 요일 4:10)과 반대된다는 것을 증거한다(5항).

세 번째는 선택받은 이들의 멸망 가능성이다. 사람이 달성하는 조건에 선택이 달려있다면 논리적으로 선택받은 자가 조건을 달성하지 못한다면 멸망하게 될 것이다. 도르트신경은 택함 받은 이들 중 얼마는 멸망할 수 있다는 항론파의 주장에 대해 하나님의 불변성과 모순된다고 반박한다(6항).

네 번째는 선택에 대한 확신이다. 항론파는 선택에 대한 확신을 부정한다. 도르트신경은 선택에 대한 확신이 없다는 항론파의 주장에 대해 성도들이 구원을 자각하며 찬송한다는 사실을 증거로 가져온다(7항).

다섯 번째는 하나님의 뜻이 믿음의 원인인가 하는 것이다. 도르트신경은, 누군가를 타락에 남겨 두시거나 누군가에게 믿음의 은혜를 주지 않으시는 것이 하나님의 뜻에 달려 있지 않다는 주장에 대해 반대하며 성경구절들(롬 9:18, 마 13:11, 마11:25-26)을 가져온다(8항). 마찬가지로 복음을 받고 받지 않음이 사람의 가치에 달려있다는 주장에 대해서도 반대하며 성경구절(신 10:14-15, 마 11:21)로 답한다(9항).

2) 2항에 대하여

항론파 주장을 따르면, 그리스도가 모든 각 사람을 위해서 죽으심으로써 그들 모두를 위한 구속과 죄 용서를 얻으셨기 때문에, 이제 자신의 믿음으로 반응하는 자들이 이 구속과 죄 용서를 취한다. 이 주장에 대해 도르트 신학자들은 창세 전에 계획되어있는 자들을 위해서 죽는 것이 그리스도의 의도였다고 반박한다. 그러나 처음부터 하나님의 계획을 끌어오기보다는, 형벌을 받아 마땅한 인간과 공의로우신 하나님으로부터 시작한다(1항). 하나님은 자기 독생자를 우리가 받을 저주를 위해 내어주셨다(2항). 하나님의 아들의 죽으심이 무한한 가치를 갖는다(3항). 그리스도의 죽으심이 무한한 가치를 갖는 이유는 고난 당하신 이가 성부와 성자와 본질이 같으신 하나님의 아들이기 때문이다(4항). 복음은 모두에게 선포되어야 한다(5항). 불신자의 불신 책임은 그들 자신에게 있다(6항). 믿음으로 구원받은 것은 하나님의 은혜 때문이다(7항). 그리스도께서 자기의 죽으심으로 택한 자를 구원하는 것이 하나님의 계획이다(8항). 하나님의 계획은 계속되며 성취되어 한 교회로 모은다(9항). 이렇게 해서 선택이란 주제가 8항에 가서야 등장한다.

따라서 거절되는 주장들을 보면, 누구를 구원하실지 정한 것 없이 그리스도를 십자가에서 죽게 하셨다는 주장(1항), 죽으심으로 얻은 것이 은혜언약이 아니라 은혜든지 행위든지 간에 인간과 다시 언약을 맺을 성부의 권리를 얻으신 것이라는 주장(2항), 그리스도께서 만족으로 구원과 믿음을 얻으신 것이 아니라는 주장(3항), 믿음이 완전한 순종으로 여겨지는 것이 은혜언약이라는 주장(4항), 모든 인간이 하나님과 화해했고 원죄에서 자유롭다는 주장(5항), 공로를 받아들이고 받아들이지 않음이 자유의지의 사용에 달려있다는 주장(6항), 하나님께서 사랑하고 택하신 자들이 있다면 그리스도는 그들을 위하여 죽으실 필요가 없다는 주장(7항)이다. 이런 주장들에 대해서 그리스도의 죽으심과 공로를 모욕한 것이라고 거절한다.

3) 3항과 4항에 대하여

죄인의 무능력을 말하는 세 번째 항론, 그리고 은혜가 주어졌을 때 인간이 거절하거나 취할 수 있다는 네 번째 항론은 함께 다루어질 수밖에 없다. 인간 의지의 능력에 대한 이해를 다루는 네 번째 항론이 죄인의 무능력 정도를 다루는 세 번째 항론과 필연적으로 묶여 있기 때문이다. 결정된 신경에 의하면, 사람이 하나님의 형상으로 지음 받았으나 타락으로 능력을 상실했으며(1항), 자녀들에게 이 무능력이 계속되었으며(2항), 그래서 모든 인간은 죄의 노예이며 성령의 은혜 없이는 하나님께 갈 수 없다(3항).

네 번째 논제부터는 본성의 빛에 대하여 설명하는데, 본성의 빛은 오염되었으며(4항), 오염된 인간은 율법을 통해서 구원의 은혜를 얻을 수 없으니(5항), 하나님께서는 본성의 빛과 율법이 할 수 없는 것을 말씀과 성령의 역사로 하신다(6항).

일곱째 논제부터는 복음과 소명에 대해서 다룬다. 복음이 구약에서 적은 수의 사람들에게 계시되고 신약에서 많은 사람에게 계시된 것은 민족의 우월성이나 본성의 빛의 더 나은 사용 때문이 아니라 하나님의 자유로운 뜻에 달린 것이다(7항). 복음으로의 모든 부르심은 약속이 있는 진지한 부르심이며(8항), 따라서 복음을 거절한다면 그것은 인간의 잘못이다(9항). 하지만 복음의 부르심에 순종하는 것은 인간이 아니라 택하신 하나님께 원인이 있다(10항).

열한 번째 논제부터는 회심의 성격에 대해서 다룬다. 하나님께서 성령을 통해 택한 자들 안에서 역사하셔서 닫힌 마음을 여시는데(11항), 이 역사하심은 창조와 부활과 방불한 중생의 능력이나(12항), 신자들 자신이 이 방식을 완전히 이해할 순 없으며(13항), 믿음은 선물이다(14항). 따라서 신자는 하나님께 감사해야 하며, 교만하지 않고, 부르심을 받지 못한 자들을 위해 기도해야 한다(15항). 인간의 본성과 중생의 은혜에 관한 관계에 대하여서, 타락 때문에 인간이 인간 됨을 멈추는 것이 아니라 영적으로 죽은 것이며 다시 중생의 은혜로 소생하는 것이라고 말한다(16항). 마지막에서 하나님께서 초자연적인 역사를 위해 은혜의 방편을 사용하신다는 것을 언급한다(17항).

거절하는 주장들을 보면, 원죄가 영원한 형벌을 가져오지 않는다거나(1항), 인간이 창조되었을 때에 의지 안에 영적인 선한 은사나 성품이 없었기에 타락 때문에 그것들이 분리된 적이 없다거나(2항), 의지가 방해를 받을지라도 타고난 능력을 발휘한다거나(3항), 중생하지 않은 자가 영적 선을 행할 모든 능력을 잃지 않았다거나(4항), 일반은총을 사용하여 구원의 은총을 점진적으로 얻을 수 있다거나(5항), 믿음이 은사가 아니라 행위라거나(6항), 회심하게 하는 은혜가 부드러운 도덕적 권고로 충분하다거나(7항), 인간의 의지를 꺾어 회개하게 하는 것이 아니라 인간의 능력에 달린 중생이라거나(8항), 은혜와 자유의지가 합력해서 회심을 시작하되 은혜가 의지의 발휘를 앞서지 않는다는 주장들이 있다(9항). 이런 주장들은 성경과 부딪히며, 자유의지의 능력을 높이며, 펠라기우스에게 속했으며, 회심할 때의 하나님 은혜를 부인하는 것이며, 하나님의 사역을 인간의 뜻 아래 굴복시키는 것이라고 거절한다.

4) 5항에 대하여

견인의 확실함에 대해 의심하는 항론파 주장에 대해 크게 두 가지, 즉 견인과 견인 확신이란 부분으로 반박한다. 하나님이 중생한 사람들을 죄의 속박에서 건져내시지만, 그들이 이 세상에서 아직 완전하지 않아서(1항), 매일 죄가 있어(2항), 그들 자신의 힘으로 은혜 안에 있을 수 없으나 하나님의 능력이 끝까지 그들을 지키신다(3항). 네 번째 논제부터는 심각한 죄를 다루는데, 하나님의 허락하심으로 심각한 죄에 빠질 수 있고(4항), 이 죄는 하나님의 은혜를 한동안 깨닫지 못하게 하나(5항), 하나님은 성령을 완전히 거두시지 않고(6항), 다시 회개하게 하신다(7항). 따라서 은혜에서 완전히 떨어지지 않고 계속 남아 있는 이유는 하나님의 긍휼이다(8항).

아홉 번째 논제부터는 견인의 확신에 관한 것인데, 견인을 확신할 수 있고(9항), 약속을 믿음과 성령의 증거로 확신하나(10항), 이 확신이 신자에게 항상 있는 것은 아니다(11항). 이 확신이 신자를 게으르게 하지 않고 오히려 겸손과 경외와

경건 등의 원천이며(12항), 주님의 길을 더 사모하게 한다(13항). 우리 안에서 은혜의 시작이 복음의 선포로 시작되었던 것처럼, 하나님은 말씀과 성례로 견인을 유지하시고 완성하신다(14항)는 것을 확인한다. 견인과 확신에 대한 교리의 사용을 위선자들이 오용하는 일들이 있었으나 교회는 보호했다(15항)는 것을 확인하면서 교회가 이 교리를 사랑해 왔음을 밝힌다.

따라서 성도의 견인이 선택의 열매나 그리스도의 죽으심으로 얻은 하나님의 선물이 아니고 새언약의 조건이라는 주장은 거절된다(1항). 하나님이 필요한 것들을 주실지라도 인내하는 일은 인간의 의지에 달려있다는 주장도 펠라기우스의 주장으로 정죄 된다(2항). 참된 신자가 은혜에서 완전히 떨어져 멸망할 수 있다거나(3항), 참된 신자도 사망에 이르거나 성령을 모독하는 죄를 지을 수 있다는 주장도 거절된다(4항). 특별한 계시 없이는 견인의 확신을 가질 수 없다는 주장은 확실한 위로를 뺏는 것으로서 거절된다(5항). 확신은 경건에 방해되고 오히려 의심하는 것이 좋다는 의견은 성령님의 일하심의 권능과 배치되므로 거절된다(6항). 일시적 믿음이 구원하는 믿음과 기간만 다르다는 주장이나(7항) 중생을 잃고 다시 거듭난다는 주장이나(8항), 신자들의 견인을 위해 그리스도께서 기도하지 않는다는 주장도 거절된다(9항).

12. 웨스트민스터 신앙고백서

(*The Westminster Confession of Faith*, 1647)[1]

개요

개혁주의 신학은 대영제국에도 큰 영향을 끼쳤으며, 그 결과가 17세기 중반에 나온 『웨스트민스터 신앙고백서』와 대소요리문답서다. 정치적 혼란기에 잉글랜드에서 작성되었으나 정작 작성된 잉글랜드에서는 적용되지 않았고, 스코틀랜드 장로교회에서 적용되었다. 미국의 장로교회도 이 신앙고백서와 대소요리문답서를 받아들였으며, 한국의 장로교회도 이 신앙고백서를 받아들였다.

역사적 배경

1603년부터 스코틀랜드의 제임스 6세가 잉글랜드의 제임스 1세로서 통치했다. 한 사람이 두 나라를 다스린 것이다. 제임스는 장로교도로 성장했지만, 스코틀랜드 장로교도들을 멀리했다. 장로교가 왕정체제에 도움이 되지 않는다고 생각했기 때문이다. 잉글랜드 청교도들의 온건한 교회개혁 요구는 소위 1604년의 '천인청원'(Millenary Petition)에 포함되었다. 이 청원 때문에 햄튼 궁정 회의(Hampton

---

1) Robert Letham, *The Westminster Assembly: reading its theology in historical context* (Phillipsburg: P&R Publishing Company, 2009), 권태경/채천석 역, 『웨스트민스터 총회의 역사』 (서울:개혁주의신학사, 2014); Chad Van Dixhoorn, *The Minutes and Papers of the Westminster Assembly, 1643-1653* (Oxford: Oxford University Press, 2012); Torrance Kirby, "The Westminster Confession of Faith, 1647," in *RBS3.2*, 201-274; *김영재*, 186-210; *Schaff*, vol. I, 701-804; Robert M. Norris, "Westminster/Westminsterconfession," in *TRE 35*, 708-712; *Neuser*, 351-352; William Maxwell Hetherington, *History of the Westminster Assembly of Divines* (Edinburgh: John Johnsotne, 1843).

Court Conference)가 열렸을 때, 제임스는 성경 번역의 승인 외에 청교도들의 요구 대부분을 거절했다. 1604년의 교회법은 왕의 교회 통치를 재확인했다. 온건한 칼 빈주의자 조지 애보트(George Abbot)가 켄터베리 주교가 되자 어셔(Ussher)의 『아일랜드 신조』(1615)가 왕에 의해 승인되고, 도르트회의(1618-1619)에 총대가 파송될 수 있었다.

아버지를 이어 왕이 된 찰스 1세는 자신이 왕위에 오른 1625년 프랑스의 앙리에타 마리아(Henrietta Maria)와 결혼했다. 왕비는 자신을 보좌하는 사제와 함께 가톨릭 예전을 고집했다. 이런 분위기에 1633년 켄터베리 대주교에 윌리엄 로드(William Laud)가 임명된 것이 중대한 변화를 가져왔다. 그전에는 장로교 정치체제가 거절되었을지라도 도르트회의에 총대를 파송해서 아르미니우스주의에 반대할 만큼 개혁주의 요소가 있었다. 그러나 예정론을 거절하는 사무엘 하스넷(Samuel Harsnet)이 요크의 주교가 되는 등, 이전의 노선에서 거리가 먼 인물들이 등용되었다. 로마 가톨릭에 기울어진 소위 고교회파(high-church)가 주요 직책을 맡게 되었다. 이들은 『39개 신조』에서 표현된 교리들을 명백히 벗어나 있었다. 1629년 찰스 1세의 여러 폭압적인 통치 때문에 의회는 찰스 1세를 비판하는 결의문을 채택했다. 그리고 찰스 1세는 1640년까지 의회를 소집하지 않았다.

찰스 1세가 1637년 스코틀랜드 교회에 주교제를 강제로 실행시키려 하자, 1638년 11월 스코틀랜드 장로교 총회는 찰스 1세의 명령에 불복종할 것을 결의했고 의회는 국민서약에 서명하고 교회 감독제를 폐지했다. 1639년 찰스 1세는 군대를 소집해 스코틀랜드를 침공했다. 이 1차 침공이 예산 부족 등의 이유로 아무 소득 없이 끝나자 단기의회를 소집해서 재원을 확보하려고 했다. 그러나 단기의회가 전쟁 재개를 반대하자 찰스 1세는 의회를 해산하고 독자적으로 전쟁을 재개했다. 이 전쟁이 패배하자 찰스 1세는 1640년 11월 장기의회를 소집할 수밖에 없었다. 여기서 의원들의 동의 없이는 의회를 해산할 수 없다는 법령에 서명할 수밖에 없었다. 1641년 11월 22일 찰스의 실정을 비판하는 대간의서(Grand

Remonstrance)가 통과되었다. 1642년 1월 찰스가 상원의원 1명과 하원의원 5명을 반역죄로 체포할 것을 명령했으나 실패했다. 찰스 1세는 런던을 떠나서 자신을 따르는 무리를 모았다. 그러자 부패한 왕에 반대하는 자들도 모여 군대를 형성했다. 1642년 8월 22일 찰스 1세가 노팅엄에서 깃발을 올리면서 왕당파와 의회파 사이의 내전이 일어났다. 이 내전이 소위 '청교도혁명'(Puritan Revolution)이라고 불린다. 이것은 의회파의 대다수가 청교도였다는 점, 그리고 내전의 중요원인이 잉글랜드의 교회 상황이었다는 점을 알려준다.

장기의회는 찰스의 군사자금을 대지 않기로 하는 등의 군사-정치 문제도 다루었으나 교회 문제를 중요하게 다루어야 했다. 그래서 '종교 대위원회'(Grand Committee of Religion)를 설치하고 교회 문제를 다루었고, 주교제 폐지에 대한 여러 청원이 올라오자 1643년 1월에 주교제를 폐지했다. 하원은 성직자들이 모인 총회를 열어 교회가 마주한 문제들을 해결하도록 해야 했다. 총회 소집령이 1643년 5월 13일 하원에 제출되어, 6월 12일 상원의 승인을 받았다. 그리고 7월 1일 웨스트민스터 총회 첫 모임이 열리게 되었다.

웨스트민스터 총회 절차

먼저 총회의 성격을 이해해야 한다. 웨스트민스터 총회는 어떤 교단의 총회처럼 교회법에 근거해 모인 회의가 아니었다. 잉글랜드 교회는 주교제 폐지 이후, 공식적인 교회 정치체제나 행정체제가 없었다. 따라서 총회의 중요한 과제 중 하나가 교회 정치였다. 총회는 공식적으로는 잉글랜드 의회의 자문기관이었다. 총회가 논의할 내용도 의회가 결정했으며, 결과도 의회에 제출해야 했고, 총회의 해산도 의회의 뜻을 따라야 했고, 총회 의장도 의회가 결정했다. 교회의 문제를 다루었으나 행정적으로 의회 아래 있었다. 따라서 웨스트민스터 신앙고백서가 출판되었을 때 그 표제는 "의회에 제출된 성직자 총회의 겸손한 조언"이었다.

1643년 7월 1일 첫 모임은 헨리 8세의 기념 예배당에서 가졌고, 8월초 날씨가 쌀쌀해지자 관할 교구 내 다른 건물인 예루살렘관의 숙소에서 모였다. 회의가 진행되던 중 왕당파와 의회파는 계속 내전 중에 있었지만, 모임은 계속되었고 찰스 1세 처형 후에도 계속 모이다가, 1652년 3월 25일 크롬웰이 해산할 때까지 계속 모였다. 독립파였던 크롬웰이 장로파 중심의 의회를 강제로 해산하면서 총회도 해산된 것이다.

웨스트민스터 총회가 정치적 또 행정적으로 잉글랜드 의회의 명령 아래 모인 모임이었듯이, 각 지역을 대표하는 총대도 각 지역 유지의 추천을 받아 최종적으로 의회가 선택하는 방식이었다. 이런 식으로 파송된 구성원 대부분은 장로파였다. 찰스 1세의 눈에 총회는 불법이었기 때문에, 참석한 이들은 위험을 감수하고 참석해야만 했다. 내전 상황 속에서 만일 찰스 1세가 다시 힘을 회복한다면, 찰스 1세를 반대하는 의회를 따랐던 그들의 목숨도 위태로울 수 있었다. 염두에 둘 점은 총회는 행정적으로 잉글랜드 의회 산하 회의였으므로 스코틀랜드의 대표들은 총회 구성원이 아니었다는 사실이다. 잉글랜드 의회는 스코틀랜드 의회와 비교할 때 힘이 있었다. 그러나 스코틀랜드 교회와 비교할 때 잉글랜드 교회는 그 체계가 해체된 상태였다.

총회가 의회로부터 받은 첫 번째 과제는 『39개 신조』의 수정이었다. 잉글랜드 의회는 교리적 통일성을 회복하는 것이 무엇보다 중요하다고 생각한 것이다. 39개 조항 중 15조항까지 개정했을 때 중요한 사건이 끼어든다. 잉글랜드, 스코틀랜드, 아일랜드 세 나라의 교회정치와 신앙을 통일하는 것을 합의하는 『엄숙동맹과 언약』(Solemn League and Covenant)에 의회가 서명해야 했던 것이다. 잉글랜드 의회는 내전 중 찰스 1세와 치르던 전쟁을 유리하게 이끌려면 스코틀랜드의 힘이 필요했다. 스코틀랜드는 찰스 1세 때문에 장로교체제가 무너지지 않길 원했다. 스코틀랜드와 잉글랜드 의회는 협약하고, "하나님의 말씀에 따라, 교리, 규율, 예

The Humble

ADVICE

Of the

ASSEMBLY

OF

DIVINES,

Now by Authority of *Parliament*
sitting at WESTMINSTER;

Concerning

A Confeßion of Faith :

With the QUOTATIONS and TEXTS of
SCRIPTURE annexed.

Prefented by them lately to both Houfes of Parliament.

Printed at LONDON;

AND

Re-printed at EDINBURGH by *Evan Tyler*, Printer to
the Kings moft Excellent Majeftie. 1647.

『웨스트민스터 신앙고백서』 표지

The Humble
ADVICE
of the
ASSEMBLY
OF
DIVINES,

Now by Authority of Parliament
sitting at WESTMINSTER,

concerning a Confession of Faith:
with the QUOTATIONS and TEXTS of
SCRIPTURE annexed;

Presented by them lately to both Houses of Parliament
Printed at London;
AND
Re-printed Edinburgh : Evan Tyler, Printer
to the Kings most Exellent Majestie. 1647.

지금 웨스트민스터에서 회의하는 의회의 권위에 의한
성직자 총회의
신앙고백서 관한 겸손한
조언
성경의 인용과 본문이 첨가되었다

최근 양 의회에 제출되었다.
런던에서 인쇄되었다,
그리고
에딘버러에서 재인쇄되었다:
에반 틸러, 왕의 가장 훌륭한 위엄을 위한 인쇄소.
1647

배와 정치 등에서 스코틀랜드 장로교의 참된 개혁파 개신교 신앙의 보전을 위해 노력하겠다"고 약속했다.

그래서 1643년 7월에 시작된 총회는 그해 9월 엄숙동맹과 언약에 서명하면서 통일된 교회정치규정, 예배규정을 만드는 데 힘을 썼다. 그리고 세 나라가 함께 사용할 신앙고백서와 요리문답서가 필요했으므로 그 일에도 매진한다. 가장 많이 논의되었던 것은 교회정치 규정이었다. 스코틀랜드 교회에는 장로교체제가 확고히 서 있었다면, 잉글랜드는 무너진 교회체제를 다시 세워야 했기 때문이다. 그런데 현재 총회는 잉글랜드 의회 아래 있었다. 이 상황에서 스코틀랜드 교회는 장로교체제를 위해서 감독체제와 에라스투스주의와 생명을 걸고 싸웠다. 큰 희생을 치르고 장로교체제를 지킨 이들이 감독제와 에라스투스주의를 받아들일 수는 없었다. 독립교회파 신학자들은 소수였지만 내전에서 승리를 이끌고 있던 크롬웰 때문에 발언권이 있었으며 이들의 활약은 총회를 길어지게 했다. 교회정치 규칙에 대한 부분은 1643년 10월부터 논의되었는데 1646년 7월까지 계속 논의되었다. 신앙고백서와 요리문답서의 작성과 합의에는 상대적으로 더 적은 시간이 소모되었다. 그러나 상대적으로 적은 시간이라고 하여서 이 문서들의 작성이 덜 중요했다거나 합의를 위해 소모한 논의가 가벼웠다는 말은 아니다.

왕당파의 전쟁에서 밀리던 의회파는 크롬웰(Oliver Cromwell)의 등장으로 승리를 이어갔다. 그리고 1646년 의회가 마침내 승리했다. 문제는 크롬웰과 그를 따르는 군사들이 장로회파가 아니라 독립파였다는 점이다. 이들은 자신들의 교회에서 예배가 허락되기를 희망했으나, 총대들은 장로회 정치체제를 고집했다. 크롬웰이 독립파 교회를 지키기 위해 의회를 해산시키자, 1652년 3월 웨스트민스터 총회의 업무는 종료되었다. 찰스 1세는 1649년 1월 참수를 당했다. 이후 영국은 1660년까지 공화국이었고 크롬웰은 1658년 호국경(Lord Protector)이었다. 1660년 찰스 2세에 의해 왕정이 복구되자 주교체제의 성공회가 다시 국교회가 되었고, 1662년 통일령(the Act of Uniformity)에 의해 2천여 명의 비국교도(Nonconformist) 목회자가 쫓겨났다.

결국, 잉글랜드에 통일된 교리 표준을 도입하고 잉글랜드 교회체제를 다시 세우려던 의회의 의도는 잉글랜드에서는 실패했다. 그럼에도 이 총회의 결과물은 스코틀랜드에서 승인되었으며, 이후 미국에 장로교회가 세워질 때 표준문서로 받아들여졌고, 한국에도 들어와서 대부분의 한국 장로교회가 이 신조를 받고 있다. 잉글랜드에서 만들어졌으나 정작 그곳에서 사용될 기회를 놓친 웨스트민스터 총회의 결과물 즉 신앙고백서와 요리문답서와 예배모범과 교회정치규칙은 다른 곳에서 큰 영향을 끼쳤다.

신앙고백서 작성을 위한 신학적 논의

『웨스트민스터 신앙고백서』 작성을 위해서 회의 중에 있었던 신학적 논의에 관한 연구가 필요하다. 웨스트민스터 총회의 구성원을 장로파, 감독파, 독립파와 같이 교회 정치 구조와 관련한 용어들로 구분해왔었다. 그런데 최근 연구가들이 지적하는 것은 교회 정치 용어로 구분하는 일이 선입견을 줄 뿐 아니라 회의 중 논의된 신학적 주제들을 간과하게 한다는 점이다. 마치 다른 교리적 문제들에 대해서는 어떤 논의 없이 쉽게 일치를 보고, 오직 교회정치에 대해서만 토론했다는 인식은 웨스트민스터 총회에 대한 오해를 불러일으킨다. 교회정치는 당시 잉글랜드 교회 체제가 무너진 상태에서 가장 열띤 논의의 주제가 될 수밖에 없었다. 동시에 다른 주제들에 대해서도 깊이 있는 신학적 논의들이 있었다는 것을 간과해선 안 된다. 깊이 있는 신학적 토론 없이 총회의 가장 중요한 결과물인 『웨스트민스터 신앙고백서』와 대소요리문답서 같은 문서는 나올 수 없었다.

신학적인 관점에서 또 다른 오해는, 『웨스트민스터 신앙고백서』와 대소요리문답서를 종종 스콜라 개혁신학의 절정으로 본다는 점이다. 그런 시각에서 『웨스트민스터 신앙고백서』는 칼빈을 왜곡한 칼빈주의자들의 신학의 절정으로 말해지곤 한다. 이처럼 종교개혁 시기의 칼빈과 이후 개혁신학자들을 분리하려는 관점에서 둘 사이의 가장 큰 차이를 이성적이고 논리적인, 또는 부정적으로는 사변적인 스콜라방식의 도입 여부로 본다. 그러나 스콜라방식은 이미 칼빈에게서도 나타난다. 칼빈의『기독교강요』와 예정론 논쟁서들은 예정론 논의에 있어서 예정이란 개념 안에 선택과 유기를 다 포함한다는 면에서『웨스트민스터 신앙고백서』보다 더 급진적이다.『웨스트민스터 신앙고백서』는 유기를 예정하심(predestinate)이란 단어에 포함하지 않고 미리 정하심(foreordain)이란 단어로 표현하기 때문이다. 개혁신학의 연속성을 분리하려는 시도에는 어떤 저술이나 신조들이 나오게 되는 맥락, 배경, 목적을 간과하는 경우가 많다. 예를 들어, 칼빈 자신이 성경주석과 설교보다『기독교강요』와 예정론 논쟁서에서 더 스콜라적이다. 그의 저술이 그 상황과 맥락에서 의도하는 대상과 목적이 달랐기 때문이다. 개혁신학의 연속성이란 관점에서 종합적으로 평가한다면,『웨스트민스터 신앙고백서』는 종교개혁과 이후 영국과 대륙의 개혁신학자들, 나아가 당대의 개혁신학자들과의 연속성 아래서, 또 그때까지 개혁신학이 마주했던 논쟁들을 최종적으로 정리했다는 측면에서 중요한 의미가 있다.

그리고 모든 신조가 그러하듯이 이 신앙고백서에서도 가장 엄격하고 선명한 표현 방식이 아닌 협의로 만족한 부분이 있다. 대표적으로 그리스도의 능동적 순종을 다루는 방식에서 그러하다. 그리스도의 능동적 순종과 수동적 순종이 칭의에 연결되는지에 대한 토론이 있었다. 이 논의는 개혁신학의 언약사상과 연결되어 있다. 대부분의 개혁신학자들은 행위언약에서 완전한 순종에 대한 상급으로 약속된 생명을 그리스도의 능동적 순종에 연결시키고, 행위언약의 머리 아담이 범한 불순종의 죄책으로 인해 주어진 형벌을 감당한 그리스도의 수동적 순종을 구분했고, 이러한 구도 안에서 그리스도의 속죄사역과 칭의를 이해해왔다. 16세기 후반 독일 피스카토르는 능동적 순종은 제외하고 수동적 순종만을 받아들이면서 많은 개혁신학자들로부터 비판을 받았었다. 웨스트민스터 총회에서 그리스도의 능동적 순종을 포함할지에 관한 토론이 있었다. 반대자들이 있자 일치에 이르기 위해서 최종적으로 "순종과 만족이" 전가되었다고 진술되었다(11장). 선명하게 능동적 순종과 수동적 순종을 드러내지도 않았지만, 그렇다고 거절하지도 않고 강하게 함의하는 방식을 택했다.[2] 총대들의 다수는 소수의 반대에 대하여 용어 사용에서 양보하는 모습을 보일지라도 내용은 남겨놓는 방식으로 작성했기 때문에, 한 항목만 의지하여서 특정 신학적 견해를 인정하거나 거절했다는 판단보다는 웨스트민스터 표준문서 전체를 보면서 판단해야 한다. 다만, 로마 가톨릭과 아르미니우스주의를 완전히 거절하면서, 재세례파의 관점들을 비판하며, 루터주의와 차이점을 드러내고, 당시 개혁파 안에 등장한 아미로주의(Amyraldianism)는 배제하는 식으로,[3] 당시 개혁교회가 갖고 있던 일치를 보여줬다.

3부 개혁교회 신조

여기서 신앙고백서와 대소요리문답서 전체를 다룰 수 없고, 다만 몇 가지 독특성과 쟁점들을 다루기로 한다.

1) 신론이 아니라 성경으로 시작하는 『웨스트민스터 신앙고백서』

『웨스트민스터 신앙고백서』는 상세한 성경론을 앞세워 시작하는 개혁교회의 신앙고백서다. 16세기의 대표적인 신앙고백서들과 비교하면 다른 점이다. 『프랑스 신앙고백서』에 대한 초안을 칼빈이 제안할 때, 성경에 대한 고백을 가장 앞에 오게 했으나, 프랑스교회는 하나님에 대한 고백을 앞세웠고, 성경론을 상세하게

---

2) 페스코는 웨스트민스터 총대들의 논쟁을 보여주면서 최종적으로 능동적 순종으로 결정했다고 본다. 다음을 보라: John V. Fesko, *The Theology of the Westminster Standards*, (Wheaton, Illinois: Crossway, 2014), 신윤수 역, 『역사적, 신학적 맥락으로 읽는 웨스트민스터 신앙고백서』 (서울: 부흥과 개혁사, 2018), 274. 웨스트민스터 신앙고백서는 합의를 위해 능동적 순종이란 용어를 사용하지 않았으나, 내용상으로는 능동적 순종을 충분히 드러내었다.

3) Letham, *The Westminster Assembly*, 119, 권태경/채천석 역, 『웨스트민스터 총회의 역사』 204.

고백하는 『벨직 신앙고백서』도 하나님에 대한 고백을 가장 먼저 오도록 했다. 칼빈이 신론과 성경론 사이에 연결을 만들었고, 『프랑스 신앙고백서』와 『벨직 신앙고백서』도 이 연결을 포기하지 않았다. 『프랑스 신앙고백서』는 "이 하나님께서 자신을 계시하셨다"(De Dieu se manifeste)고 진술함으로 1항과 연결하고, 벨직 신앙고백서는 "그런데 우리가 그를 두가지 방식으로 안다"(Duo-bus autem modis eum cognoscimus)고 말하고 있기 때문이다. 라틴어 '그런데'(autem)와 '그를'(eum)은 1항에서 하나님을 믿는다는 고백에 연결해서 말하는 것이다. 2항에서 1항의 하나님을 아는 두 가지 방식을 연결했기 때문에, 내용적으로 하나님과 계시를 연결하고, 다시 계시에 성경이 연결된다.

하나님으로부터 시작하는 방식과 성경으로부터 시작하는 방식 사이에서 어떤 근본적인 차이를 찾을 수는 없을 것 같다. 16세기의 고백서 중 스위스 신앙고백서(1536/1566)를 제외하고는 대부분의 개신교 고백서가 하나님으로부터 시작하고 성경으로 나아간다. 그런데 17세기 고백서는 성경에서 시작하고 하나님으로 나아간다(『웨스트민스터 신앙고백서』). 리차드 멀러는 여기에 대해 두 가지 납득할 만한 이유를 제시한다. 첫째, 신학적으로 두 원리 사이에 내적 관계가 있다는 것이다. 성경에서 분리된 채로 하나님을 참되게 알 수 없다. 성경계시의 존재는 하나님의 존재를 전제한다. "그러므로 『프랑스 신앙고백서』와 『벨직 신앙고백서』는 먼저 하나님에 대한 신앙을 고백한 후 계시와 삼위일체 교리의 충만한 교리의 주제로 나아간다. 또한, 두 고백서가 하나님에 대한 신앙의 첫 진술을 분명히 성경으로부터 가져온다. 그래서 논지의 순환은 완전하다."[4]

멀러는 두 번째 이유를 역사적 맥락에서 찾는다. 종교개혁 전에는 확장된 성경에 대한 논의가 없었다. 즉, 신학적 체계를 위한 서문으로서 성경교리의 형식적인 진술이 없다는 것이다. 종교개혁에 이르러서야 성경교리가 발전했음에도 불구하고 그것을 신앙고백서에 넣는 경우가 드물었다. 왜냐하면, 종교개혁의 초기 고

---

4) Richard A. Muller, *Post-Reformation Reformed Dogmatics: The Rise and Development of Reformed Orthodoxy, ca. 1520 to ca. 1725*, vol. 2 (Grand Rapids, Michigan: Baker, 2003), 152.

백서의 대부분은 교리의 성경적 기초를 전제해서 성경교리를 진술할 필요를 느끼지 못했던 것이다. 초기 신앙고백서는 사도신경을 따라 하나님으로 시작해서 창조, 구원, 교회로 나아가는 구조를 가졌던 것이다.[5]

『웨스트민스터 신앙고백서』는 성경을 말하면서 하나님의 존재와 하나님의 계시를 전제하면서 시작한다(1장 1항). 계시론은 하나님에 대한 신앙을 전제하고 하나님에 대한 신앙은 계시에서 시작한 것이기에 이 두 가지는 밀접하게 연결되어 있다. 하나님이 알려지는 것에서 하나님에 대한 신앙은 확고한 전제가 된다. 기독교는 모든 것을 검토한 후에 신앙에 이르는 것이 아니라 신앙에서 출발해서 계시를 포함한 모든 것을 말한다.[6] 신앙에서 출발할 때 그 신앙이란 다시 말씀에서 출발한 것이며 그 내용이란 성경이 말하는 하나님에 대한 것이다. 이렇게 두 원리는 함께 있다. 16세기 중반에 나온 벨직 신앙고백서는 성경을 전제한 하나님에 대한 신앙을 가장 먼저 앞세우며, 17세기 중반에 나온 『웨스트민스터 신앙고백서』는 신앙을 전제한 성경을 앞세우는 것이다.

『기독교강요』 1장과 2장은 하나님과 인간을 아는 지식에 대한 논의다. 경건한 마음이 임의의 하나님이 아니라 참 하나님을 바라보게 하며, 하나님을 인식하게 한다. 이렇게 해서 칼빈은 2장에서 하나님을 믿고 하나님을 경외하며 하나님을 예배하는 "순수하고 참된 종교"(pura germanaque religio)를 규정한 후 3장부터 계시에 대해서 다룬다. 칼빈은 결국 하나님을 아는 지식의 원천으로서 성경으로 나아간다. 이런 면에서 『웨스트민스터 신앙고백서』도 같다. 『웨스트민스터 신앙고백서』는 1장에서 일반계시를 소개할 때, 그 한계를 지적한다. 그 한계는 하나님과 하나님의 뜻에 대한 지식을 인간이 만날 수 없다는 것이다. 교회는 결국 성경을 통해 하나님과 그의 뜻을 알게 된다. 『웨스트민스터 신앙고백서』는 하나님과 그의 뜻을 아는 지식의 원천으로서 교회가 오직 성경만을 갖는다는 결론에 이른다.

---

5)   Muller, *Post-Reformation Reformed Dogmatics*, 153.

6)   Herman Bavinck, *Gereformeerde Dogmatiek* Vol 1., (Kampen: Kok, 1928), 181-182.

2) 교회를 위한 성경

『웨스트민스터 신앙고백서』는 논리적이면서도 상세한 성경론으로 시작한다. 1항을 통하여 일반계시, 일반계시의 한계, 특별계시, 특별계시 기록 필요성, 기록 후 특별계시 중지의 논리적 순서를 간략하지만 정확하게 보여준다. 『웨스트민스터 신앙고백서』는 일반계시로서 하나님의 선하심과 지혜와 능력이 명백하게 나타나고 있다는 것을 언급함으로 시작한다. 즉, 사람은 누구나 하나님의 선하심과 지혜와 능력을 마주하고 있다. 여기에 두 가지의 형태가 있다. "본성의 빛"과 "창조와 섭리의 일들"이다. 그 명백성 때문에 사람은 결코 핑계할 수 없다. 그러나 이 일반계시는 한계가 있다. 구원에 이르는데 필요한 하나님과 그의 뜻을 아는 지식을 주기에는 충분하지 못하다. 『웨스트민스터 신앙고백서』는 특별계시의 필요성을 "구원에 이르는 지식"에 둔다. 구원에 이르는 지식은 다시 하나님과 하나님의 뜻을 아는 지식이다. 신앙고백서가 바라보는 특별계시의 주요내용은 하나님과 하나님의 뜻을 아는 지식이 된다. 특별계시의 기록인 성경의 주제는 처음부터 끝까지 구원에 이르는 지식 곧 하나님과 하나님의 뜻에 대한 지식이다. 이것이 『웨스트민스터 신앙고백서』가 고백하는 계시의 주된 내용이다.

성경론에서 특별계시의 대상으로서, 또 성경 기록의 목적으로서 교회가 중요하게 등장한다는 것은 주목할 만하다. 특별계시를 하시는 분은 "주님"이며, 특별계시의 대상은 "교회"다. 일반계시는, 그 기원이 하나님일지라도, 신앙고백서는 그 방식들(본성의 빛, 창조와 섭리의 일들)이 나타낸 것으로 진술하는 반면, 특별계시에 대해서는 '주님'이 '교회'에 계시하신다고 고백한다. 기록의 필요성도 교회와 연결된다. 진리는 보존되며 전파되어야 하며, "교회를 더욱더 견고하게 세우고 위로하기 위하여" 특별계시는 기록되었다.

2항에서 정경목록을 열거하고, 이 모든 책이 믿음과 생활의 규범으로 하나님의 영감에 의해 주어졌다고 고백한다. 3항은 외경이 정경이 아니며, 교회에서 어떤 권위도 없다는 것을 밝힌다. 잉글랜드의 이전 신조인 『39개 신조』에서 외경은 교리를 정할 수 없다는 것을 언급하면서도 아직 생활에 대한 가르침의 예로서 유용성을 말했었다면, 『웨스트민스터 신앙고백서』는 "하나님의 교회에서 어떠한 권위도 갖지 못한다고 함으로써 사람의 글과 동일하게 취급한다. 사실 이것은 외경에 대한 정당한 자리매김이라고 할 수 있는데, 교리와 삶은 분리되지 않기 때문이다. 외경이 교리와 상관없다면, 삶의 방식에 대해서도 특별한 권위를 가질 수 없는 것이다.[7]

3) 성경의 권위의 근거

"믿고 순종해야 마땅한 성경의 권위는 어떤 사람이나 교회의 증언에 의존하는 것이 아니라 전적으로 그것의 저자이신 하나님께 (그가 진리 자체이시다) 의존한다. 그러므로 성경을 받아야 함은 그것이 하나님의 말씀이기 때문이다"(1장 4항). 성경의 권위는 사람과 교회가 아니라 성경의 저자인 하나님 때문이라는 문장은 로마 교회를 반대하는 것이다. 성경은 자기 권위를 증명하기 위해서 어떤 증명과 논리를 의지하지 않고, 나아가 교회나 어떤 사람에게 의지하여서 자기 권위의 신뢰성을 증명하려 하지 않고, 그 스스로 하나님의 말씀이므로 권위를 갖는다. 따라서 1장 4항은 칼빈 이후 개혁신학자들이 성경의 권위를 말할 때 사용하던 개념인 자체가신적(*autopistos*) 권위를 떠오르게 한다.

성경권위의 근거가 교회에 있다고 하지 않으면서도 교회의 역할을 인정한다. "우리는 교회 증언 때문에 감동되고 설득되어 성경을 고상하고 존귀하게 여기게 될 수도 있다."(5항) 성경의 권위에 대한 교회의 역할을 낮게 보지 않는다. 교회는 성경권위의 근거는 아닐지라도 권위를 증언하는 역할을 한다. "성경은 하나님의 말씀이다"라고 증언하는 일은 교회의 마땅한 일이며, 그러한 교회의 증언 때문에

---

7) Chad Van Dixhoorn, *Confessing the Faith* (Edinburgh: The Banner of Truth Trust, 2014), 11.

우리는 성경을 만나고, 하나님의 말씀을 듣는다.

계속해서 교회의 증언과 함께 성경이 하나님의 말씀이라는 것을 풍성하게 증명하는 증거들을 소개한다. 열거되는 증거들은 성경 내용의 천상적인 성격, 그 교리의 효능, 문체의 위엄, 모든 부분의 일치, 전체의 의도, 인간 구원의 유일한 길에 대한 충분한 발견, 다른 많은 비교할 수 없는 탁월함 그리고 전체적인 완전성이다. 그러나 이런 증거들이 완전한 설복과 확신을 가져오는 것이 아니다. 5항 마지막에 이제 우리 마음에 역사하시는 성령의 내적 증거가 결정적이라고 한다. "그럼에도 성경의 무오한 진리와 신적인 권위에 대한 우리의 완전한 설복과 확신은 우리의 마음에서 말씀으로 또 말씀과 함께 증거하시는 성령의 내적인 역사로 말미암는다."『웨스트민스터 신앙고백서』는 성경의 자체가신성을 받아서 성경의 권위가 저자이신 하나님께 의존하며, 또 성령의 내적증거로 인해 우리에게 성경의 권위에 대한 확신이 온다고 말한다.

나아가 성경해석의 규칙이 성경 자체라고 규정한다. "성경해석의 오류 없는 규칙은 성경 그 자체이다"(9항). 그리고 그 구체적인 방식으로 성경 구절의 참되고 완전한 의미는 더 분명하게 말하는 다른 구절로 밝혀진다고 말한다. 이렇게 해서『웨스트민스터 신앙고백서』는 개혁교회의 전통을 따라서 성경의 권위를 그 저자이신 하나님께 돌리고 해석도 성경 자체에 돌리고 있다. 결국, 최고의 판단자는 신조가 아니라 성경으로 말씀하신 성령님이다(10항). 『웨스트민스터 신앙고백서』는 자기 자신을 성경 아래 두면서 성경에 대한 고백을 마친다.

4) 하나님의 속성

『웨스트민스터 신앙고백서』 2장 1항과 2항은 하나님의 속성에 대해 고백한다. 1항과 2항이 어떤 구분 없는 속성의 연속적인 나열 같지만, 주의 깊게 보면 어떤 구분을 발견할 수 있다. 1항이 하나님의 속성에 대한 고백이라면, 2항은 피조물과의 관계 아래서 하나님의 속성에 대한 고백이라고 할 수 있다. 1항과 2항은 자연적 속성과 도덕적 속성의 구분, 절대적 속성과 상대적 속성의 구분, 또는 비공유적 속성과 공유적속성의 구분이 아니다. 1항에서 하나님이 어떤 분이신지를 진술한 후, 2항에서 특별히 피조물과 관계 아래서 하나님의 어떠하심을 설명하는 것이다.

하나님의 어떠하심에 대한 계속되는 열거는, 우리가 하나님을 어떻게 대해야 하는지 중요한 시사점을 알려준다. 하나님은 여타 학문에서 사용되는 어떤 대상에 대해 종합적 정의를 하는 방식을 사용해서 규정될 수 있는 분이 아니다. 우리가 하나님에 대해 말할 수 있는 유일한 방법은 하나님의 자기 계시를 그대로 열거하는 것뿐이다. 하나님은 자신을 계시하실 때 피조물인 인간의 용어를 사용하셨는데, 무한하신 하나님을 인간의 언어로 설명할 때, 가장 큰 책도 감당하지 못할 것이다. 『웨스트민스터 신앙고백서』는 인간이 하나님에 대해 말하는 유일한 방식을 따라 하나님의 속성을 열거하고 있다. 그리고 하나님의 속성을 길게 열거하는 방식 그 자체를 통해 피조물 높이 초월해 계신 하나님의 불가해하심을 보여준다.

『웨스트민스터 신앙고백서』는 존재론적 속성과 경륜적 나타나심을 구분하지 않고, 함께 섞어 열거한다. 이것 또한 하나님이 우리에게 자신을 계시하신 방식이다. 성경에서 하나님이 인간에게 나타나실 때 존재론적 속성과 경륜적 나타나심을 구별하지 않는다. 하나님의 거룩은 자신의 이름을 질투로 알리시며 우상을 금지하신다(출 34:14). 하나님은 자신이 알리신 어떠하심 그대로 일하신다. 속성을 열거한 후 따라오는 "하나님은 자신의 영광을 위하여 변하지 않으며 공의로운 자신의 의지에 의한 계획에 따라서 모든 일을 행하신다"란 문장은 그런 점에서 인상적이다. 신앙고백서는 하나님의 사랑과 공의를 고백할 뿐 아니라, 각각 경륜적 사역에서 어떻게 나타나는지를 고백한다. 1항과 2항에 열거되는 속성들에서 존재론적 속성과 경륜적 나타나심을 함께 묶는 것은 정당하다.

1항에서 대표적인 비공유적 속성(불변하심, 광대하심, 영원하심, 불가해하심)을 열거한 후에 공유적 속성을 열거할 때 수식을 붙인다. 하나님의 능력은 전능이며, 지혜는 가장 지혜로우시며, 거룩은 가장 거룩하시며, 자유는 가장 자유로우시다. 이것은 우리가 칭하는 소위 공유적 속성이란 것도 실제는 비공유적 속성이라는 것을 상기시킨다. 공유적 속성에 대한 열거 뒤에 단순히 절대적이란 말이 아니라 가장 절대적이시다고 마무리한다. 가장 절대적이라는 말은 우리가 언급하는 공유적 속성도 피조물과 비교할 수 없는 비공유적이라는 사실을 분명히 보여준다.

2항은 피조물과의 관계 속에서 하나님의 어떠하심을 알려준다. 『웨스트민스터 신앙고백서』가 하나님과 피조물과의 관계에서 가장 먼저 생각하는 것은 하나님의 자존이며 자족이다. 많은 교의학 교과서에서 비공유적 속성을 다룰 때, 자존 또는 독립성을 가장 먼저 다루는데, 『웨스트민스터 신앙고백서』는 그 방식을 따르지 않을 뿐 아니라, 1항에서 언급하지 않았다가, 2항에서 길게 설명하는 것이다. "하나님은 그 스스로 자신 안에 생명과 영광과 선과 복을 가지고 계시다. 하나님은 또한 그분만으로 스스로 완전히 충분하시며, 그가 만드신 그 어떤 피조물이라도 필요하지 않으시며, 그들에게서 어떤 영광을 끌어내지 않으시고, 오히려 자신의 영광을 그것들 안에, 그것들로, 그것들에게, 그것들 위에 나타내실 뿐이다"는 고백은 하나님의 자존과 독립성을 이해하는 방식을 알려준다. 하나님이 피조물 가운데서 어떻게 자신을 계시하시는지 우리가 중요하게 염두에 둘 것은 하나님은 피조물을 의지하거나 피조물로부터 무엇을 취하실 필요가 없으신 자존하시며 자족하신 분이라는 것이다.

계속해서 고백서는, 하나님은 모든 존재의 유일한 근원이시며, 주권자이시며, 자기가 기뻐하시는 것을 행하신다고 고백한다. 자기 지식을 피조물에게 의지하지 않으시므로 피조물에 대한 하나님의 모든 지식은 선지식이지 후지식이 아니다. 다른 말로 말하면 하나님이 먼저 아시는 일이 피조물에게 일어난다. 마지막으로 신앙고백서는 하나님이 예배받으시기에 합당하시다는 것을 언급하면서 마친다. 하나님의 자존과 자족으로 시작해서, 모든 존재와 사건의 기원이 되시는 하나님을 설명한 후에, 우리의 예배와 섬김과 순종을 마땅히 받으실 하나님을 고백하며 마치는 것이다.

5) 하나님의 작정

3장 하나님의 영원한 작정은 1항과 2항에서 작정교리를 다루고, 3항에서 8항은 예정교리를 다룬다. 1항에서 하나님이 장차 될 일을 자신의 뜻의 계획을 따라서 변할 수 없게 작정하셨다고 고백한 후에, 바로 이어서 이 작정교리가 받게 될 오해들을 근절하고 있다. 첫째, 하나님이 죄의 조성자가 아니라는 것, 둘째, 피조물의 의지가 억압되지 않는다는 것, 셋째, 제2원인들의 자유와 우연이 제거되지 않고 오히려 성립된다는 것이다. 이런 제한은 작정교리에 대한 많은 오해와 이설을 미리 차단한다.

2항은 작정과 예지를 다룬다. 하나님께서 작정하셨을 때, 미래에 있을 일로 보셨기 때문에 작정하시지 않았다고 말한다. 그리고 5항 선택에 대한 설명에서 믿음, 선행, 이것들 안에서의 견인, 또는 피조물의 어떤 것을 조건으로 미리 보시는 것 없이 선택하셨다고 밝힌다. 이 진술은 특히 '미리 본 믿음'(Praevisa fide)이 선택의 근거가 된다는 아르미니우스주의자들의 견해를 분명하게 거절하는 것이다.

3항에서 8항까지 예정교리를 다룬다. 영생에 이르도록 '예정하셨다'(predestinate)는 것과 영원한 죽음에 이르도록 '미리 정하셨다'(fore-ordained)는 것을 구분한다. 이것은 예정에 대한 용어사용에 관한 당대의 논쟁을 암시하기도 하지만, 총대들이 문서를 작성할 때 용어와 문구에 있어서 가능한 한 성경에 매여 있었다는 것을 보여준다. 개혁파 안의 논쟁사와 연결시킨다면, 사실 도르트신경에서도 성경 인용을 제외한 명제 진술에서는 '예정'(praedestinatio)이란 단어가 발견되지 않는다. 도르트신경이 선택과 유기란 단어는 사용하나, 성경을 인용할 때 외에는 예정이란 단어의 사용을 멀리하는 이유는 '예정'의 개념 이해에 완전한 통일을 찾지 못했기 때문일 것이다. 제네바는 예정에 선택과 유기를 포함했으나, 취리히는 예정이란 단어에 유기를 포함하는 것을 주저했다(유기 자체를 거절했던 것은 아니다). 칼빈의 경우를 보면, 기독교 강요와 예정론 논쟁에서는 예정에 선택과 유기를 포함하지만, 그의 성경 주해와 설교에서 예정은 주로 선택만을 의미했다.[8] 예정에 선택과 유기를 포함하는 방식도 성경 전체에서 그 내용을 가져와서 예정이란 용어로 표현한 것이라면, 예정에 선택만 연결시킨 것은 성경 문맥의 용어사용에 머무르면서 예정을 사용한 것이다. 칼빈의 경우처럼 둘 사이에 근본적 차이가 있는 것이 아니라 대상과 목적에 따라서 표현 방식이 달라질 뿐이다. 예정이라는 용어에 선택만 연결시키는 방식이 표준문서 작성의 전제인 합의에 이르기에 더 용이했음을 알 수 있다.

대소요리문답서는 작정을 말할 때, 복수인 작정들(decrees)로 말하나, 신앙고백서는 단수 작정(decree)을 사용한다. 이것은 문구 작성에서 다시 선택의 작정에 타락을 허용하시는 작정을 함께 진술할 것인지에 대한 토론과 연결된다.[9] 만일 타락 허용의 작정이 선택의 작정과 동일한 작정에 포함된다면 타락전 선택설에 가깝게 분명하게 진술되었을 것이다. 타락전 선택설에서 선택의 작정은 선택 이후 타락허용의 작정까지를 포함하기 때문이다. 반면 타락 후 선택설은 이미 타락한 인류 중에서 선택의 작정이 있다. 러더포드는 하나님이 목적과 수단 모두를 작정하시지만, 그런 진술이 신앙고백서에 포함되어야 하는지 의심하고 있었다. 길레스피는 하나님의 선택이 타락허용 작정 전에 있음을 말하면서도 각자의 생각이 있을 수 있다고 했다. 팔머(Palmer)는 타락허용 문구가 포함되는 것이 낫다고 했다. 최종적으로 그 문구는 빠져서 신앙고백서는 타락전 선택설을 명시적으로 지지하지 않게 되었으나, 단수 작정을 사용함으로써 이 작정이 타락허용 작정과 분

---

8) Wihelm H. Neuser, "Prädestination," in *Calvin Handbuch*, ed. Herman J. Selderhuis, (Tübingen: Mohr Siebeck, 2008), 317, 김귀탁 역,『칼빈 핸드북』(서울: 부흥과 개혁사, 2013), 632.

9) Letham, *The Westminster Assembly: reading its theology in historical context* 175-176, 권태경/채천석 역,『웨스트민스터 총회의 역사』295-296.

리될 수 없음을 함의하게 되었다. 신앙고백서에서 단수 작정을 사용했으나, 대소요리문답에서는 복수 작정들을 사용했음을 간과해서는 안 된다. 웨스트민스터 표준문서는 타락전 선택설과 타락후 선택설 중 특정 입장을 명시적으로 선택하지 않는다. 6항의 "그러므로 택함을 받은 사람들은 아담 안에서 타락했으나..."의 문구는 바로 전 문장인 "성취하시기 위한 방식까지 미리 정하셨다"에 연결되어서 선택 작정의 성취가 시간 속에서 어떻게 실현되는지를 진술하는 것이지 작정의 순서를 설명하는 부분이 아니다. 『웨스트민스터 신앙고백서』가 타락전 선택설을 명시적으로 지지하지 않을 뿐 아니라, 타락후 선택설을 함의하지도 않는다. 그런데 이런 방식이 타락전 선택설자들이 생각한 교회의 표준문서의 진술 방식이었던 것으로 보인다.

신앙고백서는 하나님이 모든 일을 작정하셨다고 말하면서 동시에 하나님이 죄의 조성자가 아니라고 밝혔다(3장 1항). 인간의 타락에 대한 부분에서 신앙고백서는 인류의 시조가 범한 죄에 대해서, "하나님께서 그것으로 자신의 영광이 나타나시도록 하실 목적을 가지시고 그의 지혜롭고 거룩한 계획에 따라 기쁘게 허용"하셨다고 한다. 이 문제는 섭리(5장 4항)에서, 첫 사람의 타락, 나아가 천사들과 사람들의 모든 죄가 하나님의 섭리 안에 있다는 설명에서 분명하다. 이렇게 해서 죄도 하나님의 작정과 섭리 밖에 있지 않다. 섭리 안에서 죄에 이르기까지 하나님의 능력과 지혜와 선하심이 드러난다는 것이다. 섭리 5장 4항은 죄가 '단순한 허용'에 의해서 일어나지 않았다고 말한다. 하나님의 계획을 따른 허용, 또는 하나님의 기뻐하심 안에 있는 허용이다. 허용이란 용어를 사용하는 것은 타락과 죄는 직접적으로 작정에 연결될 수 없기 때문이다. 누구를 죄짓도록 작정하셨다거나 죄로 정했다는 것은 정당하지 않은 표현이다. 그래서 죄는 허용과 연결되어서 표현된다. 이 허용은 하나님의 주권과 부딪히는 허용이 아니라는 의미에서 '단순한 허용'이 아니며, 죄가 하나님의 거룩하신 속성과 부딪힌다는 의미에서 허용이다.

6) 죄의 전가

6장 3항에서 시조의 죄가 어떻게 후손들에게 영향을 주는지를 설명한다. 여기서 "그들이 인류의 뿌리이다"는 문구와 함께 죄책이 전가되었다고 설명한다. 그리고 죄 안에서 동일한 죽음과 부패된 본성이 통상의 출생을 통한 모든 후손에게 전달되었다고 밝힌다. 그들이 인류의 뿌리라는 문구와 보통 출생을 통해 태어난 후손들에 대한 언급 때문에, 『웨스트민스터 신앙고백서』의 죄의 전가에 대한 설명이 간접전가설이라는 주장도 있으나 그렇게 볼 수 없다. 오히려 신앙고백서는 죄책의 전가를 먼저 말하고, 그다음 오염의 전달을 말한다. 즉 간접전가설의 논리적 순서 즉 오염이 전달됨으로 죄책이 전가된 것과 다르다. 오염 전달의 근거를 명시적으로 밝히지 않을지라도 죄책의 전가를 말한 후에 오염의 전달이 오는 방식은 직접전가설을 함의하는 것이다. 그러면 왜 언약의 머리인 아담을 언급하지 않고, 복수로서 그들(아담과 하와)을 언급하고, 보통의 출생을 언급하는가? 이것은 죄책이 전가되는 근거가 아니라, 오염이 전달되는 대상과 방식을 말하는 것이다. 대요리문답서는 22문에서 아담이 전 인류의 대표자로 언약을 맺었다는 것을 말하고, 따라서 그 언약이 후손에게도 해당된다는 것을 밝힌 후에, 통상적 질서를 따라 그에게서 난 모든 인류가 아담 안에서 죄를 범했다고 한다. 언약에 따른 직접전가설을 함의하면서도 그 대상을 보통 출생을 따라 난 것으로 말하는 것이다. 나아가 26문은 원죄가 '어떻게' 전달되는지 묻고, 우리 시조로부터 자연 출생에 의한 후손에게 전달된다고 답한다. 이런 내용들은 대륙에서 소뮈르 학파가 세력을 얻어가는 중에 웨스트민스터 신학자들이 조심스럽게 작성했다는 것을 보여주며, 직접전가설을 명시적으로 밝히지 않을지라도, 대요리문답서의 22문에서 언약을 언급하고 신앙고백서에서 죄책의 전가를 먼저 언급한 후 오염의 전달을 진술한다는 것에서, 직접전가설을 부인했다고 결코 말할 수 없으며, 오히려 간접전가설과 거리를 두며 직접전가설을 강하게 함의한다고 말할 수 있다.

7) 언약

『웨스트민스터 신앙고백서』는 7장에서 언약을 잘 정리하고 있다. 1항은 개요로서 하나님과 피조물의 간격이 크다는 진술을 하면서 시작한다. 인간은 하나님과 언약을 맺을 수 있는 위치에 있지 않다. 인간이 하나님께 순종하는 것은 의무이지, 순종에 따른 복과 보상을 하나님께 요구할 수는 없다. 그러므로 언약은 하나님이 자원하여서 낮아짐으로써 가능하게 된 것이다. 이 개요 진술에서 언약자체가 (행위언약을 포함하여) 하나님의 낮아지심이라는 은혜로우심이 있었음을 전제한다. 그래서 언약은 복과 보상을 받는 방식을 고백한다. 이제 아담에게 이것을 적용하면, 아담이 순종에 따른 보상을 요구할 수 없다. 순종은 아담에게 마땅한 것이다. 아담은 피조물이요 하나님은 창조자이기 때문이다. 이것은 거룩과 타락의 간격, 즉 하나님과 죄인의 간격이 아니라, 창조와 피조의 간격이다. 순종에 따른 보상으로 생명이 약속된 것 자체가 이미 하나님이 낮아지셔서 인간에게 다가오신 은혜다.

하나님이 사람과 맺은 첫 번째 언약을 행위언약이라고 한다(6장 2항). 인간을 창조하고 맺은 언약이기 때문에 창조언약으로 불리기도 했고, 아담과 맺어진 언약이기 때문에 아담언약으로 불리기도 했다. 장소를 생각해서 에덴언약이란 용어도 사용되었지만 원복음으로 불리는 창 3:15절도 에덴에서 맺은 약속이기 때문에 구분이 힘들었다. 하나님께서 인간 안에 본성적으로 심기어진 양심과 도덕성과 자유의지에 근거하여서 맺어진 언약이기 때문에, 또 타락 후에도 이 언약에 대한 흔적이 인간 본성에 남기어져 있기 때문에 본성언약(foedus naturale)으로 불리기도 했다. 하나님이 주신 계명에 의해 시작되었기 때문에 율법언약(foedus legale)이라고도 불렸으나, 율법시대의 은혜언약(소위 옛언약)과 구분이 어렵기 때문에 이 용어도 적당하지 않았다. 웨스트민스터 소요리문답서는 이 언약에 주어진 약속에 따라 생명언약(covenant of life)이라고 불렀다. 영생이 하나님의 계명에 대해 순종하는 행위를 통해 획득되기 때문에 행위언약이란 용어를 사용하기 시작했다. 신앙고백서는 '행위언약'을 받아들여 사용하고 있다. 대요리문답서는 '생명언약'(20문)과 '행위언약'(30문) 둘 다 사용하며 소요리문답서는 '생명언약'(12문)을 사용한다.

7장에서 행위언약의 대상은 간략하게 아담과 아담 안에서 그의 후손이라고 한다. 따라서 선악을 알게 하는 나무의 실과를 먹지 말라는 계명을 아담이 받았을 때, 아담은 사인(私人)이 아닌 공인으로서 받은 것이 된다. 행위언약은 한 개인 아담과 맺은 것이 아니라, 인류를 대표하는 공인 아담과 맺은 것이다. 따라서 아담이 죄를 범하였을 때, 당연히 그 죄책은 인류 전체에게 전가 되는 것이다.

행위언약으로 생명에 이를 수 없게 되자 하나님은 두 번째 언약인 은혜언약을 맺어주셨다(2항). 이 은혜언약은 조건적인가?『웨스트민스터 신앙고백서』는 예수 그리스도를 믿을 것을 요구한다고 말한다. 그러나 바로 택함 받은 자들에게 성령이 주어져서 믿을 수 있게 된다고 덧붙인다. 믿음이 은혜언약에 필수적이라는 의미에서, 즉 "믿음 없는 은혜언약은 없다"는 의미에서라면 조건적이라고 할 수 있으나, 언약의 파트너가 서로 동등하게 무엇을 맞바꾸는 언약이라는 의미에서는 조건이 아니다. 은혜언약은 값없는 언약이다. 이 언약이 값이 없는 이유는 중보자가 값없이 주어졌고 중보자의 공로가 값없이 우리에게 전가되기 때문이며, 나아가 이 언약에 들어가는 방식인 믿음도 성령에 의해 값없이 주어지기 때문이다. 우리가 받게 되는 영생이 그리스도의 공로로 값없이 주어지며, 이 공로를 받는 길인 믿음도 성령이 우리 안에 값없이 일으키신다. 들어가는 방식까지 주께서 우리 안에 준비하시고, 마지막까지 우리 안에서 이루신다는 의미에서 완전히 값없는 언약이다.

7장 5항과 6항은 언약의 통일성과 차이점을 잘 정리했다. 은혜언약이 율법시대와 복음시대에 다르게 시행되었다고 진술함으로써, 차이점이 실행의 방식에 있음을 분명히 한 것이다. 율법시대에 그리스도를 예표한 것들이, "성령의 역사로 말미암아 약속된 메시아를 믿는 믿음 안에서 택자들을 교훈하며 세우는 데 충분하고 효과적이었다"고 밝힌다. 나아가 구약에서의 죄 사함을 '완전한(full) 죄 사함', 구원을 '영원한 구원'이라고 함으로써 구약의 죄 사함과 구원이 신약보다 열등하지 않음을 밝힌다. 마지막 문장은 다음과 같이 언약의 통일성을 분명하게 밝힌다. "그러므로 본질에 있어서 다른 두 은혜 언약이 있는 것이 아니라 여러 세대에 하나이며 같은 언약이 있는 것이다."

8) 구원협약(pactum salutis)

8장 1항에 의하면, 그리스도가 영원한 작정 안에서 성자가 중보자로 정해졌다. 계속해서 신앙고백서는 중보자의 삼중직, 즉 선지자, 제사장, 왕의 직분을 언급하며, 뒷부분에서 소명, 칭의, 성화, 영화를 언급함으로써 기독론과 구원론을 밀접하게 연결했다. 중보자의 구속과 구원의 적용은 한 대상 곧 하나님이 독생자에게 주신 한 백성에게 제한된다. 신학적으로 이 부분은 구원협약(*pactum salutis*)에 연결되는데, 1항은 중보자에게 한 백성을 주신 분을 성부로 말하지 않고 하나님으로 말하여서 삼위일체 안의 계획으로 본다. 3항에 가서 아버지에게서 소명받은 직무, 4항에 가서 주 예수께서 맡으신 직무로 표현된다. 『웨스트민스터 신앙고백서』는 아들이 중보자로 정해진 일에 관해서는 삼위일체적 관점 아래서(1항), 그 직무의 소명에 관해서는 성부의 관점 아래서 표현한다(2항). 최종적으로 『웨스트민스터 신앙고백서』가 행위언약과 은혜언약은 받아들였으나 구원협약은 거절했는가? 여기에 대해서 조심스럽게 답해야 하는데, 왜냐하면 용어로서 구원협약은 등장하지 않으나, 내용으로서는 함의되었기 때문이다. 다만 그 표현 방식을 성경에서 가져왔기 때문에, 구원협약에 대한 특정한 관점을 보여주기보다 성경 전체의 표현 방식과 내용을 알려준다.

9) 은혜의 방편

14장 1항에 의하면, 택함 받은 사람은 믿음의 은혜에 의해 믿을 수 있다. 죄인이 구원 얻을 수 있는 유일한 길은 우리의 구원의 유일한 기원인 하나님의 은혜로부터, 그리스도의 공로가 주는 은택을 받는 방법 외에는 없다. 그리스도의 공로와 그 은택이 우리에게 적용되는 길은 우리의 믿음을 통하는 길이다. 그리고 우리의 믿음은 성령의 사역을 통해서 일어나며 유지된다.

은혜의 방편에 관해 교회의 신조 사이에 차이가 있다. 『웨스트민스터 신앙고백서』(10장 1항)와 『대요리문답서』(154문)와 『소요리문답서』(88문)는 그리스도가 우리에게 구속의 은택을 전달하기 위해서 사용하시는 외적인 통상적 방편이 말씀, 성례, 기도라고 한다. 반면 『하이델베르크 요리문답서』는 성령이 복음의 설교로 믿음을 일으키고, 성례로 강하게 하신다고 진술한다(65문). 즉 웨스트민스터 소요리문답서는 말씀, 성례, 기도를 언급하고, 『하이델베르크 요리문답서』는 말씀과 성례를 언급한다.

이 둘의 차이는 근본적 차이가 될 수 없다. 말씀과 성례를 은혜의 방편으로 말할 때, 그것은 객관적인 은혜의 방편을 생각한 연유다. 기도를 포함할 때에, 그것은 은혜가 작용하는 주관적인 면까지 고려했기 때문이다. 위에서 언급한 두 문서가 다른 내용을 말하지 않는다. 객관적 은혜의 방편의 목적은 그 내용이 우리 안에서 열매 맺는 것이다. 주관적 은혜의 방편은 말씀 밖에 있지 않고 항상 말씀을 전제하고 의존한다. 보통 조직신학에서 '은혜의 방편' 항목에서 성령님의 방편인, 객관적으로 은혜가 전달되는 말씀과 성례에 제한해서 다룬다. 한편 객관적 말씀은 결국 우리 안에 들어와 삶의 내용들과 함께 주관적으로 열매 맺는 목적을 향한다. 기도는 말씀과 분리되어 말씀과 별개인 객관적 은혜의 방편이 될 수 없다.

10) 다루지 않는 주제

『웨스트민스터 신앙고백서』와 대소요리문답서가 중요한 주제를 다루지 않는다는 비판이 있다. 예를 들어, 소요리문답서는 교회론을 다루지 않는다. 특히 교회론을 다루는『하이델베르크 요리문답서』와 비교되면서 비판을 받기도 한다. 그러나 부당한 면이 있다. 왜냐하면『하이델베르크 요리문답서』는 그 자체로 이미 팔츠교회의 표준이었으나 웨스트민스터 소요리문답서는 그 자체 단독으로만 표준문서가 아니기 때문이다.『웨스트민스터 신앙고백서』(25장)와『대요리문답서』(62문부터)는 교회론을 충분히 다루고 있으며, 바로 이 문서들과 함께 소요리문답서는 표준문서다. 비슷한 종류의 비판이『웨스트민스터 신앙고백서』에도 있다. 구원에서 가장 중요한 주제인 그리스도와 하나 되는 연합을 신앙고백서가 간과했다는 비판이다. 이 비판은『대요리문답서』 66문이 다루고 있을 뿐 아니라, 그리스도와의 연합을 구원과 교회의 중요한 전제(65문-90문)로 알고 있다는 사실을 놓친 비판이다.[10]『웨스트민스터 신앙고백서』와 대소요리문답서 중 하나로 웨스트민스터 신학자들의 신학을 평가하거나 재단하는 것은 그 전체를 함께 표준문서로 받았던 원래의 의도와 어긋난다. 문서는 각각의 대상과 목적에 따라 작성되었고, 함께하는 방식으로 표준문서라는 점을 간과해선 안 된다.

---

10)   Letham, *The Westminster Assembly*, 243, 권태경/채천석 역,『웨스트민스터 총회의 역사』, 412.

13. 스위스 일치신조

(*Formula Consensus Ecclesiarum Helveticarum*, 1675)[1]

개요

17세기 데카르트 이후 이성주의는 프랑스 소뮈르를 거쳐 스위스에서도 영향을 끼치기 시작했다. 『스위스 일치신조』는 소뮈르 학파의 성경관과 간접전가설과 가정적 보편주의를 비판하고 개혁주의 교리를 엄격하게 천명하기 위해 스위스 4개 칸톤 지역의 신학자들이 1675년에 작성한 신조다. 그러나 이 신조로도 이성주의의 거센 흐름을 막을 수는 없었다.

역사적 배경

프랑스 개혁교회는 도르트회의(1618/19)에 보낼 총대를 결정했지만 왕이 불허했기 때문에 보내지 못했다. 프랑스 개혁교회는 1620년 10월 총회에서 『도르트 신경』을 『프랑스 신앙고백서』(1559년)와 일치한다고 승인했다. 그런데 프랑스 개혁교회에 정통 개혁주의와는 다른 흐름들이 생겨났다. 가정적 보편주의(Hypothetical Universalism)라는 카메론의 신학사상과 데카르트의 이성주의의 영향이 나타나서

---

1) 이은선, "스위스 일치신조의 작성배경과 신학적 의의", 「장로교회와 신학」 4 (2007): 281-313; Martin I. Klauber, *Between Reformed Scholasticism and Pan-Protestantism Jean-Alphonse Turretin (1671-1737) and Enlightened Orthodoxy at the Academy of Geneva* (Selinsgrove: Susquehanna University Press, 1994); *Schaff*, vol. I, 477-489; Emidio Campi, "Helvetische Konsensformel, 1675," in *RBS3.2*, 437-465; Brian G. Amstrong, *Calvinism and The Amyraut Heresy* (Madison: The University of Wisconsin Press, 1969); *Leith*, 308-323; James T. Dennison, *Reformed Confession of the 16th and 17th Centuries in English Translation*, vol. 4. (Grand Rapids: RHB, 2014), 516-530.

정통 개혁주의에 상처를 주기 시작한 것이다. 이런 현상은 특히 소뮈르(Saumur) 아카데미에서 두드러지고 분명하게 나타났다.

소뮈르 아카데미의 신학을 이끌었던 세 명의 교수가 있었다. 아미로(Moyse Amyraut, 1596-1644)는 어려서부터 학문적 능력이 탁월했으며 법을 공부하려다가 주위의 설득으로 신학으로 방향을 틀었다. 그는 신학을 공부하기 위해서 소뮈르로 갔으며 이 시기 소뮈르에서 가르치던 카메론(John Cameron, c. 1579 – 1625) 아래서 공부했다. 아미로의 명석함을 알아본 여러 교회와 학교가 그를 청하였지만, 그는 소뮈르에 남아 1633년 교수가 된다. 이후 프랑스 개혁교회에 새로운 길을 낸다. 로마 가톨릭에 대항하기 위해서 여러 저술을 하였고, 카메론의 영향을 받아 가정적 보편주의를 주장하면서 신학계에 영향을 끼쳤다. 아미로에 의하면 하나님은 믿음을 조건으로 하여 그리스도의 속죄를 통한 구원을 보편적으로 제공하시기로, 즉 그리스도의 속죄를 보편적 구원을 위하여 작정하셨다. 그러나 그들이 믿지 못할 것을 보시고 두 번째 작정을 하셨는데, 특정한 이들에게 믿음을 주시기로 한 작정이다. 나아가 이교도는 그리스도에 대한 지식이 필요하지 않고 비춤 받은 빛의 분량에만 책임이 있으리라 생각했다. 그는 자신이 개혁파 정통과 항론파를 연결했다고 생각했다. 당시 프랑스 개혁신학의 한 축을 담당하던 세당(Sedan) 아카데미의 드 물린(Pierre Du Moulin, 1568-1658)과 레이든과 제네바의 개혁신학자들은 아미로의 주장을 아르미니우스주의와 타협한 이론으로 판단하면서 이 주장에 반대했다.

아미로 외에도 카펠(Louis Cappel, 1585-1658)과 플레이스(Josué de la Place c. 1596-1655(6))가 소뮈르 아카데미의 새로운 시대를 이끌었다. 카펠은 세당과 소뮈르에서 신학을 공부하고 옥스퍼드로 건너가서 아랍어를 공부했다. 소뮈르로 돌아와서 히브리어를 가르쳤다. 카펠은 모음부호가 5세기 전에 생겨난 것을 밝혀내고 맛소라 사본의 히브리 본문의 모음부호의 영감을 부정했다. 플레이스도 카메론의 제자로서 아미로와 같은 해에 소뮈르의 교수가 되었다. 그는 아담의 원죄 죄책의

FORMULA
CONSENSUS
Ecclesiarum Helveticarum Reformatarum,
CIRCA
Doctrinam de Gratia universali & connexa,
aliáque nonnulla capita.

스위스 일치신조

Formula
Consensus

Ecclesiarum Helveticarum Reformatarum,
circa
Doctrinam de Gratia universali & connexa,
aliaque nonnulla capita.

스위스 개혁교회의
일치
신조,

보편은혜와 관련 교리,
그리고 몇 개의 다른 주제에 관하여.

직접적인 전가가 아니라 간접전가를 주장했다. 도르트 회의와 개혁파 전통은 아담의 죄가 직접적으로 후손에게 전가되어서, 후손은 전가된 죄책 때문에 이미 정죄되었다. 그러나 플레이스는 후손이 정죄되는 이유는 전가받은 죄책 때문이 아니라 후손이 물려받은 부패 때문이라고 가르쳤다. 그의 주장을 따르면, 후손은 아담의 죄책을 전가 받을 수 없다.

소뮈르로 공부하러 갔던 이들이 제네바로 돌아오면서 이 사상들이 스위스에 전파되었다.[2] 특히 1640년대부터 제네바 아카데미의 교수로 자리잡은 이들 중에 소뮈르 사상을 따르는 자들이 늘어나자 이 흐름은 더욱 두드러졌다. 대표적인 인물로는 모루스(Alexander Morus, 1616-1670), 메스트레자트(Philippe Mestrezat, 1618-1690), 트론친(Louis Tronchin, 1629-1705), 꾸에(Jean Robert Chouet, 1642-1731)였다.

모루스는 소뮈르에서 공부하고 이후 1639년 제네바에서 신학공부를 마무리하고 헬라어 교수가 되었다. 그러나 모루스의 신학사상이 소뮈르의 영향을 받았다는 의심이 있었다. 그가 아미로의 가정적 보편주의를 따르며, 플레이스의 간접전가설을 받고 있으며, 피스카토르(Johannes Piscator, 1546-1625)처럼 그리스도의 수동적 순종만이 칭의에 충분하다는 의견을 따른다는 의심이었다. 1641년 의회는 모루스가 안수 받도록 추천했는데, 그는 모든 이설들을 부정하고 안수를 받았다. 1642년 10월 의회의 추천으로 프리드리히 스판하임(Friedrich Span-heim)의 뒤를 이어 신학부 교수가 되었다. 그러나 그가 아미로의 가정적 보편주의를 가르친다는 소문이 있자, 목사회 앞에서 다시 심사 받았다. 모루스는 제네바를 떠나는 것이 모두에게 유익하다는 판단 아래 네덜란드의 미뗄부르끄의 교회로 가기로 하면서 자신에 대한 추천서를 써달라고 했다. 목사회가 이 요구에 더 엄밀하게 대응하길 원하자, 1649년 5월 28일 제네바 시의회는 트론친과 레제(Antoine Léger, 1594-1661)에게 정통신학을 위한 문서의 작성을 맡겼다. 이 문서를 1649년 6월 1일 목

---

2) 이은선, "스위스 일치신조의 작성배경과 신학적 의의", 290-296.

사회가 승인했다. 이 문서가 소위 『제네바 명제』(Geneva Theses, 1649)다. 모루스는 몇 가지 수정을 원했으나 받아들여지지 않자 6월 11일 서명하고 7월 7일 제네바를 떠났다. 모루스는 네덜란드에서 목사와 교수로서 활동했다.

『제네바 명제』(Geneva Theses, 1649)는 당시 도전받았던 내용과 제네바 목사회가 보호하려고 했던 내용이 무엇인지 보여준다.[3] 총 다섯 개의 문제를 다룬다. 첫째, 원죄에 대하여, 아담의 첫 죄가 후손에게 전가 되며(imputatur), 부패의 역병은 자연적으로 출생한 모든 이들에게 퍼져 창궐한다(diffusa grassatur)고 말한다. 그래서 죄는 세 가지로 구성된다. 아담 안에서 전가된 죄책, 이 죄책의 형벌로서 부과된 부패, 그리고 후손이 자라서 짓는 죄다. 후손들의 죄책과 부패의 근원을 모두 아담으로 보지만 부패의 근거를 아담 안에서 전가된 죄책으로 보았다. 이것은 직접전가설의 설명방식이다. 둘째, 예정에 대해서, 구원으로의 선택과 구원의 수단에 대한 선택을 구분해서 고려해야 한다고 말한다. 그리고 그리스도는 택자들을 향한 사랑에 기인한 작정에 따라 보내심을 받았고 죽으셨다. 그래서 하나님은 택하신 자들만을 그리스도에게 주기로 작정하셨고(Quos Deus ... elegit, et eos solos dare filio) 그들에게 믿음을 주시기로 작정하셨다고 고백함으로써 가정적 보편주의를 거절했다. 셋째, 구속에 대해서도 그리스도의 오심과 죽으심과 만족과 구원이 택하신 자들만을 위한 일이라고 고백한다. 넷째, 인간의 본성의 빛은 구원으로 이끌기에 무능하다는 사실을 다시 확인한다. 다섯째, 구약에서 주어진 약속에는 땅의 것만이 아니라 영적인 하늘의 것도 포함되었고, 구약의 신자들도 우리와 동일한 중보자와 동일한 양자의 영을 소유한다고 진술한다. 이렇게 신구약의 통일성을 구체적으로 강조한다.

이 『제네바 명제』는 스위스 일치신조를 향한 그림자였다. 제네바는 이후 목사가 되려는 이들에게 이 문서에 서명할 것을 요구했다. 그러나 모루스 이후에도 소뮈르에서 공부한 이들이 계속 제네바 아카데미에 들어오면서 정통신학이 위협받

---

3)   Dennison, *Reformed Confession vol. 4.*, 413-422.

튀레틴의 초상화

았다. 모루스의 후임인 메스트레자트(Philippe Mestrezat, 1618-1690)도 아미로의 견해에 어느 정도 동조하고 있었다. 루이 트론친(Louis Tronchin)은 위에서 언급한 제네바 테제(1649)를 주도적으로 작성한 테오도르 트론친의 아들이었지만, 소뮈르의 아미로 아래서 공부했었다. 데카르트 원리를 배운 그는 중요한 주제에 있어서 정통주의 입장을 폈으나 방법론에서 이성을 중요하게 사용했다. 이 두 교수는 튀레틴(Francis Turretin, 1623-1687)과 부딪쳤었다. 튀레틴은 프랑스에서 목사가 되려던 모리스(Charles Maurice)에게 1649년 『제네바 명제』에 서명할 것을 요구했으나, 모리스는 『도르트신경』과 『프랑스 신앙고백서』에만 서명하기를 원했다. 위 두 교수는 모리스가 프랑스 목사가 되는 것이므로 제네바 명제에 서명하지 않아도 된다고 생각했다. 튀레틴은 두 교수에게도 서명할 것을 요구했는데, 트론친과 메

요하네스 하이데거의 초상화

스트레자르트는 거절했다. 결국, 소의회의 중재로 그들은 1647년과 1649년의 조항
들에 반대되는 것을 가르치지 않겠다는 정도의 타협안에 서명했다. 즉 1649년 조
항 그대로는 서명이 거부될 수 있음을 보여준 것이다. 1642년 제네바에서 태어난
꾸에(Jean Robert Chouet)가 제네바의 위스(Caspar Wyss) 아래서 철학을 공부할 때
는 데카르트주의와 거리를 두고 있었다. 님스에서 철학을 공부한 후 1664년부터
소뮈르에서 철학을 가르쳤는데, 이때부터 점차로 데카르트주의의 영향을 받았다.
꾸에는 철학을 가르친다는 명분으로 『제네바 명제』(1649)에 서명하기를 거절했다.
의회가 신학에 관하여 언급할 때는 개혁파 신조를 따라 가르치라고 요구하면서
마무리되었다.

　　이처럼 모든 상황은 개혁파 전통을 지키길 원하는 자들에게 위협이 되었고,

더 강력한 문서를 만들 계기가 되었다. 게다가 취리히, 바젤, 베른, 샤프하우젠에서 개혁주의 정통신학을 지키길 원하던 이들은 자기 지역의 출신 학생들이 제네바 아카데미에서 공부하는 것을 우려하고 있었다. 1669년 이후 제네바 아카데미에 지원하는 학생 수가 급격하게 줄어들었다. 튜레틴은 소뮈르 학파가 확산하는 것을 막고 스위스 칸톤 전체의 통일적인 입장을 드러내야 한다고 생각했다. 그는 1669년 11월 하이데거(Johann Heinrich Heidegger, 1633-1698)에게 편지를 써서 소뮈르에서 공부한 교수들이 아미랄두스주의를 확산시키는 상황을 막기 위해서 스위스 일치서를 작성해야 한다고 제안했다. 바젤의 훔멜(Hummel), 샤프하우젠의 오트(Ott), 바젤의 게른너(Lucas Gernler, 1625-1675)도 일치신조를 작성하기로 마음을 모았다.

1674년 6월 스위스 개신교 의회는 신조작성을 명령했다. 통상적 상황이라면 게른너가 초안을 작성해야 했겠으나, 그의 죽음으로 인해 초안 작성의 임무가 하이데거에게 돌아갔다. 당시 보수파는 소뮈르의 사상을 강하게 정죄할 뿐 아니라, 코케이우스의 사상도 정죄하기를 원했다. 그러나 하이데거는 코케이우스에 대한 정죄와는 거리를 두었기 때문에, 일치신조의 초안은 최종안보다 덜 엄격했다. 하이데거가 취리히 목사회에 수정을 요청했을 때에, 취리히 목사회는 소뮈르 사상을 더 강하게 정죄했다.[4]

완성된 문서는 1675년 바젤과 취리히에서 승인되었다. 취리히에서는 더 보수적인 이들이 코케이우스를 정죄하기 위한 문장을 넣으려고 시도하기도 했다. 취리히의 뮐러(Müller) 같은 이들은 작성자인 하이데거를 공개적으로 비판하기도 했다. 베른도 서명하고 다른 칸톤도 1676년에 승인했다. 다만 제네바는 소뮈르 사상을 지지하는 세력 때문에, 늦게 1679년에 승인했다. 이마저도 다른 칸톤의 압력 때문에 어쩔 수 없이 한 측면이 많았다.

이렇게 『스위스 일치신조』는 이미 처음부터 짧은 생명력을 가질 수밖에 없는

---

4)   Martin I. Klauber, *Between Reformed Scholasticism and Pan-Protestantism*, 33.

처지에 있었다. 1686년 브란덴부르크의 선제후가 개신교 일치에 방해가 된다는 이유로 이 신조의 무효화를 요구했다. 바로 그해 바젤에서는 더는 서명을 요구하지 않았다. 샤프하우젠이 그 뒤를 이었고, 제네바에서는 신조 작성을 제안하고 앞장섰던 프란시스 튜레틴의 아들 장 프란시스(Jean Alphonse Turretin, 1671-1737)가 이 신조의 폐지를 위해 노력한 결과 1706년부터 이 신조에 대한 서명이 사라졌다. 바빙크의 말대로 『스위스 일치신조』는 이성주의의 거센 흐름을 막지 못했다.[5]

신조의 내용

『스위스 일치신조』는 소뮈르의 세 교수(카펠, 플레이스, 아미로)의 신학사상의 문제점을 다룬다. 크게 세부분으로 구분할 수 있다. 첫째, 카펠이 히브리 성경의 맛소라 사본의 모음점의 영감을 부정한 것에 맞서, 성경의 영감과 권위를 주장한다(1-3항). 둘째, 플레이스가 아담의 원죄의 직접전가를 거절하고 간접전가를 주장한 것에 맞서, 직접전가설을 주장한다(10-12항). 셋째, 아미로의 가정적 보편주의에 맞서, 그리스도가 오직 택자들의 구원만을 의도해서 죽으셨다는 것을 주장한다(4-9항, 13-25항). 분량으로 말하면, 아르미니우스주의에 가까이 갔다고 생각되었던 아미로를 가장 많이 다룬다.

1-3항에서 성경의 영감만이 아니라 보존과 권위를 다룬다. 이미 1항에서, 하나님이 기록을 주도하셨을 뿐 아니라 기록될 때부터 현재까지 보존하도록 하셨기 때문에, 사탄의 술책과 사람의 부정으로 부패 될 수 없다는 사실을 지적한다. 2항에서, 히브리어 원문은 자음만이 아니라 모음까지 하나님에 의해 영감 되었으며, 나아가 사건들과 말씀들까지(*tum quoad res, tum quoad verba*) 하나님의 영감을 받았

---

5)   Herman Bavinck, *Gereformeerde Dogmatiek* vol. I, (Kampen: Kok, 1928), 165.

다고 고백한다. 히브리어 원문은 사람의 의지로 결정된 것이라고 주장하거나 수정해선 안 된다고 분명한 선을 긋는다. 1–3항은 분명히 카펠을 반대하고 있다. 스위스 일치 신조는 3항 마지막에 카펠의 시도가 가져올 위험성을 분명히 알아 이렇게 적고 있다. "그리고 그렇게 그들은 우리의 신앙의 근원과 그 거룩한 권위가 파괴되도록 만든다."

4항에서 6항까지는 선택에 대해서 말한다. 4항에서 미리 보신 후 선택하신 것이 아니라고 고백함으로써 항론파와 거리를 둔다. 선택의 대상을 같이 부패한 무리인 인류로 봄으로써 도르트신경처럼 타락후선택설의 방식으로 진술한다. 하나님이, 이렇게 선택하신 이들을 시간 안에서 그리스도에게로 이끌고, 예수 그리스도의 공로에 근거하여 성령의 중생하는 능력으로 효과적으로 부르시고 믿음을 주시기로 뜻하셨다. 이렇게 해서 4항에서 이미 아미로의 주장과 다른 정통개혁주의의 견해를 요약한다. 즉, 하나님이 선택하신 대상에게 그리스도의 속죄와 믿음의 선물이 있다는 것이다. 5항은 하나님의 선택의 작정 자체에 그리스도와 그의 공로가 포함되어 있음을 설명한다. 성경은 선택이 하나님의 순수한 기뻐하심의 신적 결정을 따른 것만을 선언하지 않고, 그리스도를 주심이 택함 받은 자들의 세상을 향한(erga mundum electorum) 하나님 아버지의 사랑에서 기인한다는 사실도 선언한다. 이렇게 『스위스 일치신조』는 보편 인류를 향한 사랑에 기인한 그리스도의 보내심이라는 아미로의 주장에 반대하면서, 택함받은 자들의 세상을 향한 사랑에서 기인함을 언급하는 것이다. 6항에서는 더 구체적으로 아미로의 주장을 진술하면서 분명하게 거절한다.

7항부터 9항까지는 하나님이 아담과 맺은 언약의 성격에 관해서 고백한다. 7항은 하나님이 아담과 맺은 언약이 행위언약임을 말한다. 그리고 하나님이 이 행위언약 안에서, 만일 아담이 하나님의 뜻에 순종한다면, 하나님과 교제하고 생명을 누릴 것을 약속하셨다. 그런데 약속된 이 생명은 단순히 이 땅의 생명과 복의 지속이 아니라, 천상의 영원한 생명이라는 사실을 강조한다(8항). 『스위스 일치신조』는 바로 이 점에서 아미로를 반대한다. 아미로는 행위언약보다 자연언약이란 용어를 선호했으며, 그 약속된 내용이 지상의 삶이라고 했기 때문이다. 아담과 그리스도를 대응시키는 8항에 의하면, 그리스도가 우리를 대신하여 성취하여 우리에게 선사하신 것은 천상의 생명이다. 단지 지상낙원에서 생명을 누림이 이 언약의 약속이라는 주장에 반대한다(9항).

10항은 언약과 죄의 전달을 연결한다. 그리고 이제 12항까지 플레이스의 간접 전가설을 반대한다. 하나님이 아담만이 아니라 아담 안에서 온 인류와 함께 행위 언약에 들어가셨음과 이로 인해 아담의 죄가 후손에게 전가되었음을 밝힌다. "유전되는 부패"(*haereditaria corruptio*)는 "저 죽음의 죄책을 불러오는"(*mortis illius reatum inducens*) "이 인류의 어떤 죄가 선행했다"(*eiusdem generis humani delictum aliquod, ... praecesserit*)는 사실을 전제한다(10항). 여기서 '범죄–죽음의 죄책–부패'라는 논리적 순서가 아담과 그 후손에게도 동일하게 적용된다. 인간은 자범죄 이전에 아담의 허리 안에서 범한 범죄와 불순종 때문에, 그리고 그 결과 잉태될 때 심긴 유전되는 부패 때문에(*ob consequentem in ipso conceptu haereditariam corruptionem insitam*) 하나님의 진노와 저주의 대상이 된다(11항). 이제 아담의 후손이 갖게 되는 원죄는 이중적이다. 즉, 전가된 죄(*peccatum imputatum*)와 유전되어 생득적인 죄(*peccatum haere-ditarium inhaerens*)다. 그러므로 여기서 간접전가설은 거절된다(12항).

13항부터 16항까지 그리스도의 속죄가 택자에게만 해당함을 강조한다. 그리스도는 "오직 택자들을 위해서"(*pro solis electis*) 무서운 죽음을 당하셨다. 계속해서, 그리스도의 중보도 그들만을 위해서 있고, 성령의 성화도 택자들만을 위해서 있다. 구원의 수단이 이 택자들에게만 제공되어서 중생케 하시는 성령과 믿음이란 하늘의 선물이 이들에게만 주어진다(14항). 행하심으로써(*agendo*, 능동적으로) 당하심으로써(*patiendo*, 수동적으로) 성취하신 일이 순종이라고 불려야 한다. 16항은 소뮈르 학파의 의견을 거부하면서, 능동적 의는 그리스도 자신을 위한 의로,

수동적 의는 택자를 위한 의로 구분하는 주장을 반대한다(16항).

　17항 이후는 소명을 다룬다. 소명이 택자들에게만 해당된다는 사실을 말하면서, 외적소명이 보편적이지만 구원이 보편적이지 않음을 분명히 한다. 따라서 자연과 섭리를 통한 구원으로의 소명이 있다는 주장은 거절된다(20항). 인간은 무능력하여서 성령의 일하심이 필수적이며, 인간의 무능력은 본성적이다(21항). 인간의 무능력을 윤리적 무능력이라고 하면서, 본성적 무능력임을 부인하는 자를 거절한다(22항). 23항에서 행위언약과 은혜언약을 다시 정리한 후, 구약과 신약이 경륜에서 차이가 있을지라도 그리스도를 통한 구원이 동일함을 말한다(24항). 자연언약, 율법언약, 복음언약으로 구분하는 소뮈르학파는 거절된다(25항).『스위스신앙고백서』와『도르트신경』을 인정하며, 이와 어긋나는 이설을 거부하면서 끝을 맺는다(26항).

4부

—

그 밖의 신조

1. 동방정교회의 신조

2. 로마가톨릭교회의 신조

3. 루터교회의 신조

4. 잉글랜드 교회의 신조

Vber dise nachuolgend Schlußredē/ wel
lend wir Franciscus Kolb/ vnnd Berchtoldus Haller/
beyd Predicantē zů Bernn/ sampt andren/ die das Euangelium verje-
chend/ einem yeden/ mit Gott/ antwurt vnd bericht geben/ vß heyli
ger Byblischer gschrifft/ Nüws vn̄ alts Testaments/ vff an-
gesetztem tag zů Bern/ Sonnentag nach Circum-
cisionis/ im jar. M. D. XXVIII.

Die heylig Christēlich Kilch/ deren eynig houpt **I**
Christus/ ist vß dem wort Gottes geborn/ im selben be-
lybt sy/ vnd hört nit die stim̄ eines frömbden.

Die Kilch Christi/ machet nitt gesatz vnd bott/ on **II**
Gottes wort. Deßhalb all menschen satzungen/ so man
nempt der Kilchen bott/ vns nit wyter bindend/ dann
sy in Göttlichem wort gegründt vnd botten sind.

Christus ist vnnser eynige wyßheyt/ gerechtigkeyt/ **III**
erlösung/ vnd bezalung für aller wellt sünd. Deßhalb
ein andern verdienst/ der säligkeit/ vnnd gnůg thůn/ für
die sünd bekennen/ ist Christum verlöugnen.

Das der lyb vn̄ das blůt Christi/ wäsenlich vn̄ liplich **IIII**
in dem brot der dancksagung empfange̅ werd/ mag mit
Biblischer geschrifft nit bybracht werden.

Die Mäß/ yetz im bruch/ darīn man Christum/ Gott **V**
dem vatter/ für die sünd der läbendigen vn̄ todten/ vff=
opffere/ ist der geschrifft widrig: de̅ aller heyligosten opf=
fer/ lyden vnd sterben Christi/ ein lesterung/ vnnd vmb
der mißbrüchen willen/ ein grüwel vor Gott.

1. 동방정교회의 신조[1]

'정통교회' 또는 '정통 가톨릭교회'(Orthodox Catholic Church, *Ortho-doxa Ecclesia*)란 이름을 갖는 동방정교회는 1054년 서방교회와 공식적으로 갈라섰지만, 둘 사이의 내적 분열은 이미 한참 진행된 후였다. 언어적으로 라틴어를 사용하는 지역과 헬라어를 사용하는 지역으로 구분되었고, 정치적으로는 395년 데오도시우스 황제(Flavius Theodosius)의 사후에 호노리우스(Flavius Honorius)가 통치하는 서로마와 아르카디우스(Flavius Arcadius)가 통치하는 동로마로 구분된다. 서로 다른 고유한 문화와 언어 속에서 이미 분열은 시작되고 있었다.

하나님을 만나며 보고 경험하는 것이 신학의 본질을 이루는 동방정교회의 신학에서, 공의회의 결정이나 신조는 잘못된 해석을 막는 소극적 위치를 차지한다. 동방정교회에서 가장 중요한 것은 하나님을 보는 것이다. 단어로 설명하거나 이성으로 정의하는 것은 부족하다. 신학, 공의회의 결정, 나아가 성경도 하나님을 온전히 표현한 것은 아니다. 따라서 성경이나 교회의 결정이 신학의 유일한 원천이 아니다. 신조는 존중받으나 자신이 경험한 것을 자유롭게 말하는 것을 억압하

---

1) John Meyendorff, *Byzantine Theology: Historical Trends and Doctrinal Themes* (New York: Fordham University Press, 1979), 박노양 역, 『비잔틴 신학: 역사적 변천과 주요 교리』 (서울: 정교회출판사, 2010); Fairy von Lilienfeld, "Orthodoxe Kirchen," in *TRE 25*, 423-64.

는 역할은 하지 않는다. 로마 가톨릭에서 공의회의 결정이 하나님의 말씀과 동일한 권위를 갖는다는 측면에서 차이가 있다.

동방정교회는 처음 일곱 번의 공의회의 결과를 받아들이되 특히 니케아–콘스탄티노플의 신경을 가장 중요하게 받아들인다. 그 외에 다마스쿠스 요한(Ἰωάννης Δαμασκήνος, Iohannes Damascenus)의 글도 신조와 방불하게 받는다.

1) 니케아 공의회(325년)
2) 코스탄티노플 공의회(381년)
3) 에베소 공의회(431년)
4) 칼케돈 공의회(451년)
5) 제2콘스탄티노플 공의회(553년)
6) 제3콘스탄티노플 공의회(680년)
7) 제2니케아 공의회(787년)

칼케돈 공의회까지 처음 네 번의 공의회는 삼위일체와 성육신에 대한 것을 다루었다. 다섯 번째 공의회는 그리스도의 본성이 단일한 위격에 연합되어 있다는 것을 강조했다. 여섯 번째 공의회는 단의론(Mono-theletismus)을 정죄했다.

앞 여섯 개의 공의회가 삼위일체와 그리스도의 두 본성과 한 위격에 대한 것이었다면, 787년 제2차 니케아 공의회는 성상에 대한 것이었다. 이 회의는 787년 9월 24일부터 10월 23일까지 니케아에서 열렸다. 10월 13일에 공포된 성상에 대한 정의를 동방교회와 로마 가톨릭 교회가 따르고 있으나 종교개혁자들은 따르지 않았다. 이 결정은 754년 콘스탄티노플에서 결정되었던 것을 무효화한 결정이었다.

성상에 관한 결정의 근거는, "우리의 거룩한 교부들의 가르침과 가톨릭 교회의 전승에 따라서"라고 말한다. 그 재료로는, "그것이 물감, 모자이크 돌로 이루어진 것이든 아니면 다른 적당한 재료들로 이루어진 것이든"이라고 하며, 위치와 장소에 대해서 성당 안, 도구들과 의복들, 벽돌과 목판들, 집들과 길거리라고 구체적으로 언급한다. "그리스도의 성화상, 죄에 물들지 않은 우리의 여왕이시고 거룩하신 하느님의 어머니의 성화상, 공경해야 할 천사들과 모든 성인과 의인의 성화상에 적용된다"라고 대상까지 언급한다. 여기서 로마 가톨릭이 따르는 성화상에 대한 기본이며 고전적 관점, "성화상 공경은 그 원형까지 소급되므로"[2] 란 문구가 있다.

기독교가 로마제국의 국교가 되면서 민속 신앙과 결합하게 되었던 일이 성상 경배의 배경이다. 이때 여러 교회회의에서 16세기 종교개혁자들이 폐기할 수밖에 없었던 것들을 결정하였다. 성상 경배는 5세기를 지나 6세기 때에 로마제국 전체에 저속한 미신으로 변해갔다. 726년 황제 레오 3세의 칙령으로 성상이 배척되었으며, 754년 콘스탄티노플에서 성상사용금지를 결의했으나, 787년 니케아 회의가 성상 경배를 인정했던 것이다. 로마 교황은 787년 니케아 회의에 대표단을 보낸 후 이 결과를 카를 대제(Carolus Magnus)에게 보냈다. 794년 프랑크푸르트 교회회의는 『카를 대제의 서』(Libri Carolini)에 따라 니케아회의의 성상 경배 결정을 거절했다. 중요한 근거로서 성상을 경배하는 예가 성경에 없다는 것과, 이성이 없는 이미지가 이성적 존재가 받는 인사나 경배를 받을 수 없다는 것을 근거로 반대했다. 이것은 동방에서 경배와 숭배를 구분하여서 성상에게 숭배(λατρεία)가 돌려질 수 없을지라도 경배(δουλεία)가 돌려질 수 있다는 근거에 대한 반대다. 후에 로마 가톨릭교회는 프랑크푸르트 교회회의의 성상경배 반대결정을 부당한 결정으로 받아들이지 않는다. 9세기 이후 성상경배에 대한 반대의 소리는 사라져갔다. 종교개혁자들은 성상숭배를 미신적인 우상숭배로 보아 배척했다. 칼빈에게 경배와 숭배는 같은 의미가 있기 때문에 『기독교강요』에서 경배와 숭배의 구분을 통한

---

2) "Ἡ γὰρ τῆς εἰκόνος τιμὴ ἐπὶ τὸ πρωτότυπον διαβαίνει." Heinrich Denzinger, *Enchiridion Symbolorum Definitionum et Declarationum de Rebus Fidei et Morum*, ed., Peter Hünermann, Editio 44, (Freiburg im Breisgau: Herder, 2014), 이성효 (외 5인) 책임번역, 『신경, 신앙과 도덕에 관한 규정 선언 편람』(서울: 한국천주교중앙협의회, 2017) [DH], 601.

성상 경배를 반대하며,[3] 니케아 공의회(787년)의 성상경배 결정을 반대한다.[4]

---

3) *Institutio* 1.11.11. 그리고 1.12.2.

4) *Institutio* 1.11.14-16.

2. 로마가톨릭교회의 신조[1]

라테란 공의회 결정(1215)

1215년 11월에 열린 제4차 라테란 공의회(Concilium Lateranense Quartum)는 중세 공의회 중 가장 규모가 컸다. 교황의 권세가 강력했던 이노센트 3세가 소집한 회의였다. 여기서 성지 예루살렘에 대한 탈환과 교회개혁을 결정했다. 또 이단 문제를 처리하면서 중세 로마가톨릭 신학을 정확하게 보여주었다.

여기서 화체설을 공적으로 승인한다(1장). 즉, "신적인 권능에 의해 빵이 몸으로, 포도주가 피로 실체 변화될 때(*transsubstantiatis*), 그분의 몸과 피는 제단의 성사 안에 빵과 포도주의 형상 아래 참으로 포함되어 있다"라는 것이다.[2] 성만찬은 서품된 사제에 의해서만 집례되어야 한다고, 그러나 세례 집례는 제한없이 누구나 베풀 수 있다고 진술한다. 또 연례적인 고해성사를 결정해서(21장), 사리를 분별할 나이에 이른 모든 이들이 일 년에 최소한 한 번씩 자기 본당 신부에게 모든 죄를 고백할 것을 명한다.[3]

1) Heinrich Denzinger, *Enchiridion Symbolorum Definitionum et Declarationum de Rebus Fidei et Morum*, ed., Peter Hünermann, Editio 44, (Freiburg im Breisgau: Herder, 2014), 이성효 (외 5인) 책임번역, 『신경, 신앙과 도덕에 관한 규정 선언 편람』 (서울: 한국천주교중앙협의회, 2017) [이하 DH로 표기한다]; *김영재*, 69-83; 같은 책, 260-269; *Schaff*, vol. I, 83-202;

2) DH 802.

3) DH 812.

우남상탐(*Unam Sanctam*, 1302년 11월 18일)

교황 보니파티우스 8세와 프랑스 왕 필립 사이에 논쟁이 벌어졌다. 로마교회와 프랑스의 분쟁 중에 벌어진 이 논쟁의 명분상 쟁점은 성직자의 재산에 대해 왕이 어떤 권리를 갖고 있는가였다. 이 논쟁은 교황의 수위권 논쟁으로 발전했다. 프랑스 내에서 교황의 수위권 교리를 공공연히 퍼뜨린다는 소문은 필립을 분노하게 했으며, 교황에 대한 적대심을 일으켰다. 보니파티우스 8세는 왕 필립과 갈등이 계속되자, 1302년 11월 18일 교회와 국가의 관계를 규정하는 칙서를 발표했다. '우남상탐'은 이 칙서의 첫 구절 "하나의 거룩하며 보편적 교회를 … 믿는 것"(*Unam sanctam Ecclesiam catholicam ... credere*)의 앞 두 단어 'Unam sanctam'(하나의 거룩한 [교회])의 라틴어 음가다.

이 칙서는 두 주제 곧 교회의 유일성과 교회의 권세를 다룬다. 논쟁점에 대한 답인 교회의 권세 부분에서, 교회의 권세는 두 가지 칼(*duos gladios*) 곧 영적인 칼과 현세적인 칼로 이루어져 있다고 말한다. "그러므로 두 가지 다 교회의 권한 안에 있으니, 곧 영적인 칼과 물질적인 칼이 그것이다. 그러나 후자는 교회를 위해서 주어진 것이고, 전자는 교회로부터 주어진 것이다. 전자는 사제의 손에, 후자는 사제의 동의와 용인 아래 왕과 군인의 손에 주어졌다. 그러나 당연히 한 칼이 다른 칼 아래에 있고 현세적인 권위는 영적인 권한에 예속되어 있다."[4] 이 칙서는 "로마 교황에게 복종하는 것이 피조물인 모든 인간의 구원에 절대적으로 필요하다"라고[5] 선언하며 마친다. 이 칙서의 의미는 국가의 권력이 교황의 통제 아래 있다는 것이며, 교회는 가장 높은 권세를 가진다는 것이다. 이 칙서를 따르면 교황은 누구의 판단도 받지 않게 되며, 국가 통치자보다 우위에 있게 된다.

---

4) DH 873.

5) DH 875.

피렌체 공의회 칙서: 아르메니아인들을 위한 교령

피렌체(Firenze)에서 1439년 2월 26일부터 1445년 8월까지 회의가 열렸다. 이 회의는 공의회와 교황의 우위권 투쟁 기간에 열린 회의다. 원래 1431년 7월 바젤에서 회의는 시작되었으나, 1437년 교황 에우제니우스 4세는 그리스인들과 재일치를 위한 논의를 하기 위해서 회의 장소를 페라라(Ferara)로 옮겼다. 그러나 바젤에 남아 있던 다수는 1439년 6월 24일 에우제니우스(Eugenius) 4세를 폐위시키고 11월에 대립교황 펠릭스(Felice) 5세를 선출했다. 에우제니우스 4세는 페라라에서 1438년 1월 8일 개회된 회의를 1439년 2월 26일 피렌체로 옮겨서 계속했다. 1439년 7월 그리스인들과의 일치에 관한 교령이 결정되었고, 11월 22일 아르메니아인들과의 일치를 결정했다. 이런 결과들을 이뤄내면서 교황의 권위는 점차 회복되었다.

이 회의에서 아르메니아인들과의 일치에 관한 칙서가 발표되었는데, 많은 부분이 토마스 아퀴나스의 『신앙과 교회성례에 대한 조항』(*De articulis fidei et Ecclesiae sacramentis*)에서 가져온 것이다. 그래서 질료(materia)와 형상(forma)을 구분하며, 세례의 경우 질료는 자연수이며, 형상은 "나는 성부와 성자와 성령의 이름으로 당신에게 세례를 줍니다."라는 말이다. 여기서 화체설을 가르친다. "말씀 자체에 의해 빵의 실체가 그리스도의 몸으로, 포도주의 실체가 그리스도의 피로 변하기 때문이다." 또 "세례, 견진, 성체, 고해, 종부, 성품, 그리고 혼인"의 7성례가 규정된다. 이 7성례를 '새로운 율법의 7성례'(*Novae Legis septem sacramenta*)라 칭한다. 옛 율법의 성례들은 그리스도의 고난을 통한 은총을 가리키기는 했으나 은총을 일으키지 못했다고 진술한다.[6] 이렇게 이 칙령은 중세 로마가톨릭의 성례론을 요약하고 있다.

---

6) DH 1310.

4부 그 밖의 신조

2. 로마가톨릭교회의 신조 **261**

종교개혁 시기 교파화 과정 아래서: 트리엔트 교령들과 법규들

　마틴 루터의 95개 조항 이후 종교개혁 운동은 세력을 확장하면서 여러 문제를 제기했다. 로마 가톨릭은 종교개혁 운동이 제기한 문제들을 다루어야만 했다. 종교개혁을 통해서 떠오른 문제는 크게 네 가지로 볼 수 있다. 첫째, 구원론에 관한 문제다. 면죄부 판매를 반대하며 촉발된 문제 제기는 다시 인간의 공로를 강조하는 반펠라기우스적 구원론에 대한 반대로 이어졌다. 종교개혁은 오직 은혜로 오직 그리스도의 공로에 근거한 믿음을 통한 구원을 주장했다. 둘째, 권위에 대한 문제다. 로마는 교황과 교회의 권위로 루터를 잠잠하게 하려고 했으나, 종교개혁은 교황이나 교회의 전통이 아니라 하나님의 말씀인 성경을 유일한 권위로 세웠다. 셋째, 교회직제에 대한 문제다. 교황을 그리스도의 대리자로 놓고 그 아래로 직제를 구성한 로마교회에 대하여, 종교개혁은 교회의 왕은 오직 그리스도밖에 없다고 했다. 넷째, 위 세 문제에 연결된 실천 문제다. 성인숭배와 성상에 대한 문제, 성례에 대한 문제, 그 외 예식 등을 바라보는 시각 등이다. 이런 종교개혁의 문제 제기에 대한 로마 가톨릭의 답이 트리엔트 공의회의 결정이다.

　종교개혁 초기에 공의회 소집요구가 있었지만, 회의는 열리지 않았다. 교황 클레멘스 7세는 황제 카를 5세의 공의회 소집요구에 반대했다. 회의가 연기된 이유에는 여러 정치 및 교회 상황 외에도 공의회 자체에 대한 교황 측의 염려가 있었다. 무엇보다도 공의회의 권위가 교황의 권위를 위협하게 될지 모른다는 염려가 있었다. 트리엔트 공의회 마지막 회기를 주재했던 교황 비오 4세는 자신의 선임자들이 회의의 필요성을 언급하긴 했으나 실제로 원하지는 않았다고 평가했다.

　1536년 6월 2일 결국 황제의 압력에 의해 교황 바오로 3세는 다음 해 5월 23일에 만투아(Mantua)에서 세계공의회를 열겠다고 회의를 소집했다. 소집서에 나타난 공의회의 목적은 이단에 대한 심판, 교회개혁, 그리고 기독교 통치자 사이의 평화회복이었다. 그러나 개신교 측인 슈말칼덴 동맹은 이 공의회를 거부했다. 프랑스의 통치자 프랑수아 1세는 만투아가 카를 5세의 지역에 있다는 이유로 이 회의를 거절했다. 프랑수아 1세가 공의회 장소를 비첸차(Vicenza)로 옮기도록 압력을 넣어 회의장소를 1536년 10월 비첸차로 변경했으나 열리지 못했다. 1542년 5월 카를 5세의 제안으로 교황은 1542년 11월에 트리엔트에서 공의회를 열겠다고 소집했다. 그러나 바로 그해 카를 5세와 프랑수아 1세 사이에 전쟁이 시작되어 공의회 소집은 무산되었다. 1544년 9월 18일 카를 5세와 프랑수와 1세 사이에 평화협정이 맺어지자 공의회를 위한 정치적 걸림돌은 사라졌다. 1544년 11월에 내린 교황 교서에서 1545년 3월 15일로 확정했으나, 이것도 연기되어 1545년 12월 13일에야 개회했다. 참석자들은 로마 가톨릭사람들, 특히 이탈리아와 스페인 출신들이 대부분이었다.

회의는 1563년까지 계속되었으나 중간에 여러 이유로 멈춘 적이 많았다. 회의 기간에 세 명의 교황 시기를 지나게 된다. 1545년 12월부터 1549년 9월까지 바울 3세의 시기였고, 교황 율리오 2세 때 1551년 5월부터 1552년 4월까지 회의가 있었고, 교황 비오 4세 때는 1562년 1월부터 1563년 12월까지 회의가 있었다. 이렇게 총 약 25회기의 모임을 가졌다.

주목할 만한 내용을 보면, 먼저 1546년 4월 8일(4회기)에 결정되었던 성경과 전승 수용에 관한 교령이 있다. 이 교령에서 성경과 전승은 동등하다. 그래서 "진리와 규범은 기록된 책들과 기록되지 않은 전승들 안에 담겨있다"라고[7] 말한다. 진리와 규범의 원천은 사도들이 선포한 것으로서 복음이며, 복음은 선지자들을 통해서 약속된 것이며 예수 그리스도께서 친히 입으로 선포한 것이다. 성경과 전승의 원천은 사도들에게까지 거슬러 올라가며, 나아가 예수 그리스도께서 선포한 것이다. 그래서 성경과 전승은 "사도들이 그리스도로부터 받은 것, 또는 성령이 받아 적게 하여 사도들로부터 마치 손을 통해서 전달된 것처럼 우리에게까지 온

7)   "… hanc veritatem et disciplinam contineri in libris scriptis et sine scripto traditionibus, …" DH 1501.

것이다."[8] 이제 성경과 전승은 동일한 기원을 가질 뿐 아니라, 똑같은 방식으로 전해져서, 정통신앙 교부들의 예를 따라, 공의회는 성경과 전승을 "똑같은 경애와 존경으로 받아들이고 공경한다."[9] 이때 이 경애와 존경의 근거는 그리스도의 입이나 성령에 의해 기록되었다는 사실 만이 아니라 "가톨릭교회 안에서 계속 보존되어 오는 것"(continua succesione in Ecclesia catholica conservatas)이란 사실이다. 즉 성경이 가톨릭교회 안에서 어떻게 받아들여지고 있는지가 중요하므로, 바로 이런 시각 아래서 외경이 외경이란 이름없이 정경목록에 포함되었다. "가톨릭교회 안에서 읽혀 왔던 대로 그리고 라틴어 대중 라틴말 성경 고전본에 실려 있는대로" 정경으로 인정하지 않고 전승을 고의로 업신여기는 자는 저주받을 것이라 한다. 이렇게 해서 로마 가톨릭에서 불가타 라틴어역(vulgata latina editio)은 큰 권위를 갖게 되었다. 트리엔트 공의회는 성경이 하나님의 영감으로 기록되었다고 말하며 신구약의 원저자가 하나님이라고 언급함으로써 성경의 권위를 인정하고 있으나, 바로 성경과 똑같은 수준에서 전승을 다룬다. 성경과 전승이 같은 신적 기원을 가질 뿐 아니라, 사도적 기원을 갖고, 둘 다 교회 안에 보존되어 왔다는 이유로 사람들에게 경애와 존경을 요구하며, 바로 그 이유로 외경이 정경에 포함될 뿐 아니라 라틴어 불가타 번역본이 정경으로 인정되는 것이다. 종교개혁이 성경을 유일한 권위로 받아들여, 성경의 권위 아래서 전통이 판단 받도록 했다면, 로마 가톨릭은 성경과 전승을 동등하게 놓을 뿐 아니라, 그 권위의 근거를 교회에 전해져 내려왔다는 사실에 둠으로써 실제적으로는 전승에 더 큰 권위를 부여했다.

원죄에 관하여는 4회기 동안 다루어져서 5회기인 1546년 6월 17일에 발표되었다. 이 교령에 따르면 원죄는 모방이 아닌 번식을 통하여 전수되었고, 모든 각자에게 고유하게 내재되어 있는 아담의 죄는 예수 그리스도의 공로 외에 인간 본성의 힘으로나 다른 구제책으로 제거될 수 없다. 이 공로가 "교회의 형식 안에서

---

8) "quae ab ipsius Christi ore ab Apostolis acceptae, aut ab ipsis Apostolis Spiritus Sancto dictante quasi per manu traditae ad nos usque pervenerunt." DH 1501.

9) "pari pietatis affectu ac reverentia suscipit et veneratur." DH 1501.

적법하게 집전된 세례성사를 통해" 부여된다.[10] 그러므로 세례 때 원죄의 상태가 없어지며, 죄의 진정하고 고유한 성격의 모든 것이 제거된다는 것이다. 세례받은 이들 안에 남아 있는 것은 "사욕이나 불씨"(concupiscentia vel fomes)이다. 이것은 중생한 자들 안에서 실제적이고 고유한 죄가 아니라, 죄로부터 나온 것이거나 죄로 기울게 하는 것이다.[11]

　의화(iustificatio, 개신교는 칭의라고 번역한다)에 대한 교령은 6회기 1547년 1월 13일에 발표되었다. 의화에 관해서는 총 16장으로 진술한 후에, 다시 조항마다 저주문(anathema sit, '저주를 받을지어다', 천주교 공역은 '파문될 것이다')을 포함한 33개의 법규(canon)를 덧붙였다. 7장에서 "믿음에 소망과 사랑이 덧붙여지지 않으면 그리스도와 완전한 일치를 이루지 못하며, 그의 몸의 살아있는 지체가 될 수 없다." "소망과 사랑이 없는 믿음은 그 영원한 생명을 보장해 줄 수 없다. 그렇기 때문에 예비 신자들은 다음과 같은 그리스도의 말씀을 곧바로 듣게 된다. "네가 생명에 들어가려면 계명들을 지키라""[12] 여기서 로마 가톨릭의 의화가 사랑의 행위와 연결되고, 이것은 다시 계명을 지키는 것과 밀접하게 연결되어 있음을 알 수 있다. 그러므로 8장과 9장은 종교개혁의 이신칭의를 반대한다. "믿음을 통해 은혜로 의롭게 된다"(per fidem et gratis iustificari)는 말도 가톨릭 교회의 전통을 따라 이해한다. 로마 가톨릭이 "믿음을 통해 은혜로 의롭게 된다"는 말을 인정하나 "로마 가톨릭 교회가 항구하고 일치된 견해로 고수하고 표명해 온 의미에서 이해되어야 한다"는 것이다.[13] 즉, 믿음을 통하여 의화된다고 진술하나 그 해석에서 종교개혁과 다르다. 이 점은 법규 제9조에서 "의화의 은총을 얻는 데에 협력하기 위하여 그 밖의 다른 것도 요구되지 않으며, 자신의 고유한 의지를 따라 스스로를 준비하고 자세를 갖추는 것이 불필요하다고 이해하여, 불경한 자가 오직 믿음으

---

10)　DH 1513.

11)　DH 1515.

12)　DH 1531.

13)　DH 1532.

로 의화된다고 말하는 자는 파문될 것이다"란 규정에서 명확히 드러난다. 이런 생각의 전제에는 1장에서 말한, "자유의지가 그 힘에서 약해지고 기울어졌을지라도 결코 상실된 것이 아니다"는 사상이 있다. 7장에서 이렇게 말한다. "이 의화는 죄 사함일 뿐만 아니라, 은총과 그에 동반하는 선물을 기꺼이 받아들임으로써 내적 인간이 성화되고 쇄신되는 것을 의미한다".[14] 이처럼 트리엔트는 성화를 포함한 의화(*iustificatio*)를 말하며, 바로 이 점이 개혁교회의 칭의와 성화의 구분과 다른 점이다. 개혁교회에서 성화 자체도 선물이며 공로가 아니나, 트리엔트 교령에서는 선행들이 선한 공로가 아니라고 말하는 자는 저주를 받는다(32조).[15]

7회기(1547년 3월 3일)는 전통적인 성례론, 즉 세례, 견진, 성찬, 고해, 종부, 성품, 혼인의 7성례를 다시 확인했다. 성찬에 대한 교령은 1551년 10월 11일에 발표되었다. 여기서 화체설을 다시 결정했다. 참 하나님이시오 인간이신 예수 그리스도께서 "감지할 수 있는 실재들의 형상 안에" 실제로 현존하며(1장), 거룩의 조성자 자신이 성만찬 안에 실행 전에 현존하신다는 점에서 다른 성례들보다 탁월하다(3장). "빵과 포도주의 축성으로 빵의 온 실체가 우리 주 그리스도의 몸의 실체로, 포도주의 온 실체가 그분의 피의 실체로 변한다는 것을" 재차 천명한다(4장). 나아가 성만찬 후에 "남아 있는 성체와 축성된 조각들 안에 주님의 참된 몸이 현존하지 않는다고 말하는 자는 파문될 것이다"(4조)라고 함으로써 종교개혁과 완전히 다른 길을 간다.

비우 4세 아래서 열린 21회기(1562년 7월 16일)는 "관습을 승인하고 법으로 여겨" 포도주는 제외하고 빵 하나만 주기로 했다.[16] 1562년 9월 17일 22회기에는 산 자와 죽은 자를 위한 속죄의 수단인 희생제사로서 미사를 규정하며(2장), 자국어로 행해지는 미사를 정죄한다(9조). 25회기인 1563년 12월 3일, "성경과 교부들의 오랜 전통에 근거해서" 연옥의 존재를 말하면서, 신자들의 대리기도와 제단

---

14)   DH 1528.

15)   DH 1582.

16)   DH 1728.

의 희생제사로 그곳에 머무르는 영혼들이 도움을 받는다고 결정했다. 12월 4일에는, 성인들에게 간구하기를 거부하거나, 성인들에게 우리 각자를 위하여 기도하도록 청하는 행위를 우상숭배라고 말하거나, 하나님의 말씀에 위배되며 예수 그리스도의 영예에 반대된다고 말하는 자들을 불경건한 자로 규정한다.[17] 그뿐만 아니라, 성인들의 유해를 공경하는 일과 성인들의 도움을 받기 위해 성지를 방문하는 일을 헛된 일이라고 말하는 자들도 정죄한다.[18]

종교개혁의 문제 제기에 대해 로마 가톨릭은 트리엔트 공의회를 통해 이런 식으로 답을 했다. 이 회의가 교황의 수위권(首位權, primatus)에 대해선 해결하지 못했으나, 1564년 1월 26일 교황은 자신의 칙서 '복되신 하나님(Benedictus Deus)'에서 수위권을 암시했다. 교황의 수위권에 대한 도전이 일어나지 않도록, "본인은 이 교령들로부터 야기될 수 있는 여하한 어려움과 쟁론들을 해명하고 결정하는 것을 거룩한 공의회 자체도 그렇게 결정하는 것처럼 본인에게 유보하는 바입니다"[19]라고 추인서에 덧붙였다. 따라서 트리엔트 공의회의 교령에 대한 최종적인 해석은 교황에게 돌아가게 되었다.

그리고 1564년 11월 13일 교황 비오 4세는 『트리엔트 신앙고백』을 반포했다.[20] 이것은 트리엔트 교령의 요약이며, 로마 가톨릭 신자들이 따라야 하는 신앙고백서다. 내용을 살펴보면, 먼저 성경과 교회의 관계를, "나는 교회의 사도적이고 교회적인 전승들과 기타 관습들과 규정들을 확고하게 인정하고 받아들입니다. 마찬가지로 어머니인 거룩한 교회가 고수하였고 고수하는 의미에 따라 성경을 인정합니다"라고 한다. 여기서 성경에 대한 해석권을 교회에 돌리고 있다. 종교개혁이 성경의 해석권 자체를 성경에 돌리는 것과 다른 점이다. 로마 가톨릭에 속한 자는 계속해서 일곱 성사, 원죄와 의화에 대한 트리엔트 공의회의 결정, 산

---

17) DH 1821.

18) DH 1822.

19) DH 1850.

20) DH 1862-1870.

자와 죽은 자를 위한 미사와 화체설, 연옥과 성인을 향한 숭배와 간구, 성화상, 그리고 "로마교회가 모든 교회의 어머니요 스승임을" 인정하며, 나아가 "사도들의 으뜸인 복된 베드로의 후계자이며 그리스도의 대리자인 로마 교황에게 진실로 순명할 것을 약속하고 맹세"하고, "트리엔트 공의회로부터 전승되고 결정되고 선언된 모든 것"을 인정해야 한다." 1870년 제1차 바티칸 공의회는 교의 헌장 『영원하신 목자』(Pastor aeternus)에서 로마 교황의 수위권과 무류적 교도권(infalli-bilis magisterium)을 명시적으로 인정했다.[21] 트리엔트 공의회에서 교황의 수위권 문제는 논쟁을 피해갔으나, 교황이 트리엔트 교령을 승인하는 자신의 칙서를 통해 수위권을 강하게 암시하는 방식으로 인정했다면, 1870년에 이르러 교황의 수위권은 명시적으로 추가된 것이다.

비오 9세 칙서 『형언할 수 없는 하나님』(Ineffabilis Deus): 발전하는 마리아 숭배사상

비오 9세는 마리아의 원죄 없는 잉태에 관한 신앙 정의를 위해 1848년 6월 1일 신학자들로 구성된 위원회를 소집했다. 1849년 2월 2일 주교들에게 정의의 가능성을 물어보았다. 603명의 주교들 중 546명의 주교가 찬성했다. 그 후 교황은 초안 작성을 명했고, 자신이 칙서의 마지막 편집에 깊이 관여하였다. 공의회의 역할 없이 교황 자신이 추진하여 교의화 했다는 면에서, 이 일은 마리아 교리가 로마 가톨릭 내에서 얼마나 견고하게 자리잡았는가를 보여주는 것일 뿐 아니라, 교황권이 얼마나 견고해졌는가를 보여준다.

형언할 수 없으신 하느님은 … 어머니를 선택하시고 정하셨으며, … 극진

---

21)   DH 3050-3075, 특히 3074-3075.

한 사랑을 그에게 보여주셨다. 그 때문에 그분에게 모든 천사의 영들과 천상 성인들에 앞서 신성의 보화로부터 은총의 보화를 이토록 경이롭게 가득 베풀어주셨다. 이로써 항상 모든 죄의 더러움으로부터 자유롭고 온전히 아름답고 완전하신 그분께서는 충만한 순결과 성덕을 갖고 계심을 드러내 보이셔서, 하느님 아래에 그분보다 더 큰 사람을 생각할 수 없고, 하느님 외에는 어느 누구도 생각으로 그분을 이해할 수 없게 되었다. 이토록 공경하올 어머니께서 언제나 가장 완전한 성덕의 광체로 장식되어 빛을 발하시고 또한 원죄의 흠결 자체로부터 제외되어 옛 뱀으로부터 찬란한 승리를 이룩하신 것은 전적으로 마땅하였다. …[22]

마지막에 다음과 같이 정의한다.

> 지극히 복되신 동정 마리아께서는 잉태되시는 첫 순간부터 전능하신 하느님의 특별한 은총과 특전으로, 인류의 구원자 예수 그리스도께서 세우실 공로를 미리 입으시어, 원죄의 온갖 더러움에 물들지 않게 보호되셨다는 것을 고수하는 교리는, 하느님께로부터 계시되었으므로 모든 신자가 굳건하고 항구하게 믿어야 한다.[23]

이런 마리아 숭배사상은 1950년 마리아 승천 교의를 결정함으로써 더 발전하게 된다. 성경의 증거가 없을 뿐 아니라, 고대교회의 증거조차도 거의 없음에도 불구하고, 마리아 숭배사상은 로마 교회 안에서 계속 발전해서 마리아의 승천까지 하나의 교의로 규정한 것이다. 19세기 후반부터 마리아 승천을 교의로 결정해 달라는 청원들이 제출되었고, 제 1차 바티칸 공의회에서도 제안되었었다. 20세기 초

---

22) DH 2800 - DH 2801.

23) DH 2803.

반 이런 움직임은 더욱 강해졌다. 1950년 11월 1일 교황 비오 12세는 마리아 승천을 규정하는 교황령(*Apostolische Konstitution*)을 내렸다. 이 일은 높아진 교황권과 마리아 숭배사상을 보여준다.

첫머리에 모든 것이 성경에 기초한다고 말하고 시작하지만, 마리아가 육신으로 아들에게서 분리되는 것은 불가능하게 보인다(*impossibile videtur*)는 표현을 한다. 마리아는 새 아담과 긴밀하게 결합되었고, 새 아담은 죄와 죽음에 대하여 완전한 승리를 이룬다. "그 때문에 그리스도의 영광스러운 부활이 이 승리의 본질적 부분이며 마지막 훈장이었던 것처럼, 또한 당신의 아들과 함께한 복되신 동정녀의 공동투쟁은 동정녀 육신의 영화화로 종결되어야 했다." 그 후 교황령은 고린도전서 15:54(이 썩을 것이 썩지 아니함을 입고 이 죽을 것이 죽지 아니함을 입을 때에는 사망을 삼키고 이기리라고 기록된 말씀이 이루어지리라)를 마리아에게 적용한다. 교황령의 이런 시도는 분명히 부당하다. 사도 바울은 이 구절을 죽지 않은 마리아에게 적용할 의도도 없었고, 전체 성도들에게 이루어질 "마지막 나팔 소리" 이후의 일을 소개하고 소망하게 하기 때문이다. 교황령이 마리아가 "아들처럼 죽음을 완전히 이기고 육신과 영혼으로 승천하여서 … 당신 아들의 오른편에서 여왕으로 빛난다"고 진술할 때, 계속 발전하는 마리아 숭배사상을 보여준다. 승귀하신 그리스도에게 돌려졌던 내용이 "새 아담과 결합된 새 하와"인 마리아에게 돌려져서, "우리의 여왕"이란 호칭도 주어지고, "하늘의 우리 어머니께"(*caelesti Matri nostrae*) 올려드리는 영예까지 언급된다.[24] 이런 진술들은 성경의 근거도 없으며 성경적 표현도 아니다. 로마 가톨릭은 성경으로부터 더 멀어졌고, 종교개혁이 비판했던 그 자리에서 더 견고해졌다고 볼 수 있다.

---

24)   DH 3910.

바티칸 제1차(1870)와 제2차(1964)의 결과에 나타난 전통과 성경에 대한 견해

1864년 12월 당대의 오류목록(Syllabus)을 공포한 교황은 오류에 대응하기 위해 1868년 6월에 공의회 소집 칙서를 발표했다. 이 칙서에 따라 1869년 12월 8일 열린 회의는, 이탈리아 군대에 의해 로마가 점령되자 1870년 10월 20일에 무기한 연기되었다.

이 회의 결과물로서 제1차 바티칸 공의회 3회기 1870년 4월 4일 승인된 『가톨릭 신앙에 관한 교의 헌장』 2장은 트리엔트 공의회를 따라 초자연적 계시는 성경과 전승 안에 담겨 있다고 말한다. 구약 성경과 신약 성경의 책들은 라틴어 불가타 역본에 실려 있는대로 그 모든 부분들을 정경으로 받는다. 그리고 성경의 권위에 대하여 이렇게 말한다.

> 교회가 그것들을 거룩한 정경으로 여기는 이유는 그것들이 순전히 인간의 열성으로 작업 되고 그에 따라 교회의 권위에 의해 승인되었기 때문도 아니요, 정확히 말해서 오류 없이 계시를 담고 있기 때문도 아니라, 성령의 영감으로 쓰여서 하나님께서 저자이시며 또 그런 식으로 교회 자신에게 전수되었기 때문이다.[25]

여기서 성경의 권위는 교회의 권위에 의해 승인되었기 때문이 아니라고 부정하며, 그 권위의 근거를 성령의 영감에 돌림으로써 하나님이 저자이신 것이 성경의 권위인 것으로 말한다. 이 점 때문에 종교개혁의 입장에 기울어지는 것처럼 보이지만, 바로 이어서 성경의 권위의 다른 근거로서 성경이 교회에 전수된 사실을 언급한다. 즉, 성경이 교회에 전승되었다는 사실이 하나님이 성경의 저자라는 사실

---

25)   DH 3006.

과 방불한 권위의 근거가 되는 것이다. 여기서 성경은 전승의 일부로서 취급된다. 성경이 전승에 포함되었기 때문에 그 권위를 인정받고 있는 것이다. 로마 가톨릭의 문서들을 모아 놓은 덴칭거의 『신경편람』에서 교리 개요라고 할 수 있는 색인이 계시를 다룰 때, 전승이 먼저 오고 성경이 나중에 오는 것은 그런 면에서 당연하다고 할 수 있다.

또 하나의 결과물로서 제4회기 1870년 7월 18일에 결정된 『그리스도 교회에 관한 교의 헌장』은 교황의 수위권과 무류성을 규정했다. 교황의 수위권에 대하여는, 교황보다 더 큰 권위가 존재하지 않기에 재심할 수 없고, 그의 판단을 아무도 판결할 권리가 없다고 다음과 같이 진술한다. "사도적 수위권의 신적 권한에 의거하여 교황은 보편 교회 위에서 다스리기 때문에, 본인은 다시 한번 가르치고 천명하는 바, 교황은 신자들의 최고 재판관이며, 교회의 심사에 달려 있는 모든 사안들에 대하여 누구든지 그의 판결을 요청할 수 있다. 반면에 사도좌에서 내린 판결에 대해서는 그보다 더 큰 권위가 존재하지 않기 때문에 아무도 재심할 수 없고, 그의 결정들에 대하여 아무도 판결할 권리가 없다. 따라서 세계 공의회를 로마 교황보다 상위의 권위로 여기고, 로마 교황들의 판결들을 세계 공의회에 상소하여도 좋다고 주장하는 자들은 진리의 올바른 도정에서 벗어난 것이다."[26] 이렇게 해서 교황은 최고의 재판권, 공의회보다 앞선 수위권을 갖는다고 결론 내렸다.

이 수위권은 무류성에 연결되어서 여러 사람이 우려를 표했음에도 불구하고, 회의에 참석한 다수가 교황의 무류성을 지지하면서 교회의 동의가 필요없는 무류성을 결정했다.

로마 교황이 사도좌에서 발언할 때, 곧 모든 그리스도인의 목자요 스승으로서 자신의 직무를 수행함에 있어서, 자신의 사도적 최고 권위를 가지고, 신앙과 도덕에 관한 교리를 보편 교회가 고수해야 할 것이라고 결정한다

---

26)   DH 3063.

면, 그는 복된 베드로에게 약속하신 하느님의 도움에 힘입어 무류성을 지닌다. 이 무류성은 하느님이신 구속주께서 당신의 교회가 신앙과 도덕에 관한 교리를 규정지을 때 갖추기를 바라셨다. 그러므로 로마 교황의 결정들은 교회의 동의 때문이 아니라 그 자체로서 개정될 수 없는 것이다.[27]

1965년의 "제2차 바티칸 공의회 교의헌장 「하느님의 말씀」: 계시"에서 전승이 체계적으로 전면에 등장한다. 이제 전승(traditio)은 '거룩한'(sacra)이란 수식어를 받아 성전(Sacra Traditio)이 되어 성경(Sacra Scriptura) 앞에 온다. 그래서 "성전(聖傳)과 신구약 성경"(Sacra Traditio et Sacra utriusque Testamenti Scriptura) 안에서 교회는 하나님을 관상한다(contemplatur)고 한다. 여기서 언뜻 보기에 성전과 성경은 동등하게 서로 연결된 것처럼 보인다. 즉 성전과 성경은 긴밀히 연결되고 또 상통하며, 같은 원천에서 나왔고 같은 목적을 지향한다는 것이다. 그런데 "바로 이 전승을 통해서 성경의 전체 정경이 교회에 알려졌다."[28] 즉, 성경이 교회에 알려진 것은 전승 때문이다. 나아가 "성전이 하나님의 말씀을 사도들의 후계자들에게 온전히 전달했다."[29] 성전을 통하여 성경은 한결 더 깊이 이해되고 그 힘을 발휘한다고 한다. "따라서 교회는 오로지 성경으로만 모든 계시 진리에 대한 확실성에 이르게 되는 것은 아니다. 이런 이유로 둘을 똑같이 경건한 애정과 존경으로써 받아들이고 공경해야 한다." 이렇게 해서 로마 교회는 공식적인 진술을 통해서는 성경 권위의 근거가 교회의 승인 때문이라는 것을 부정했으나, 교회의 자리에 전승을 대치시키면서 같은 결론에 이른 것이다.

진술에 있어서, 성경권위의 근거를 교회의 승인에 두지 않기 때문에, 로마교회가 성경과 교회의 권위 우위의 논쟁에서 한 발 뒤로 물러선 것처럼 보이기도 하

---

27) DH 3074.

28) "Per eandem Traditionem integer Sacrorum Librorum canon Ecclesiae innotescit ..." DH 4210.

29) "Sacra autem Traditio verbum Dei, a Christo Domino et a Spiritu Sancto Apostolis oncreditum, successoribus eorum integre transmittit" DH 4210.

지만, 실제적 의미에 있어서는 성전(Sacra Tradi-tio)에 의해 성경(Sacra Scriptura)이 권위를 얻고 힘을 얻는다. 즉, 지금 로마 교회의 최종적 권위는 성전이 갖는 구도가 되었다. "사도들로부터 기원한 전승은 성령의 도우심 아래서 교회 안에서 발전한다."[30] 성전과 성경과 교회 교도직이 독립되어 존립할 수 없을 정도로 서로 연결되고 결합되어 있다고 말할지라도[31] 살아 있어 발전하는 성전이 우위에 있으며, 발전하는 성전을 인도하고 승인하는 교회교도직이 최종적 권위를 갖는다는 면에서 종교개혁 시대와 달라진 것은 없다.

로마교회 내에서 전승의 해석 때문에 발생하는 잦은 논쟁이 전승이 갖는 권위의 성격을 보여준다. 전승이 발전한다는 교리는 "거룩한 교의의 의미는 어머니인 거룩한 교회가 한 번 선포한 그대로 항상 고수되어야 한다"는 교리와[32] 갈등한다. 성경만이 아니라 과거 로마교회 자신의 전승과 모순된다 해도, 지금 교황이 말하는 것이 항상 더 높은 권위를 가질 수밖에 없는 구도이다. 전승은 하나님이 교회와 하시는 대화이며,[33] 계속 발전하는 하나님의 계시이기 때문이다. 즉, 과거 자신의 전승을 부정하거나 과거의 전승과 모순된다 할지라도, 현재 로마 교회의 선언이 거룩한 전승의 발전으로서 하나님의 계시이기 때문이다. 교회의 무류성은 지금 계속되기 때문에 지금 교회가 진술하는 전승이 하나님의 계시가 된다. 결국, 로마 교황의 현재 전승이 최종적인 권위를 갖는다.

이런 예는 제2차 바티칸 공의회 이후, 로마 교회 내에서 라틴어로 집례되는 트리엔트 미사를 고집하며 나간 전통파들에 대한 교황청의 곤혹스런 입장에서 발견된다. 1988년 대표적인 전통파인 대주교 르페브르를 파문하며 당시 교황은 이렇게 말했다. "그러나 로마 주교와 주교단이 지닌 교회의 보편적 교도권을 반대하는

---

30) "Haec quae est ab Apostolis Traditio sub assistentia Spiritus Sancti in Ecclesia proficit." 제2차 바티칸 공의회 교의 헌장, DH 4210.

31) 제2차 바티칸 공의회 교의 헌장, DH 4214.

32) 제1차 바티칸 공의회: 가톨릭신앙에 관한 교의 헌장, DH 3020.

33) DH 4211.

모순적인 전통의 개념은 전적으로 잘못된 것이다."[34] 무류한 교회가 과거와 다른 말을 했을 때, 그것은 발전하는 거룩한 전승이 시대에 맞게 밝혀진 것이다. 따라서 과거의 전승에 매여있는 자는 전승 개념을 오해한 것이다. 교회의 무류성이 지금 계속되기 때문에 현 교회의 진술이 발전하는 성전이 되는 방식이다.

로마교회에서는 이런 식으로 교회의 권위가 성경의 권위를 넘어 최종적 권위를 갖는 것이 지금까지 계속되는 것이다. 오히려 과거의 전승과 모순되어도 현재의 교황과 교회가 더 권위를 갖게 되었다. 이런 구도에서 현재 교회가 문제를 갖고 잘못된 길로 나아갈 때, 그들을 교정할 아무것도 없다. 로마 가톨릭 내의 현재와 과거 전승의 갈등 속에서 주된 노력은, 성경이 무엇을 말하는가보다는, 과거 교황과 공의회가 말한 것이 무슨 의미인지 따라서 현재 교황과 교회의 발언이 과거의 교회 발언과 어떻게 모순되지 않는지, 즉 현재의 전승이 어떻게 발전하는 거룩한 전승인지를 밝히는 데 있다. 성경은 여전히 로마교회 내에서 최종권위를 갖지 못한다.

---

34) "Sed omnino discors est pugnans Traditionis notio quae universali Ecclesiae Magisterio opponitur, quod quidem pertinet ad Romanum Episcopum Episcoporumque coetum." DH 4822.

3. 루터교회의 신조[1]

　　루터교회의 공식적인 신앙고백서는 1580년에 출간된 『일치서』(Konkordien-buch)에 포함되어 있다. 『일치서』에는 초대교회의 세 가지 신조 즉 사도신경, 니케아 신경, 아타나시우스 신경이 포함되었고, 이후 『아우크스부르크 신앙고백서』, 『아우크스부르크 신앙고백서 변증서』, 『슈말칼덴 조항』, 『루터의 소요리문답서』와 『대요리문답서』, 『일치신조』(Konkordienformel)가 포함되었다. 여기서는 종교개혁 시기에 나타난 루터교회의 특징을 나타내는 신조를 중심으로 살펴본다.

아우크스부르크 신앙고백서(Confessio Augustana, 1530)

　　종교개혁 초기 신성로마제국은 동쪽을 밀고 올라오는 터키의 위협 앞에 있었다. 외부 침략을 물리치기 위해 제국의 단합이 필수적이었으나 종교개혁운동은 제국의 분열을 일으키고 있었다. 카를 5세는 1530년 1월 21일 아우크스부르크에서 제국회의를 연다고 명령을 내렸다. 회의 목적은 제국이 힘을 합쳐 터키의 위협을 물리치는 것, 그리고 갈라진 종교를 하나로 만드는 것이었다. 루터를 내세워 종교개혁에 앞장섰던 작센의 선제후(選帝侯, Kurfürst) 요한(Johann der Beständige)은 1530년 3월 14일 신학자들을 소집한 후 문서 하나를 작성하라고 지시했다. 이 모임에 루터, 요나스(Jonas), 부겐하겐(Bugenhagen), 멜란히톤이 있었다. 이 문서는 작센이 성경과 옛 교회에 근거하고 있음과 작센이 하는 일은 그저 오류의 제거

---

1)　Irene Dingel(ed.), *Die Bekenntnisschriften der Evangelisch-Lutherischen Kirche*, im Auftrag der Evange-lischen Kirchen in Deustschland, (Göttingen: Vandenhoeck & Ruprecht, 2014); *김영재*, 84-123; *Schaff*, vol. I, 221-353; *Leith*, 61-126.

일 뿐임을 밝혀야 했다. 3월 27일 멜란히톤은 선제후가 있던 토르가우를 방문해서 소위 토르가우 조항(*Torgauer Artikel*)을 작성해서 선제후에게 보여주었다. 이 조항은 나중에 『아우크스부르크 신앙고백서』 22-28항의 기초를 구성했다. 1530년 4월 아우크스부르크에서 멜란히톤이 신앙고백서를 작성했다. 첫째 부분은 슈바바흐 조항(*Schwabacher Artikel*)을, 두 번째 부분은 토르가우 조항을 차용했다. 1530년 5월 11일 선제후령 작센을 위한 신앙고백서로 초안이 작성되었고, 코부르크에 있던 루터에게 전해졌다. 루터는 공식적으로는 제국으로부터 쫓겨난 상태에 있었기 때문에 동료들과 함께 아우크스부르크에 있을 수 없었다. 멜란히톤이 작성한 내용을 보고 루터는 다음과 같이 말했다. "필립의 변증(Apologia, 『아우크스부르크 신앙고백서』는 처음에 이렇게 불렸다)을 읽었는데, 정말 마음에 든다. 더 좋게 만들 부분도 없고 고칠 부분도 없다. 왜냐하면, 나는 이렇게 부드럽고 조용하게 만들 수 없을 것이기 때문이다."[2] 1530년 6월 15일 황제 카를이 아우크스부르크에 왔다. 멜란히톤의 고백문은 작센만이 아니라 제국 전체 개신교를 위한 것으로 변화하고 있었다. 1530년 6월 26일 독일어판이 낭독되고, 카를 5세에게 라틴어판이 전달되었다. 『아우크스부르크 신앙고백서』는 독일 지역 개신교 제후들의 전폭적인 지지를 받으면서 서명을 받았다. 그러나 제국의 개신교 모두가 동의한 것은 아니다. 스트라스부르의 부써와 카피토는 『아우크스부르크 신앙고백서』에서 주로 성찬론을 변경한 『네 도시 신앙고백서』(*Confessio Tetrapoli-tana*, 네 도시의 신앙고백서란 뜻으로, 스트라스부르, 콘스탄츠, 린다우, 멤밍엔의 고백서)를 작성했다. 한편 츠빙글리는 네 도시의 고백서에도 동의하지 못했고, 『카를 황제에게 드리는 믿음에 대한 생각』(*Fidei ratio ad Carolum Imperatorum*)을 작성했다. 결국, 루터파 중심으로 모이게 된 슈말칼덴 동맹회의에서 『아우크스부르크 신앙고백서』는 1537년 2월 24일 루터파 신학자들의 서명을 받았고, 후에 루터교회의 『일치서』에 들어

---

2) WA.Br 5, Nr. 1568, 5-8. 그러나 멜란히톤의 작성이 루터의 칭의론을 선명하게 드러내주지 못했기 때문에 루터가 완전히 만족스러워했던 것은 아니었다는 지적도 있다(김용주, 『루터 혼돈의 숲에서 길을 찾다』[서울: 익투스, 2012], 261).

간다.

『아우크스부르크 신앙고백서』는 두 부분으로 구성된다. 첫째 부분 1-21항은 믿음에 대한 중요한 항목들을 다루고, 둘째 부분은 로마 가톨릭의 악습과 이에 대한 교정문제를 다룬다. 4항에서 종교개혁의 칭의관을 분명하게 밝힌다. 행위로 얻어지는 의가 아니라, 믿음을 통해 그리스도로 말미암아 죄의 용서를 받고 하나님 앞에서 의롭다 칭함을 받는다고 고백한다. 이 문제는 당시 로마 가톨릭의 칭의관과 직접 부딪히기 때문에 멜란히톤은 1년 후에 아우크스부르크 신앙고백서 변증서(1531)를 통해 더 자세히 설명했다. 행위나 공로가 아니라 그리스도를 믿는 믿음으로 얻는 칭의라면, 이 믿음이 어떻게 생기는지 5항에서 말한다. 복음과 성례를 소개하며, 성령님께서 자기가 원하시는 때와 장소에서 복음을 듣는 사람들 안에 그들이 믿도록 역사하신다고 고백한다. 이렇게 5항은 은혜의 수단으로서 말씀과 성례를 소개하고 믿음의 기원이 성령이심을 밝혔다. 6항은 믿음이 선한 열매와 선한 행위를 가져온다고 말함으로써, 이신칭의가 행위와 상관없는 교리라는 오해를 불식시킨다.

전체적으로 『아우크스부르크 신앙고백서』는 이제 막 출발한 종교개혁 노선 전체의 신앙을 부드럽게 담고 있다. 그러나 개혁주의자들이 『아우크스부르크 신앙고백서』의 성찬 진술에 완전히 동의한 것은 아니다. 10항은 루터파의 공재설을 지지하는 듯이 진술했고, 그 때문에 개혁주의자들 중 반대하는 이들도 있었다. 그러나 독일 지역의 개혁파는 『아우크스부르크 신앙고백서』를 공식적으로 받아들였다. 1530년 헤센의 필립도 성만찬의 표현이 마음에 들지 않았지만, 독일 개신교의 연합을 위해서 서명했다. 1540년 멜란히톤은 성만찬에 대한 공재설적 표현을 약화한 개정판(Variata)을 만들었다.

『아우크스부르크 신앙고백서』 1530년 판과 1540년 판 둘 다 멜란히톤이 작성했다. 두 판의 가장 큰 차이는 성만찬에 있다. "그리스도의 참된 몸과 피가 실제로 성만찬의 빵과 포도주의 형체 아래 현존하고"(*wahrer Leib und Blut Christi wahrhaftig unter der Gestalt des Brots und des Weins im Abendmahl gegenwärtig sei ...*)란 부분(1530 년 독일어 판)은 공재설로 해석할 여지가 많았다. 1540년 판은 "빵과 포도주와 함 께 그리스도의 몸과 피가 참되게 제시된다"(*cum pane et vino vere exhibeantur corpus et sanguis Christi*)고 함으로써 공재설로 해석될 여지가 적어졌다.

아직 루터파와 개혁파의 갈등이 수면 위에 본격적으로 드러나기 전에는 1540 년판이 더 많이 알려졌었다. 1555년 아우크스부르크 종교평화협정이 시작되었을 때, 기준은 『아우크스부르크 신앙고백서』였다. 평화협정의 내용은 『아우크스부르 크 신앙고백서』를 따르는 제후에게 무력을 행사하거나 억압하면 안 된다는 내용 이었다. 이때 『아우크스부르크 신앙고백서』 1530년 판과 1540년 판의 구분이 없 었다. 이 협정에 따라 선제후령 팔츠지역이 종교개혁을 시작하고 프리드리히 3세 에 의해 『하이델베르크 요리문답서』(1563)를 작성하면서 개혁주의가 확립되었을 때, 그 지역이 평화 안에 머무를 수 있었던 것은 공식적으로 『아우크스부르크 신 앙고백서』를 따르고 있었기 때문이다. 이때 팔츠가 인정했던 『아우크스부르크 신 앙고백서』는 공재설이 약화된 1540년 판이었다. 1561년 나움부르크(Naumburg) 에서 개신교 통치자들이 모였을 때, 프리드리히 3세는 『아우크스부르크 신앙고백 서』 1540년 판도 인정받도록 관철했다. 이에 따라 『하이델베르크 요리문답서』를 통해 개혁파 노선을 확실히 하면서도, 공식적으로 『아우크스부르크 신앙고백서』 (1540)도 받음으로써 아우크스부르크 평화협정 아래 있을 수 있었다. 초기 개혁신 학자들이 내놓은 신앙고백서 모음집에는 『아우크스부르크 신앙고백서』가 포함되 기도 했었다. 그리고 이때 개혁교회가 인정했던 신앙고백서는 당연히 1540년 판 이었다.

아우크스부르크 신앙고백서 변증서
(*Confessio Augustana Apologia*, 1531)

1530년 8월 3일 로마 가톨릭 측에서 『아우크스부르크 신앙고백서 반박』 (*Confutatio Confessionis Augustanae*)이 나왔다. 이 글은 『아우크스부르크 신앙고백서』의 원죄 이해를 비판하고, 공로를 인정하면서, 신앙과 행위가 칭의에 연결되어 있음을 강조했다. 그 외에도 성인숭배, 사제의 독신, 라틴어 미사, 침묵미사 등을 계속 인정하면서 『아우크스부르크 신앙고백서』를 거절했다. 1531년 4월 멜란히톤은 이에 대한 답으로 『아우크스부르크 신앙고백서 변증서』(*CA Apologia*)를 라틴어로 발표했다. 개신교와 로마가톨릭의 분명한 차이점들을 많이 설명했다. 구원론과 관계해서 원죄와 칭의를 길게 설명했고, 교회를 다루었다. 4항 칭의에서 의롭게 만드는 것이 믿음이지 선행이 아님을 주장하며 로마 가톨릭의 주장을 논박했다. 여기서 선행은 믿음의 열매며, 믿음의 열매로는 하나님 앞에서 의롭다고 할 수 없다고 말했다. 나아가 『아우크스부르크 신앙고백서』에서는 아직 교황을 언급하지 않았으나, 변증서는 교회를 논하면서 교황제를 비판한다. 로마가 말하는 교회는 질문도 받지 않고 비판도 받지 않는 무제한의 권력을 소유한 교황이 있는 세상 최고 군주국으로 규정된다. 『아우크스부르크 신앙고백서 변증서』는 1537년 슈말칼덴 동맹 회의에서 신학자들의 서명을 받아 공적인 신앙고백서의 지위를 획득했고, 1580년에 루터교회의 『일치서』에 포함되었다.

슈말칼덴조항(*Schmalkalden Artikel*, 1537)

로마 가톨릭 제후들의 공격을 방어하기 위해서 개신교 동맹이 만들어졌다. 개신교 제후들은 1530년 12월 26일 슈말칼덴에 모였으며 1531년 2월 27일 개신교 방어동맹을 결성했다. 긴장과 갈등 속에서 공의회 소집에 대한 요구들이 높아 갔으나 공의회의 조건과 방식 등에 대해 합의하지 못한 채 열리지 못했다. 개신교 세력이 계속 커지자 클레멘스 8세(1534년 사망)를 이은 새로운 교황 바울 3세는 1536년 6월 2일에 서둘러 교령을 내려 1537년 5월 23일 날짜로 공의회를 소집했다. 이때 루터파 지역도 초청을 받아 작센의 선제후는 루터와 이 문제를 논의했다. 선제후는 공의회에 앞서 슈말칼덴 동맹 안에서 개신교의 입장을 모으기 위한 문서를 작성할 것을 루터에게 요청했다. 이런 배경 아래서 루터는 '슈말칼덴 조항'을 작성했던 것이다. 루터는 1536년 12월에 이 문서를 마무리했다. 1537년 2월 24일 슈말칼덴의 동맹회의에서『아우크스부르크 신앙고백서』와 그 변증서에 참석한 신학자들이 다 서명했을 때, 루터의 슈말칼덴 조항은『아우크스부르크 신앙고백서』처럼 공식적인 문건으로 다루어지지 않았으나 다수가 서명했다. 같은 날 공의회에 슈말칼덴 동맹은 공고된 공의회에 참석하지 않기로 결정했으며, 다음 해 한 차례 연기된 공의회는 결국 무기한 연기되었다. 루터가 1538년 슈말칼덴 조항을 출판했을 때 서명한 이들이 포함되지 않았지만, 1580년 루터교회의『일치서』(*Konkordienbuch*)가 출간되었을 때 루터교회 지도자들의 서명과 함께 포함되었다.

이 조항은 세 부분으로 구성되었다. 가장 짧은 첫째 부분은 삼위일체와 그리스도의 성육신에 대해 말한다. 이 부분은 종교개혁과 로마가톨릭 둘 다 고백하고 있는 부분이다. 둘째 부분은 로마 가톨릭과 다르나 포기할 수 없는 내용으로서 그리스도를 통한 속죄, 칭의 문제 등 구원에 관한 내용, 그리고 구원론을 왜곡하는 희생제로서의 미사, 연옥, 성인에 대한 기도, 교황직에 대한 거절 등을 다룬다. 교황제를 가장 가증스러운 것, 미사를 가장 큰 잘못이며 폐지되어야 할 것으로 언급한다. 셋째 부분은 죄, 율법, 회개, 세례 등의 문제로 학식 있고 합리적인 이들과 논의할 수 있는 주제인데, 로마가 크게 관심 없어 하는 주제라고 말한다. "왜냐하면, 그들에게 양심은 아무것도 아니고 돈과 영광과 권력이 중요하기 때문이다."[3]

---

3)   슈말칼덴 조항의 세 번째 부분을 시작하면서 서론에 있는 진술이다.

이 진술이 예시하듯이, 슈말칼덴 조항은 "방어적이 아니라 공격적이며, 어떤 평화
제의가 아니라 일종의 선전포고문"이어서,[4] 『아우크스부르크 신앙고백서』와 어조
가 전혀 달라, 멜란히톤과 루터가 그 성격이 얼마나 다른지를 드러내며, 후에 『일
치서』에 들어가면서 루터교회의 선명한 입장을 보여주었다.

일치신조(*Konkordienformel*, 1577)

　　루터 사후에 루터파 안에서 몇 가지 주제로 논쟁이 있었다. 이런 논쟁들이 정
리되면서 루터파의 일치를 보여주기 위해서, 개혁파와 다른 자기 노선을 분명히
밝히기 위해서 작성된 것이 『일치신조』다. 따라서 1577년에 작성된 『일치신조』는
그동안의 논쟁을 정리하고 있다. 『일치신조』는 '개요'(Epitome)와 '확실한 설
명'(*Solida Declaratio*)으로 구성되어 있는데, '확실한 설명'에서 길게 항목별로 설명
하는 내용이 루터파가 경험한 논쟁에 관한 답이다. 여기서 다루는 주제는 다음과
같다: 1) 원죄, 2) 자유의지, 3) 하나님 앞에서 믿음의 칭의, 4) 선행, 5) 율법과
복음, 6) 하나님 율법의 제3사용, 7) 거룩한 성만찬, 8) 그리스도의 위격, 9) 그리
스도의 음부강하, 10) 소위 아디아포라라고 불리는 교회의 일들, 11) 하나님의 영
원 전 예정과 선택, 12) 이단과 분파.

　　중요한 몇 가지 논쟁들을 살펴보자. 먼저 반율법주의에 대한 논쟁이다. 요하
네스 아그리콜라(Johannes Agricola, 1494-1566)는 율법의 무용성을 주장했다. 그에
의하면, 그리스도인에게 율법은 더는 아무런 의미가 없다. 루터와 멜란히톤은 율
법의 신학적 사용(*usus theologucus*)을 강조하며 이 주장을 거절하면서, 율법은 죄
를 인식하도록 하여 그리스도에게 인도하는데, 비그리스도인만이 아니라 그리스
도인도 회개로 이끈다고 했다. 1520년대 후반과 1530년대 후반의 논쟁 후에,

---

4)　　[Creeds of Christendom, with a History and Critical notes. Volume I.] 257.

1556년 율법의 제3사용(*tertius usus legis*)에 대한 논쟁이 있었다. 율법의 제3사용 아래서, 선행이 구원에 필요하다는 진술이 있게 된다. 그런데 이 말이 율법의 행위가 칭의에 필수적인 것처럼 오해를 낳는다며, 율법의 제3사용에 반대하는 이들이 있었다. 멜란히톤이 주장한 율법의 제3사용에 반대한 이들은 복음의 정당한 이해를 위해서 율법의 이중사용만으로, 즉 제3사용을 제외해도 충분하다고 생각했다. 이들에 의하면 제3사용은 오히려 복음의 이해를 방해할 수도 있었다. 『일치신조』는 불신자들에게만 율법이 필요하다는 주장에 반대하며, 중생한 사람에게도 율법이 필요함을 주장하여 율법의 제3사용을 변호한다. 신자는 스스로 하나님의 뜻을 택하는 자가 아니라 하나님의 계명을 통하여 하나님의 뜻을 알아야 하기 때문이며, 또 신자는 이 생애에서 자신이 불완전함을 깨달아 오직 그리스도를 통해서만 그 자신과 행위가 받아들여진다는 사실을 알아야 하기 때문이라고 그 이유를 말한다.

둘째, 율법과 관련해서 소위 마요르 논쟁도 생각해 볼 수 있다. 게오르그 마요르(Georg Major, 1502-1574)는 선행을 강조하면서 논쟁을 일으켰다. 그의 주장을 따르면, 선행이 죄를 용서하거나, 의롭게 하거나, 영생을 일으키는 것은 아닐지라도, 악행을 하면서는 아무도 구원을 얻을 수 없고 선행을 하지 않고는 거룩할 수 없다. 마요르는 구원을 받기 위해서가 아니라 구원을 유지하기 위해서 선행이 필요하다고 주장했다. 니콜라스 폰 암스도르프(Nicholas von Amsdorf, 1483-1565)는 전혀 반대로 루터의 문장 "선행은 구원에 해가 된다"를 인용하면서 논쟁을 격렬하게 만들었다. 마요르는 암스도르프가 반율법주의자라고 반박했다. 마요르의 관심은 중생한 신자가 결과적으로 선행을 할 수밖에 없다는 사실에 있었다. 또 암스도르프의 관심도 선행이 구원의 기초가 될 수 없다는 의미에서 한 말이었다. 『일치신조』는 선행없이 거룩하게 되지 못한다는 진술을 거절했다. 왜냐하면 칭의 자체에서 선행을 언급하는 것이 제외되기 때문이다. 나아가 믿음으로 얻은 의가 선행을 통해 완전해진다거나 유지된다는 것도 거부되었다. 그러면서도 죄의 삶을 살며 성령을 잃고 회개하지 않는 자들에게는 믿음이 머물러 있지 않다고 말했다.

셋째, 안드레아스 오시안더(Andreas Osiander, 1498-1552)가 시작한 칭의론 논쟁을 다룬다. 오시안더는 칭의를 죄의 용서가 아니라 신앙을 통해 우리 속에 거하시는 그리스도의 의로 생각했다. 그는 하나님의 말씀으로 우리 안에 본질적으로 거하시는 의를 말했다. 그리스도가 거하심, 즉 그리스도의 신적 본성인 하나님의 의가 거하심이 칭의다. 그래서 칭의는 그리스도의 의의 전가가 아니라 그리스도의 거하심이 된다. 이제 죄의 용서가 아니라 그리스도가 본질적으로 우리 안에 거하심이 칭의의 결정적 요소다. 멜란히톤과 순루터파(Gnesioluther-aner)는 오시안더를 비판했다. 『일치신조』는 하나님의 내재하심이 바울이 말한 의, 즉 하나님 앞에서 의롭다고 선언받는 믿음의 의가 아니라고 분명히 말함으로써 오시안더의 칭의에 관한 이해를 비판한다.

넷째, 신인협력에 대한 논쟁이다. 멜란히톤은 인간의 책임성을 강조하면서, 회개와 칭의에 작용하는 원인에 하나님의 말씀, 성령 외에 인간의 의지를 포함시켰다. 이때 멜란히톤의 의도가 인간 의지 스스로가 무엇을 일으키는 능력을 가지고 있다는 식의 주장은 아니었다. 다만 인간 의지가 원죄로 인해서 결정하는 능력 그 자체를 상실한 것은 아니라는 언급을 하고자 했다. 말씀을 듣고 성령께서 역사하시면 인간의지는 활동한다는 것이다. 1555년 라이프치히 대학의 요하네스 페핑어(Johannes Pfeffinger, 1493-1573)가 멜란히톤을 인용하면서 하나님의 말씀에 동의하고 동의하지 않는 원인이 인간에게 있다고 주장하면서 논쟁을 일으켰다. 암스도르프는 페핑어를 비판했고, 인간이 본성의 능력으로 구원을 준비한다는 주장에 반대했다. 플라키우스도 이 논쟁에 참여해서 페핑어를 비판하다가 원죄를 자연적 인간본질로 말하면서 마니교 사상에 가까이 갔다. 『일치신조』는 인간의 본성과 원죄를 구분했다. 나아가 『일치신조』는 타락한 인간의지는 스스로의 능력으로 하나님을 향할 수 없으며 은혜를 위하여 준비할 능력은 성령의 역사를 통해서 온다고 밝혔다. 사실 멜란히톤이 루터파가 비판한 그런 의미의 신인협력을 주장한 것은 아니다. 인간의 책임을 간과하지 않기 위해서 한 표현 때문에 멜란히톤은 오해를 받기도 했다.

다섯째, 멜란히톤이 순루터파(*Gnesiolutheraner*)로부터 멀어지게 된 결정적인 이유인 성만찬 논쟁이다. 칼빈과 불링거가 『취리히 일치』(*Consensus Tigurinus*, 1549)를 이끌어내자 루터파는 격렬히 칼빈을 비판했다. 이로 인해 개신교 전 지역은 성만찬 논쟁에 휩싸이게 되었다. 대표적으로 요아킴 베스트팔(Joachim Westphal)이 칼빈을 비판했으며, 루터파 신학자들은 개혁파 신학자들과 논쟁했으며, 개신교 도시들은 공재설을 택할 것인지, 『취리히 일치』의 관점을 택할 것인지 요구받았다. 멜란히톤은 명확한 의견을 내지 않았으나 순루터파와는 거리가 있었다. 하이델베르크에서 성만찬론 때문에 루터파와 개혁파의 논쟁이 있었을 때에, 선제후 프리드리히 3세는 멜란히톤에게 문의했다. 멜란히톤은 프리드리히 3세에게 답장하면서, 순루터파 헤스후스의 의견을 비판하고 칼빈과 가까운 견해를 보였다. 그는 여기서 화체설만이 아니라 공재설도 비판했다. 하이델베르크 개혁신학자들은 이 편지를 출판했으며, 멜란히톤은 순루터파로부터 비판받았다. 순루터파는 멜란히톤을 멀리하기 시작했다. 루터교회는 멜란히톤의 이름을 지우려 했다.[5] 『일치신조』는 공재설을 담았고, 이 『일치신조』에 서명하기를 요구받자, 멜란히톤과 같은 의견을 가졌던 이들은 '숨겨진 칼빈주의자'(*Crypto Calvinist*)로 정죄되어 루터파 도시에서 쫓겨났다.

여섯째, 예정론에 대한 논쟁이다. 루터는 1525년에 『노예의지론』을 통해서 하나님의 절대적 예정을 주장했다. 그러나 루터의 이 주장은 루터파 안에서 점점 희미해져 갔다. 스트라스부르에서 마르바흐(Johannes Marbach, 1521-1581)와 찬키우스(Girolamo Zanchius, 1516-1590)사이에 논쟁이 벌어졌을 때, 루터파와 개혁파 사이에 있던 예정론에 대한 차이가 드러났다. 논쟁을 봉합하면서 만든 합의서는 하

---

5) 1580년 Georgius Sohnius는 루터교회의 『일치의 책』에서 멜란히톤의 이름이 사라졌음에 대해 한탄하고 있다. Theodor Mahlmann, "Theologie," in *Melanchthon und die Marburger Professoren (1527–1627)*, ed. Barbara Bauer (Marburg: Philipps-Universität Marburg, 1999), 638.

나님의 예정을 언급하나 오직 하나님께만 있는 비밀로 말하면서 그리스도 안에 계시된 약속을 찾으라고 한다. 작정의 내용은 모든 죄인들을 부르시는 계획이며, 계시된 내용은 보편적으로 부르는 하나님의 약속이다. 모두를 부르시나 모두에게 믿음을 주시지 않는 것도 하나님의 비밀로 두었다. 찬키우스는 선택의 확신이 주는 위로를 말했으나 합의서는 선택에 의지해서 죄의 욕심에 빠질 때 성령을 잃을 것이라고 경고했다. 『일치신조』의 논조도 비슷하다. 예정을 언급하나, 보편적 부르심의 작정과 계시에서 위로를 얻을 것을 강조한다. 『일치신조』 이후에도 개혁파와 루터파는 예정론과 속죄의 범위에 대해 논쟁했으며 개혁파는 루터의 『노예의지론』에 계속해서 호소하면서 루터가 개혁파의 예정론 편에 있음을 강조했다.

4. 잉글랜드 교회의 신조[1]

헨리 8세(Henry VIII, 1509-1547)의 통치 기간 중 종교개혁이 있었다. 그가 로마 가톨릭과 관계를 끊은 이유는 순수한 개혁에 대한 열망 때문이 아니라, 그와 왕비 캐더린의 혼인무효를 교황청이 거부했기 때문이었다. 1533년 헨리 8세는 로마 교황청에 상소를 금지하는 법을 제정했고, 캔터베리 대주교는 헨리 8세의 혼인무효를 승인했다. 1534년에는 잉글랜드가 로마와 공식적으로 결별하는 법 조항이 제정되었다. 이 조항에 따라 면죄부 판매대금 등의 돈은 로마로 가지 못하게 되었으며, 영국의 주교는 왕이 임명하고, 성직자들은 잉글랜드 국법 아래 종속되었다. 그해 11월 수장령(Act of Supremacy)을 통해 영국교회의 유일한 최고 수장은 국왕이며 앞으로도 그러할 것이 선언되었다. 독일의 종교개혁에 기울어지면서 1536년 『10개 신조』(*The Ten Articles*)가 나왔다. 그러나 여기서 칭의론에 종교개혁의 흔적이 나타나도 여전히 로마 가톨릭의 잔재가 많이 남아 있었다. 성인들과 동정녀 마리아에 대한 찬양과 기도, 여러 미신적 예식들과 연옥론이 남아 있었다. 그래도 잉글랜드는 대륙의 종교개혁과 교류하면서 개혁적 요소들이 드러나기 시작했다.

1538년에 나온 『13개 신조』(*The Thirteen Articles*)는 『아우크스부르크 신앙고백서』의 영향을 받았다. 그러나 상원은 바로 다음 해 『6개 신조』(*The Six Articles*)를 만들어서 로마 가톨릭교회의 내용에 머무르길 원했다. 이 문서의 조항에는 화체설, 개인미사, 사제의 독신, 고해성사를 담고 있었다. 잉글랜드 종교개혁이 불분명한 이런 상황에 있게 된 연유는, 종교개혁의 동기가 구원에 대한 진지한 고민에 있

---

1)　Günther Gaßmann, "Der Lehrentwicklung im Anglikanismus: Von Heinrich VIII. bis zu William Temple," in *Handbuch der Dogmen- und Theologiegeschichte*, vol. 2, ed. Carl Andresen (Göttingen: Vandenhoeck & Ruprecht, 1988), 369-375; *김영재*, 211-220; *Schaff*, vol. I, 615-621.

지 않았고, 헨리 8세 이혼의 정당화를 위한 잉글랜드 교회의 정치적 독립이었기 때문이다.

1547년 헨리 8세가 죽자 에드워드 6세가 뒤를 이어 왕위에 즉위했다. 에드워드 6세는 아직 아홉 살에 불과했기 때문에, 삼촌 소머셋의 공작 에드워드 세이무어(Edward Seymour, Duke of Somerset)가 섭정을 했다. 공작은 칼빈사상에 영향을 받은 자였다. 종교개혁은 지속하여 『6개 신조』를 폐지하면서 미사도 폐지하고 연옥교리도 제거했다. 나아가 대륙에서 종교개혁자들을 초대했다. 부써(Martin Bucer)는 케임브리지로, 베르미글리(Peter Martyr Vermigli)는 옥스퍼드로 와서 종교개혁을 도왔다. 요하네스 아 라스코(Johannes a Lasco)는 잉글랜드 외국인 교회의 감독이 되었다. 이 외국인 교회는 잉글랜드를 위한 개혁교회의 모범이 되었다. 1549년에 나온 일종의 예식모범서인 『공동기도서』(The Book of Common Prayer)에서 성만찬의 희생 제사 의미는 배제되었다. 1550년 성직자의 독신제도가 폐지되었다. 1552년 『공동기도서』 개정판이 나왔으며, 같은 해 크랜머(Thomas Cranmer)는 『39개 신조』의 기초가 되는 『42개 신조』(The Forty-two Articles)를 작성했으며, 1553년 출판되었다.

그러나 1553년 병약했던 에드워드 6세가 결핵으로 죽자 잉글랜드 종교개혁의 비극이 시작되었다. 헨리 8세와 캐더린 사이의 딸 메리가 즉위하면서 종교개혁은 급하게 정지했기 때문이다. 메리는 잉글랜드와 로마의 관계를 회복하고 잉글랜드를 로마 가톨릭으로 급히 회귀시키려고 했다. 그녀는 수장령을 반대했으며, 망명하였던 폴(Reginard Pole)을 켄터베리의 대주교로 임명했다. 크랜머는 투옥되어 1556년 화형을 당했다. 메리의 핍박에 수천의 신학자와 목사들은 대륙으로 망명을 하였다. 메리는 수많은 사람의 피를 흘리며 종교개혁의 흐름을 막으려 했지만 성공하지 못하고 1558년 죽었다.

메리가 죽자 헨리 8세와 두 번째 아내인 앤 볼린(Anne Boleyn)의 딸 엘리자베스가 즉위했다. 엘리자베스는 잉글랜드를 다시 종교개혁으로 이끌었다. 수장령이 교회의 머리에서 치리자(Governor)란 용어로 바뀌어 선포되었고, 교회의 통일령과 공동기도서가 발표되었다. 계속해서 종교개혁을 강화하는 일련의 조치들이 있었다. 그러나 제네바로 망명을 갔던 이들이 주류가 되지는 못했다. 낙스의 여성통치자를 비난하는 책(*The First Blast of the Trumpet Against the Monstruous Regiment of Women*, 1558)이 그의 의도와는 달리 공교롭게도 엘리자베스 1세 때 출판되었기 때문에 그는 계속 제네바에 머물러야만 했다. 그래도 제네바 성경과 망명자들의 예배모범이 배포되는 정도의 영향은 있었다. 1570–1580년 즈음에 초기 장로교 운동이 있었으나, 엘리자베스 1세에게 장로교 정치체제는 영국 국가체제에 대한 반대였기 때문에 장로교주의자는 탄압의 대상이었다. 이때 목사 중 삼 분의 일이 정직되었으니 장로교체제를 따르는 이들이 상당했음을 알 수 있다. 탄압 후 장로교주의자는 소수가 되었음에도 그 영향력은 웨스트민스터 총회가 열리는 1640년대까지 계속되었다. 장로교도들을 탄압하는 상황에서 크랜머가 작성했던 『42개 신조』를 기초로 『39개 신조』가 만들어졌다. 1563년 1월에 의회에서 대주교 파커(Archbishop Parker)의 『42개 신조』의 개정 제안이 받아들여졌다. 파커는 엘리의 콕스 감독(Bishop Cox of Ely)과 로체스터의 게스트 감독(Bishop Guest of Rochester)과 함께 개정 작업을 시작했고 1563년 『39개 신조』가 출판되었다. 1571년 여왕이 승인하면서 『39개 신조』는 잉글랜드 교회의 신조가 되었다.

『39개 신조』의 내용을 보면, 삼위일체 하나님으로 시작해서(1항), 그리스도의 성육신과 사역(2-4항), 그리고 성령 하나님을 고백한다(5항). 이후 성경의 권위를 인정한다(6항-7항). 여기서 외경은 생활의 모범과 행위의 교훈을 위하나, 교리에 적용되지 않는다고 한다(6항). 구약에서도 그리스도는 중보자이며, 구약의 도덕법은 현재의 그리스도인에게도 적용된다고 함으로써 신구약의 통일성을 말한다(7항). 사도신경, 니케아 신경, 아타나시우스 신경을 인정한다(8항). 죄에 대해 다루는데, 원죄를 인정하면서 그리스도인에게도 본성의 부패가 계속 남아 있다고 고백한다(9항). 자유의지의 능력을 부정한다(10항). 그리스도의 공로 때문에 믿음으로 의롭게 됨과(11항), 칭의에 선한 행위가 따라옴을 고백하여(12항), 분명한 이신칭의를 밝힌다. 칭의 이전 행위나 공덕을 쌓는 행위는 부정된다(13-14항). 그리스도의 무죄하심과 우리의 죄있음(15항), 세례 후에도 죄를 범할 수 있음을 말하면서 완전 성화를 거절한다(16항).

『39개 신조』는 특히 인간의 공로와 자유의지를 부정한 사실에서 볼 수 있듯이 후에 오게 될 항론파 견해 즉 아르미니우스주의로 불리게 되는 견해를 거절한다. 나아가 17항은 예정과 선택에 대해서 길게 설명한다. 여기서 구원받도록 선택된 자들이 성령에 의해 부름을 받고, 의롭다함을 받고 선행을 행하며, 영원한 복락을 누린다고 고백한다. 17항은 이 선택을 아는 것이 신앙생활에 유익하나, 호기심으로 접근하는 일은 위험하다고 경고한다. 그러나 유기를 포함한 이중예정을 설명하는 방식을 취하지 않는다.

나아가 교회의 권위를 성경 아래 두며(20항), 교회회의의 오류 가능성을 인정하고(21항), 연옥을 거절하고(22항), 세례와 성만찬 두 가지만 성례로 인정해서(25항) 종교개혁 아래 있음을 보여준다. 성만찬에서는 화체설을 거절할 뿐 아니라, 그리스도의 몸이 영적인 방식으로 주어지고 믿음으로 먹는다고 고백한다(28항). 그래서 성만찬에서는 루터주의보다는 개혁주의에 더 가깝다.

『39개 신조』는 예정을 고백하는 면에서 칼빈주의에 가까운 면이 있으나, 교회정치에서 교회의 치리권을 철저히 왕에게 둠으로써 칼빈주의와 멀다. 영국 왕은 그 영토 안에서 최고 권력을 갖되 교회의 재산 전체도 영국 왕에게 속한다. 왕이 말씀과 성례 집례를 할 수 없으나, 교회재산과 치리가 왕에게 속하였다. 따라서 교회회의가 배타적으로 왕의 명령에 따라서만 소집될 뿐 아니라(21항), 교회의 치리권 자체가 왕에게 속해있다. 교회와 국가의 관계 규정이 개혁교회의 장로교 정치원리와 멀다. 또 예배의식이 말씀에 어긋나지 않는 한 나라와 풍습에 따라서 다를 수 있음을 인정할 뿐 아니라, 하나님 말씀에 어긋남이 없음에도 고의로 변경하려는 시도를 비판하는데, 이것은 하나님의 말씀에 더 바르다는 이유로 개혁하려는 일에 대한 금지를 함의한다(34항). 이런 면이 성공회 예배 의식의 독특성의 근거가 된다.

CO   *Ioannis Calvini opera quae supersunt omnia.* Edited by Guilielmus
            Baum, Eduardus Cunitz, and Eduardus Reuss. 59 vols. Brunswick:
            Schwetschke, 1863–1900.

DH   Denzinger, Heinrich. *Enchiridion Symbolorum Definitionum et
            Declarationum de Rebus Fidei et Morum,* edited by Peter Hünermann
            et al, editio 44. Freiburg im Breisgau: Herder, 2014. 이성효 외 5인
            책임번역. 『신경, 신앙과 도덕에 관한 규정 선언 편람』, 서울: 한
            국천주교중앙협의회, 2017.

Institutio Calvin, John. Institutio Christianae Religionis ... 1559. In *Ioannis
            Calvini opera quae supersunt omnia,* edited by Guilielmus Baum,
            Eduardus Cunitz, and Eduardus Reuss, vol. 2, 1-1118. Brunswick:
            Schwetschke, 1863–1900.

Kelly   Kelly, J.N.D. *Early Christian Creeds.* 3rd edition. London/New York:
            Continuum, 1972.

Kinzig   Kinzig, Wolfram. *Faith in Formulae: A Collection of Early Christian
            Creeds and Creed-related Texts.* 4 vols. Oxford: Oxford University
            Press, 2017.

Leith   Leith, John H. *Creeds of Churchs.* Atlanta: John Knox Press, 1982.

Neuser   Neuser, Wilhelm. "Dogma und Bekenntnis in der Reformation: Von
            Zwingli und Calvin bis zur Synode von Westminster." In *Handbuch
            der Dogmen- und Theologiegeschichte,* vol. 2, edited by Carl Andresen,
            167-352. Göttingen: Vandenhoeck & Ruprecht, 1988.

RBS   *Reformierte Bekenntnisschriften,* edited by Heiner Faulenbach et.
            al. Neukirchen-Vluyn: Neukirchener Verlag [et Neukirchener
            Theologie], 2002 – 2016.

Schaff   Schaff, Philip. *The Creeds of Christendom,* 3 vols. 6th edition revised
            by D. S. Schaff. 1931. Reprint, Grand Rapids: Baker Book House,
            1983.

TRE   *Theologische Realenzyklopädie,* edited by Gerhard Müller. 36 vols.

Berlin: Walter de Gruyter, 1976–2004.

김산덕   김산덕.『고백하는 교회를 세워라』. 서울: 기독교문서선교회,
          2015.
김영재   김영재.『기독교신앙고백』. 재판. 수원: 영음사, 2015.

참고문헌

김병훈 편.『노르마 노르마타』. 수원: 합신대학원출판부, 2015.

김병훈. "'믿음으로 의롭게 됨'과 관련한 하이델베르크 요리문답과 트렌트 종교
      회의 교령의 이해의 차이."「장로교회와 신학」 11 (2014): 131.

김병훈.『소그룹 양육을 위한 하이델베르크 요리문답』. 2 vols. 합신대학원출판
      부, 2008-2012.

김산덕.『고백하는 교회를 세워라』. 서울: 기독교문서선교회, 2015.

김영재.『기독교신앙고백』. 재판. 수원: 영음사, 2015.

김요섭.『존 녹스, 하나님과 역사앞에 살았던 진리의 나팔수』. 서울: 익투스,
      2019.

김용주.『루터 혼돈의 숲에서 길을 찾다』. 서울: 익투스, 2012.

김중락.『스코틀랜드 종교개혁사』. 안산: 흑곰북스, 2017.

김지훈. "고마루스(Franciscus Gomarus,1563-1641)는 예정론주의자인가?".
      「교회와 문화」 33 (2014): 147-86.

박상봉. "요한 칼빈과 하인리히 불링거의 성만찬 일치 – Consensus
      Tigurinus".「한국교회사학회지」 (2010): 155-197.

안상혁. "제네바 교회와 신앙교육". 김병훈 편.『노르마 노르마타』. 수원: 합신
      대학원출판부, 2015: 31-74.

안상혁. 『언약신학 쟁점으로 읽는다』. 수원: 영음사, 2014.

오덕교. 『장로교회사』. 수원: 합동신학대학원출판부, 2008.

Olevianus, Caspar. Der Gnadenbund Gottes. Herborn, 1590.

유해무/김헌수. 『하이델베르크 교리문답의 역사와 신학』. 서울: 성약, 2006.

이남규. "칼빈주의의 생성과 발전". 「한국개혁신학」 27 (2010): 325-50.

이남규. "팔츠(하이델베르크)교회와 신앙교육". 「신학정론」 제32권 2호 (2014.11): 145-51.

이남규. 『우르시누스, 올레비아누스, 하이델베르크 요리문답서의 두 거장』. 서울: 익투스, 2017.

이남규 편집. 『도르트신경 은혜의 신학 그리고 목회』. 수원: 합동신학대학원출판부, 2019.

이승구. 『진정한 기독교적 위로 : 성부 하나님과 성자 하나님의 사역과 그 위로』. 서울 : 나눔과 섬김, 2011.

이은선. "스위스 일치신조의 작성배경과 신학적 의의". 「장로교회와 신학」 4 (2007): 281-313.

조병수. 『위그노, 그들은 어떻게 신앙을 지켰는가』. 수원: 합신대학원출판부, 2018.

Amstrong, Brian G. Calvinism and The Amyraut Heresy. Madison: The University of Wisconsin Press, 1969.

Bastingius, Ieremias. A catechisme of Christian religion taught in the schooles and churches of the Low-countries, and dominions of the countie Palatine: with the arguments, and vse of the seueral doctrins of the same catechisme By Ieremias Bastingius. And now authorized by the Kinges Maiestie, for the vse of Scotland. Edinburgh: Robert VValde-graue, [printer to the Kings Majestie], 1591.

Bavinck, Herman. Gereformeerde Dogmatiek. 4 vols. 4th edition. Kampen: Kok, 1928-1930. 박태현 역. 『개혁교의학』. 서울: 부흥과 개혁사, 2011.

_____ Magnalia Dei. Kampen: Kok, 1931. 김영규 역. 『하나님의 큰일』. 서울: 기독교문서선교회, 1999.

Beck, Andreas. "Das Heil nach dem Heidelberger Katechismus." In *Handbuch Heidelberger Katechismus*, edited by Arnold Huijgen, John V. Fesko, and Aleida Siller, 246-255. Gütersloh: Gütersloher Verlag, 2014.

Benrath, Gustav Adolf. "Briefe des Heidelberger Theologen Zacharias Ursinus (1534-1583)." In *Heidelberger Jahrbuecher 1964* (VIII).

Berkhof, Louis. *Systematic Theology: New Combined Edition*. 1938. Reprint, Grand Rapids: Eerdmans, 1996. 권수경/이상원 역. 『벌코프 조직신학』. 일산: 크리스챤 다이제스트, 2001.

Bierma, Lyle D. "The Purpose and Authorship of the Heidelberg Catechism." In *An Intorduction to the Heidelberg Catechismus*, edited by Lyle D. Bierma, 52-74. Grand Rapids: Baker Academic, 2005.

_____ "The Sources and Theological Orientation of the Heidelberg Catechism" In *An Introduction to the Heidelberg Catechism*, edited by Lyle D. Bierma, 75-102. Grand Rapids: Baker Academic, 2005.

_____ *The Covenant Theology of Caspar Olevianus*. Grand Rapids: Reformation Heritage Books, 2005.

_____ *The Doctrine of the Sacraments in the Heidelberg Catechism*. Princeton Theological Seminary, 1999.

_____ ed. *An Introduction to the Heidelberg Catechism*. Grand Rapids: Baker Academic, 2005. 신지철 역. 『하이델베르크 교리문답 입문』. 서울: 부흥과개혁사, 2012.

Van den Brink, Bakhuizen, ed. *De Nederlandse belijdenisgeschriften*. Amsterdam: Ton Bolland, 1976.

Brouwer, Rinse Reeling. "The Two Means of Knowing God: Not an Article of Confession for Calvin." In *Restoration through Redemption: John Calvin Revisited*, edited by Henk van den Belt, 31-44. Leiden: Brill, 2013.

Busch, Eberhard. "Confessio Belgica von 1561." In *Reformierte Bekenntnisschriften: Band 2/1 1559-1563*, edited by Andreas Mühling and Peter Opitz, 319-369. Neukirchen-Vluyn: Neukirchener Verlag, 2009.

_____ "Consensus Tigurinus 1549." In *Reformierte Bekenntnisschriften: Band 1/2, 1535-1549*, edited by Heiner Faulenbach and Eberhard Busch, 467-

90. Neukirchen-Vluyn: Neukirchener Verlag, 2006.

_____ "Zwinglis Thesen von 1523." In *Reformierte Bekenntnisschriften, Band 1/1, 1523-1534*, edited by Heiner Faulenbach and Eberhard Busch, 68-101. Neukirchen-Vluyn: Neukirchener Verlag, 2002.

Calvin, John. *Ioannis Calvini opera quae supersunt omnia*. Edited by Guilielmus Baum, Eduardus Cunitz, and Eduardus Reuss. 59 vols. Brunswick: Schwetschke, 1863–1900.

_____ [Jean]. *Calvin Studienausgabe Band 1 Reformatorische Anfänge (1533-1541)*. Edited by Eberhard Busch. Neukirchen-Vluyn: Neukirchener Verlag, 1994.

_____ Institutio Christianae Religionis ... 1559. In *Ioannis Calvini opera quae supersunt omnia*, edited by Guilielmus Baum, Eduardus Cunitz, and Eduardus Reuss, vol. 2, 1-1118. Brunswick: Schwetschke, 1863–1900.

Campi, Emidio and Ruedi Reich, ed. *Consensus Tigurinus Heinrich Bullinger und Johannes Calvin über das Abendmahl*. Zürich: Theologischer Verlag Zürich, 2009.

Campi, Emidio. "Confessio Gallicana, 1559/1571, mit dem Bekenntnis der Waldenser, 1560." In *Reformierte Bekenntnisschriften: Band 2/1 1559-1563*, edited by Andreas Mühling and Peter Opitz, 1-29. Neukirchen-Vluyn: Neukirchener Verlag, 2009.

_____ "Confessio Helvetica Posterior." In *Reformierte Bekenntnisschriften: Band 2/2 1562-1569*, edited by Andreas Mühling and Peter Opitz, 243-357. Neukirchen-Vluyn: Neukirchener Verlag, 2009.

_____ "Helvetische Konsensformel, 1675." In *Reformierte Bekenntnisschriften: Band 3/2 1605-1675, 2. Teil 1647-1675*, edited by Emidio Campi and Torrance Kirby, 437-465. Neukirchen-Vluyn: Neukirchener Theologie, 2016.

_____ "제2 스위스 신앙고백서 개론". 이남규 역. 「신학정론」 37/1 (2019. 06): 225-65.

_____ 『스위스 종교개혁』. 김병훈/박상봉/안상혁/이남규/이승구 공역. 수원: 합신대학원출판부, 2016.

Coenen, Lothar. *Handbuch zum Heidelberger Katechismus*. Neukirchen-Vluyn: Neukirchener Verlag, 1963.

Collins, Roger John Howard. "Athanasianisches Symbol." In *Theologische Realenzyklopädie*, edited by Gerhard Müller, 328-33. Berlin: Walter de Gruyter, 1979.

Cowan, Hehry. *John Konx The Hero of the Scottish Reformation*. New York: GP Putnam, 1905.

D'Assonville, Victor E. "'And thou shalt teach these words diligently …': Remarks on the purpose of the Heidelberg Catechism regarding its teaching nature." In *die Skriflig/In Luce Verbi* 47(2) (16 Oct. 2013), Art. #679.

Den Boer, William A. *God's Twofold Love*. Göttingen: Vandenhoeck & Ruprecht 2010.

Dennison, James T. *Reformed Confession of the 16th and 17th Centuries in English Translation*. 4 vols. Grand Rapids: Reformation Heritage Books, 2008-2014.

Dennison, James T., ed. *Reformed Confession of the 16th and 17th Centuries in English Translation*, compiled with Introductions by James T. Dennison, Jr., 4 vols. Grand Rapids: Reformation Heritage Books, 2008-2014.

Denzinger, Heinrich. *Enchiridion Symbolorum Definitionum et Declarationum de Rebus Fidei et Morum*, edited by Peter Hünermann et al, editio 44. Freiburg im Breisgau: Herder, 2014. 이성효 외 5인 책임번역. 『신경, 신앙과 도덕에 관한 규정 선언 편람』. 서울: 한국천주교중앙협의회, 2017.

Dijk, K. *De strijd over Infra- en Supralapsarisme in de Gereformeerde Kerken Van Nederland*. Kampen: Kok, 1912.

Dingel, Irene, ed. *Die Bekenntnisschriften der Evangelisch-Lutherischen Kirche*, im Auftrag der Evangelischen Kirchen in Deustschland. Göttingen: Vandenhoeck & Ruprecht, 2014.

Van Dixhoorn, Chad. *Confessing the Faith*. Edinburgh: The Banner of Truth Trust, 2014.

_____ *The Minutes and Papers of the Westminster Assembly, 1643-1653*. Oxford: Oxford University Press, 2012.

Van Dooren, Johannes Pieter. "Dordrechter Synode." In *Theologische Realenzyklopädie* 9, edited by Gerhard Müller, 140-47. Berlin: Walter de Gruyter, 1982.

Fesko, John Valero. *The Theology of the Westminster Standards*. Wheaton, Illinois: Crossway, 2014. 신윤수 역. 『역사적, 신학적 맥락으로 읽는 웨스트민스터 신앙고백서』. 서울: 부흥과 개혁사, 2018.

Freudenberg, Mattias. "Katechismen." In *Calvin Handbuch*, edited by Herman J. Selderhuis, 204-212. Tübingen: Mohr Siebeck, 2008. 김귀탁 역. 『칼빈 핸드북』. 서울: 부흥과 개혁사, 2013, 413-426.

Gäbler, Ulrich. "Consensus Tigurinus." In *Theologische Realenzyklopädie 8*, edited by Gerhard Müller, 189-192. Berlin: Walter de Gruyter, 1981.

Gaßmann, Günther. "Der Lehrentwicklung im Anglikanismus: Von Heinrich VIII. bis zu William Temple." In *Handbuch der Dogmen- und Theologiegeschichte*, vol. 2, edited by Carl Andresen, 369-375. Göttingen: Vandenhoeck & Ruprecht, 1988.

Gootjes, Nicolaas H. *The Belgic Confession Its History and Sources*. Grand Rapids: Baker Academic, 2007.

Grant, Alison, and Ronald Mayo. *The Huguenots*. Longman, 1973. 조병수 역. 『프랑스 위그노 이야기』. 용인: 가르침, 2018.

Gyenge, Emerich. "Der Glaube, seine Gewissheit und Bewahrung," In *Handbuch zum Heidelberger Katechismus*, edited by Lothar Coenen, 113-27. Neukirchen-Vluyn: Neukirchener Verlag, 1963.

Harnack, Adolf. *Das Wesen des Christentums*. Leipzig: J.C. Hinrichs, 1902.

Hauschild, Wolf-Dieter. "Nicäno-Konstantinopolitanisches Glaubensbekenntnis." *heologische Realenzyklopädie 24*, edited by Gerhard Müller, 444-56. Berlin: Walter de Gruyter, 1994.

Hazlett, Ian. "Confessio Scotica 1560" In *Reformierte Bekenntnisschriften: Band 2/1 1559-1563*, edited by Andreas Mühling and Peter Opitz, 209-99. Neukirchen-Vluyn: Neukirchener Verlag, 2009.

Heil, Uta. "Markell von Ancyra und das Romanum." In *Von Arius zum Athanasianum*, edited by Annette von Stockhausen and Hanns Chrisof Brennecke, 85-104. Göttingen: Walter de Gruyter, 2010.

Hesselink, I. John. *Calvin's First Catechism: A Commentary*. Louisville, Kentucky: Westminster John Knox Press, 1997. 이승구, 조호영 역. 『칼빈의 제1차 신

앙교육서: 그 본문과 신학적 해설』. 서울: 기독교문서선교회, 2019.

Hetherington, William Maxwell. *History of the Westminster Assembly of Divines*. Edinburgh: John Johnsotne, 1843.

Huijgen, Arnold & John V. Fesko & Aledida Siller, eds. *Handbuch Heidelberger Katechismus* Gütersloh: Gütersloher Verlag, 2014.

Hyde, Daniel R. *With Heart and Mouth An Exposition of the Belgic Confession*. Grandville: Reformed Fellowship, 2008.

Jahr, Hannelore. *Studien zur Überlieferungsgeschichte der Confession de foi von 1559*. Neukirchener Verlaag des Erziehungsvereins, 1964.

Kelly, J.N.D. *Early Christian Creeds*. 3rd edition. London/New York: Continuum, 1972.

Kinzig, Wolfram. *Faith in Formulae: A Collection of Early Christian Creeds and Creed-related Texts*. 4 vols. Oxford: Oxford University Press, 2017.

_____ "The Creed in the Liturgy: Prayer or Hymn?." In *Jewish and Christian Liturgy and Worship*, edited by Albert Gerhards and Clemens Leonhard, 229-46. Leiden/Boston: Brill 2007.

Kirby, Torrance. "The Westminster Confession of Faith, 1647." In *Reformierte Bekenntnisschriften: Band 3/2 1605-1675*, 2. Teil 1647-1675, edited by Emidio Campi and Torrance Kirby, 201-274. Neukirchen-Vluyn: Neukirchener Theologie, 2016.

Klauber, Martin I. *Between Reformed Scholasticism and Pan-Protestantism Jean-Alphonse Turretin (1671-1737) and Enlightened Orthodoxy at the Academy of Geneva*. Selinsgrove: Susquehanna University Press, 1994.

Leith, John H. *Creeds of Churchs*. Atlanta: John Knox Press, 1982.

Letham, Robert. *The Westminster Assembly: reading its theology in historical context*. Phillipsburg: P&R Publishing Company, 2009. 권태경/채천석 역.『웨스트민스터 총회의 역사』. 서울:개혁주의신학사, 2014.

Von Lilienfeld, Fairy. "Orthodoxe Kirchen,. In In *Theologische Realenzyklopädie 25*, edited by Gerhard Müller, 423-64. Berlin: Walter de Gruyter, 1995.

Van Lieburg, Fred. "The Participants at the Synod of Dordt." In *Acta et Documenta Synodi Nationalis Dordrechtanae (1618–1619)*, vol. 1, edited by Donald

Sinnema, Christian Moser, and Herman J. Selderhuis, LXIII-CVII. Göttingen: Vandenhoeck & Ruprecht, 2014.

Mahlmann, Theodor. "Melanchthon als Vorläufiger des Wittenberger Kryptocalvinismus." In *Melanchthon und der Calvinismus*, edited by Gunter Frank and Herman J. Selderhuis, 173-230. Stuttgart-Bad Cannstatt: Friedrich Fromman Verlag, 2005.

_____ "Theologie." In *Melanchthon und die Marburger Professoren (1527–1627)*, edited by Barbara Bauer, 599-666. Marburg: Philipps-Universität Marburg, 1999.

McNeill, John T. *The History and Character of Calvinism*. New York: Oxford University Press, 1954. 정성구/양낙흥 역. 『칼빈주의 역사와 성격』. 서울: 크리스챤 다이제스트, 1990.

Mentzer, Raymond A. "Calvin und Frankreich." In *Calvin Handbuch*, edited by Herman J. Selderhuis. 78-87. Tübingen: Mohr Siebeck, 2008. 김귀탁 역. 『칼빈 핸드북』. 서울: 부흥과 개혁사, 2013, 165-181.

Meyendorff, John. *Byzantine Theology: Historical Trends and Doctrinal Themes*. New York: Fordham University Press, 1979. 박노양 역. 『비잔틴 신학: 역사적 변천과 주요 교리』. 서울: 정교회출판사, 2010.

Moser, Christian, Herman Selderhuis, and Donald Sinnema, eds., *Acta et Documenta Synodi Nationalis Dordrechtanae (1618–1619)*. Göttingen: Vandenhoeck & Ruprecht, 2014.

Muller, Richard A. *Post-Reformation Reformed Dogmatics: The Rise and Development of Reformed Orthodoxy, ca. 1520 to ca. 1725*. 4 vols. Grand Rapids: Baker, 2003.

Neuser, Wihelm H. "Berner Thesen von 1528." In *Reformierte Bekenntnisschriften, Band 1/1, 1523-1534*, edited by Heiner Faulenbach and Eberhard Busch, 197-205. Neukirchen-Vluyn: Neukirchener Verlag, 2002.

_____ "Prädestination." In *Calvin Handbuch*, edited by Herman J. Selderhuis, 307-316. Tübingen: Mohr Siebeck, 2008. 김귀탁 역. 『칼빈 핸드북』. 서울: 부흥과 개혁사, 2013, 613-634.

_____ "Dogma und Bekenntnis in der Reformation: Von Zwingli und

Calvin bis zur Synode von Westminster." In *Handbuch der Dogmen- und Theologiegeschichte*, vol. 2, edited by Carl Andresen, 167-352. Göttingen: Vandenhoeck & Ruprecht, 1988.

_____ "Heidelberger Katechismus von 1563." In *Reformierte Bekenntnisschriften: Band 2/2 1562-1569*, edited by Andreas Mühling and Peter Opitz, 167-212. Neukirchen-Vluyn: Neukirchener Verlag, 2009.

Norris, Robert M. "Westminster/Westminsterconfession." In *Theologische Realenzyklopädie 35*, edited by Gerhard Müller, 708-12. Berlin: Walter de Gruyter, 2003.

Olevianus, Caspar. *Der Gnadenbund Gottes*. Herborn, 1590.

_____ *Expositio Symboli Apostolici*. Frankfurt: Apud Andream Wechelum, 1576.

Op't Hof, Willem J. "Die Predigt des Heidelberger Katechismus." In *Handbuch Heidelberger Katechismus*, edited by Arnold Huijgen, John V. Fesko, and Aleida Siller, 85-96. Gütersloh: Gütersloher Verlag, 2014.

Pareus, David. *Irenicum*. Heidelberg, 1615.

Plasger, Georg and Matthias Freudenberg, ed. *Reformierte Bekenntnisschriften: eine Auswahl von den Anfängen bis zur Gegenwart*. Göttingen: Vandenhoeck & Ruprecht, 2005.

Ritter, Adolf Martin. "Das Athanasianum Einleitung." In *Die Bekenntnisschriften der Evangelisch-Lutherischen Kirche*, edited by Irene Dingel, 51-60. Göttingen: Vandenhoeck & Ruprecht, 2014.

_____ "Das Apostolicum, Einleitung." In *Die Bekenntnisschriften der Evangelisch-Lutherischen Kirche*, edited by Irene Dingel. 37-43. Göttingen: Vandenhoeck & Ruprecht, 2014.

Saxer, Ernst. "Genfer Katechismus von 1542." In *Reformierte Bekenntnisschriften: Band 1/2 1535-1549*, edited by Heiner Faulenbach and Eberhard Busch, 279-362. Neukirchen-Vluyn: Neukirchener Verlag, 2006.

_____ "Confessio Helvetica Prior von 1536." In *Reformierte Bekenntnisschriften: Band 1/2 1535-1549*, edited by Heiner Faulenbach and Eberhard Busch, 33-68. Neukirchen-Vluyn: Neukirchener Verlag, 2006.

_____ "Genfer Katechismus und Glaubensbekenntnis von 1537." In *Calvin-Studienausgabe Band 1: Reformatorische Anfänge 1533-1541*, edited by Eberhard Busch et al., 131-224. Neukrichen-Vluyn: Neukirchener Verlag, 1994.

Schaff, Philip. *History of the Christian Church*, 8 vols. 3rd edition. 1889. Reprint, Peabody, MA: Hendrickson Publishers, 1996. 이길상 역. 『교회사전집』. 고양: 크리스챤다이제스트, 2004.

_____ *The Creeds of Christendom*, 3 vols. 6th edition revised by D. S. Schaff. 1931. Reprint, Grand Rapids: Baker Book House, 1983. 박일민 역. 『신조학』. 서울: 기독교문서선교회, 1984.

Seeberg, Reihhold. *Lehrbuch der Dogmengeschichte*. 2 vols. Erlangen und Leipzig 1895-1898.

Sehling, Emil, ed. *Die evangelischen Kirchen Ordnungen des XVI. Jahrhunderts: Band 14 Kurpfalz*. Tübingen: Mohr, 1969.

Selderhuis, Herman J. "Introduction to the Synod of Dordt (1618–1619)." In *Acta et Documenta Synodi Nationalis Dordrechtanae (1618–1619)*, vol. 1, edited by Donald Sinnema, Christian Moser, and Herman J. Selderhuis, XV-XXXII. Göttingen: Vandenhoeck & Ruprecht, 2014.

_____ 안상혁 역. "도르트 총회의 역사와 신학". In 이남규 편. 『도르트신경 은혜의 신학 그리고 목회』 (수원: 합동신학대학원출판부, 2019): 19-51.

_____ "Die Dordrechter Canones, 1619." In *Reformierte Bekenntnisschriften: Band 3/2 1605-1675*, edited by Eberhard Busch and Andreas Mühling, 87-162. Neukirchen-Vluyn: Neukirchener Theologie, 2015.

Van 't Spijker W. et al., *De Synode van Dordrecht in 1618 en 1619*. Houten: Den Hertog, 1987.

Staedtke, Joachim, ed. *Glauben und Bekennen 400 Jahre Cofessio Helvetica Posterior*. Zürich: Zwingli Verlag, 1966.

Sturm, Erdmann K. *Der junge Zacharias Ursin*. Neukirchen: Neukirchener Verlag, 1972.

Sudhoff, Karl C. *Olevianus und Z. Ursinus*. Elberfeld, 1857.

Ursinus, Zacharias. "Explicationes Catecheseos Palatinae, sive corpus Theologiae." In *D. Zachariae Ursini Theologi Celeberrimi, Sacrarum literarum olim in Academia Heidelbergensi & Neustadiana Doctoris ... Opera Theologica*, vol1, edited by Quirinus Reuter, 46-413. Heidelberg, 1612. Williard, George W., english trans. *The Commentary of Dr. Zacharias Ursinus on the Heidelberg Catechism*. 1851. Reprint, Grand Rapids: Eerdmans, 1954. 원광연 역. 『하이델베르크 요리문답해설』. 서울: 크리스천 다이제스트, 2016.

Vinzent, Markus. "Die Entstehung des Romischen Glaubensbekenntnisses." In *Tauffragen und Bekenntnis*, edited by Wolfram Kinzig, Christoph Markies, and Markus Vinzent, 185-410 Berlin: Walter de Gruyter, 1999.

Vokers, Frederick Ercolo. "Apostolisches Glaubensbekenntnis." In *TRE 1*. 528-554.

Wickham, Lionel R. "Chalkedon, ökumenische Synode." In *Theologische Realenzyklopädie 7*, edited by Gerhard Müller, 668-75. Berlin: Walter de Gruyter, 1981.

Zahn, Theodor. *Das apostolische Symbolum*. Erlangen-Leipzig: Deichert, 1893.

Zanchi, Girolamo. *Operum Theologicorum 7-1*. Geneva, 1649.

Zillenbiller, Anette. "Genfer Bekenntnis 1536/1537." In *Reformierte Bekenntnisschriften: Band 1/2, 1535-1549*, edited by Heiner Faulenbach and Eberhard Busch, 97-136. Neukirchen-Vluyn: Neukirchener Verlag, 2006.

_____ "Einleitung." In *Ioannis Calvini Scripta Ecclesiastica, vol. 2: Instruction et confession de foy, dont on use en l'Eglise de Genève*, edited by Anette Zillenbiller, XI-XXIII. Geneva: Librairie Droz, 2002.